第3版 税理士／公認会計士必携
NPO法人実務ハンドブック

すぐに役立つ会計・税務の事例詳解

認定特定非営利活動法人
NPO会計税務専門家ネットワーク 編著

清文社

はじめに

　私たち認定特定非営利活動法人 NPO 会計税務専門家ネットワークは、NPO
を支援する税理士、公認会計士など、約 500 名で構成されている団体です。当
法人では、会員専用メーリングリストを使って、日々実務上の疑問点について
意見交換を行っています。このメーリングリストで投稿された内容を分析し、
ジャンル分けして、2014（平成 26）年 2 月に本書の初版を発刊しました。

　その後、2018（平成 30）年 2 月に、書籍を改訂しました。その改訂では、国
税庁から「NPO 法人が障害者総合支援法に規定する障害福祉サービスを行う
場合の法人税の納税義務について」という質疑応答が公表されたのを受けて、
第 6 章に「福祉サービス事業の税務と会計」の章を設けて、国税庁の質疑応答
事例に対する私たちの考え方を示しました。また、第 7 章に、遺贈寄付をはじ
めとして、寄付金の会計や税務についての章を追加しました。

　そして今回の改訂では、新たに以下の項目を追加しました。

① 　NPO 法人で近年増えている解散に関する取扱いについて、第 8 章に
「NPO 法人の解散」という章を設け、具体的にどのような手続きが必要に
なるのかを付け加えました。

② 　一般社団法人の設立が増えており、新規に法人を設立する際に、NPO
法人を選択するのか、一般社団法人を選択するのか、その判断に迷うケー
スも増えていますので、第 1 章第 4 節に「一般社団法人との比較」を付け
加えました。

③ 　寄付をした方に返礼品を送った場合の取扱いについて、内閣府が取扱い
の変更をし、私たち NPO 会計税務専門家ネットワークも国税庁に事前照
会をしましたので、第 7 章の「寄付金の会計と税務」にその内容について
記載をしました。

④ 　電子帳簿保存法やインボイス制度の導入などによる変更点や、それに伴
う国税庁からの文書回答・質疑応答事例の内容などを追加しました。

i

NPO法人の会計と税務は未開拓の分野ですので、明確に定まっていないことが多く、この本では判断の分かれる点にもかなり踏み込んで解説しています。本書は、その「未開拓の分野に新たな道を作っていきたい」という私たちの挑戦でもあります。

　本書の出版にあたり、ご協力賜りました株式会社清文社の皆様に深く感謝申し上げます。

2024年8月

認定特定非営利活動法人NPO会計税務専門家ネットワーク

理事長　脇坂　誠也

CONTENTS

序章　本書のねらいと特徴

第1節　NPO法人と税理士・公認会計士の役割 …… 3
1 NPO法人の現状　3
2 NPO法人と非営利法人　3
3 NPO法人と税理士・公認会計士　5

第2節　NPO法人の会計 …… 8
1 NPO法人の従来の会計方法（収支計算方式）　8
2 NPO法人会計基準の公表　9
3 NPO法人の会計の特色　9

第3節　NPO法人の税務 …… 11
1 NPO会計税務専門家ネットワークの経験　11
2 各章のねらい　12

第4節　会計税務専門家がNPO法人にかかわる場合の留意点 …… 15
1 NPO法人の規模別分類　15
2 NPO法人を知る　16
3 NPO法人の会計を知る　17
4 NPO法人の税務を知る　17

第1章　NPO法人とは

第1節　NPOとは …… 21

第2節　NPO法の概要 …… 22
1 NPO法の目的　22
2 NPO法の経緯　23
3 NPO法の特徴　24
4 NPO法人数　24
5 「特定非営利活動」とは　26

iii

6 「特定非営利活動に係る事業」と「その他の事業」 30

7 NPO 法人の設立と要件 30

8 認証の取消し 32

9 監督等 32

10 合併、解散 32

11 罰則規定（認定・特例認定に関するものを除く） 34

第3節　NPO 法の運用 …………………………………………………… 35

1 NPO 法人の管理・運営と義務 35

2 法人格の比較 41

第4節　一般社団法人との比較 ………………………………………… 44

1 一般社団法人の非営利型と非営利型以外について 44

2 設立時の手続きの違い 46

3 運営の違い 48

4 税法上の違い 49

第5節　認定 NPO 法人制度の概要 …………………………………… 51

1 認定 NPO 法人制度の趣旨 51

2 特例認定 NPO 法人制度の趣旨 52

3 優遇措置 53

4 認定基準 56

第6節　実務 Q&A―NPO 法人支援の具体的取扱い ……………… 57

Q 1−1　NPO と企業の違い 57

Q 1−2　非営利とは 58

Q 1−3　ミッションとは 58

Q 1−4　社員、理事、監事の関係 59

Q 1−5　NGO とは 60

Q 1−6　貸借対照表の公告 61

Q 1−7　任意団体からの財産の引継ぎ 61

Q 1−8　事業年度の変更 62

Q 1−9　解散時の債務 63

- Q 1-10　公益社団法人との違い　64

第2章　NPO法人の会計

第1節　わが国の民間非営利法人の体系とNPO法人会計 …………… 69

第2節　NPO法人会計の特徴と今後の展望 ……………………………… 71

- 1　NPO法人における会計の役割　71
- 2　NPO法人会計基準策定までの経緯　73
- 3　NPO法人会計基準策定プロジェクト　75
- 4　NPO法人会計基準の特徴　77
- 5　NPO法人会計基準策定後の動向　80
- 6　NPO法人会計基準の改正　81

第3節　実務Q&A―会計の具体的取扱い ……………………………… 83

- Q 2-1　NPO法人会計基準の財務諸表体系　83
- Q 2-2　重要な会計方針　85
- Q 2-3　活動計算書とは　86
- Q 2-4　活動計算書の科目　88
- Q 2-5　活動計算書への移行　90
- Q 2-6　複数事業の開示　93
- Q 2-7　事業費と管理費　96
- Q 2-8　共通経費の按分　98
- Q 2-9　共通経費の按分計算―具体例　100
- Q 2-10　その他の事業がある場合の表示　102
- Q 2-11　役員報酬の表示　105
- Q 2-12　使途等が制約された寄付等の扱い　107
- Q 2-13　未使用額の返還義務がある補助金等を受けた場合の処理―前払いのケース　109
- Q 2-14　未使用額の返還義務がある補助金等を受けた場合の処理―後払いのケース　110

v

Ⓠ 2-15 無償または著しく低い価格で施設の提供等を受けた場合の表示―理事長宅の無償利用 112

Ⓠ 2-16 無償または著しく低い価格で物的サービスの提供を受けた場合の表示―有料会議室の無償提供 114

Ⓠ 2-17 ボランティアによる役務提供を受けた場合の処理及び表示方法 117

Ⓠ 2-18 クレジットカードによる寄付の入金日が決算日を越える場合 119

第3章 NPO 法人の消費税

第1節 消費税法における NPO 法人の取扱い ……………………… 123

❶ 基本的考え方 123

❷ NPO 法人の収益の種類と留意点 123

❸ 非課税取引 125

❹ 国、地方公共団体等に対する特例 127

第2節 特定収入に係る仕入税額控除の特例 ……………………… 129

❶ 特例の考え方 129

❷ 特例が適用されない場合 130

❸ 特定収入 131

❹ 補助金等の使途 133

❺ 特例計算のパターン 133

❻ インボイス制度による特定収入に係る仕入税額控除の特例の調整 136

第3節 適格請求書等保存方式（インボイス制度） ……………………… 137

❶ インボイス制度 137

❷ インボイス発行事業者の登録 137

❸ インボイスの記載事項と具体例 138

第4節 実務 Q&A―消費税の具体的取扱い ……………………… 141

Ⓠ 3-1 受取会費 141

Ⓠ 3-2 特定収入の特例計算の計算例 142

Ⓠ 3-3 受取補助金等の使途―通勤費 145

- Q 3-4 受取補助金等の使途—自治体の決算承認　146
- Q 3-5 特定収入等の帳簿記載事項　147
- Q 3-6 特定収入の調整割合が著しく変動した場合　148
- Q 3-7 免税事業者がインボイスの発行事業者になる場合　149
- Q 3-8 インボイスの交付義務　150

第4章　NPO法人の法人税（収益事業課税）

第1節　NPO法人の法人税の取扱い等　155

1. NPO法人の法人税の取扱い　155
2. 法人税法別表第二の公益法人等とNPO法人　155
3. 収益事業課税　156
4. 法人税率の適用区分　157
5. みなし寄附金の適用　157
6. 寄附税制の特例　157
7. 損益計算書等の提出　158
8. 預貯金の利子等の所得税　158

第2節　法人税法の収益事業の対象となる事業　159

1. NPO法人の事業と収益事業との関連性　159
2. 収益事業の課税要件　160
3. 付随行為　164

第3節　法人税法の収益事業の対象とならない事業　165

1. 無償の事業　165
2. 障害者等が2分の1以上従事している事業　166
3. 実費弁償で行う事業　167
4. 事業廃止や相当期間保有していた固定資産の処分損益　168

第4節　NPO法人に特有の会費や補助金等の取扱い　170

1. 会費　170
2. 寄付金や民間からの助成金　170

vii

3 国、地方公共団体等からの補助金や助成金　171

第5節　収益事業の判定にあたっての判断基準 ……………………… 173

1 事業としての性質と規模の考え方　173

2 請負業の範囲の考え方　174

3 請負業と他の特掲事業との関係の考え方　176

4 指定管理者制度に関する考え方　179

第6節　実務 Q&A—法人税の具体的取扱い ……………………… 182

Q 4−1　収益事業課税される根拠　182

Q 4−2　税率と予定納税　184

Q 4−3　事業としての性質や規模—実費参加のイベント　185

Q 4−4　事業としての性質や規模—子ども食堂　186

Q 4−5　事業としての性質や規模—チャリティバザー　187

Q 4−6　物品販売の一部寄付　189

Q 4−7　使用済み切手の買取り　190

Q 4−8　寄付物品の販売　191

Q 4−9　パソコン教室の運営　194

Q 4−10　セミナーテキストの販売　195

Q 4−11　請負業の判定—請負契約とは　196

Q 4−12　請負業の判定—事務処理の委託を受ける業　198

Q 4−13　請負業の判定—就職カウンセリング　200

Q 4−14　請負業と他の特掲事業の判定—アフタースクール事業　201

Q 4−15　法人後見の受任　202

Q 4−16　こども将棋大会の判定　203

Q 4−17　室内合奏団の公演の判定　205

Q 4−18　指定管理者制度　207

Q 4−19　固定資産の取得にあてられる民間助成金　208

Q 4−20　実費弁償による事務処理の受託等—基本的なスタンス　209

Q 4−21　実費弁償による事務処理の受託等—確認対象事業　210

Q 4−22　実費弁償による事務処理の受託等—確認を受けやすい契約条項　212

Q 4−23　実費弁償による事務処理の受託等—申請書類と提出時期　213

- Q 4-24 実費弁償による事務処理の受託等―業務のために必要な費用の額を超えないこと　215
- Q 4-25 実費弁償による事務処理の受託等―確認通知　216
- Q 4-26 収益事業だけを行っている法人の運用益　218
- Q 4-27 収益事業開始届出等　219
- Q 4-28 誤って提出した収益事業開始届出書　220
- Q 4-29 損益計算書等の提出制度　222

第5章 その他の税金

第1節　法人税の申告納税手続 …………………………………… 227
1 法人税の申告期限　227
2 確定申告書への添付書類　228
3 電子帳簿等保存制度　229

第2節　収益事業と収益事業以外の事業に共通する経費の取扱い ……… 233

第3節　みなし寄附金 ………………………………………………… 235

第4節　役員給与の取扱い …………………………………………… 237
1 NPO法における取扱い　237
2 法人税法における取扱い　238

第5節　その他の税金 ………………………………………………… 241
1 印紙税　241
2 登録免許税　242
3 法人住民税　242
4 法人事業税　243
5 不動産取得税、自動車取得税　243
6 固定資産税、都市計画税　244

第6節　実務Q&A―法人税の申告納税手続の具体的取扱い ………… 246
- Q 5-1 収益事業の損益計算書　246

Q 5－2 事業を収益事業と収益事業以外の事業に集計する方法 255

Q 5－3 共通経費の取扱い 257

Q 5－4 簡便的な収益事業の損益計算書 258

Q 5－5 貸借対照表を区分している場合の収益事業の損益計算書 259

Q 5－6 収益事業に固有の資産がない場合の貸借対照表 259

Q 5－7 収益事業の貸借対照表の作成方法 263

Q 5－8 申告書の添付書類 267

Q 5－9 収益事業を行っている場合の電子データの保存範囲 268

第7節 実務Q&A―役員に対して支給される金銭等の具体的取扱い … 270

Q 5－10 実費経費の精算 270

Q 5－11 給与か請負か 271

Q 5－12 講師料の支払い 271

Q 5－13 みなし寄附金の会計処理 272

第8節 実務Q&A―その他の税金の具体的取扱い ……………………… 274

Q 5－14 領収書に貼る印紙 274

Q 5－15 契約書に貼る印紙―行政機関との契約 275

Q 5－16 契約書に貼る印紙―継続的取引の基本契約 276

Q 5－17 契約書に貼る印紙―指定管理者の協定 277

Q 5－18 法人住民税均等割の減免申請 278

Q 5－19 法人住民税均等割の減免申請の提出期限 278

Q 5－20 固定資産税が非課税となる固定資産 279

第6章 福祉サービス事業の税務と会計

第1節 福祉サービス事業とNPO法人 ……………………………… 285

1 福祉サービス事業の会計税務を考える 285

2 福祉サービス事業の概要 287

3 福祉サービス事業の具体的内容 290

第2節 社会福祉の変遷と現状 ……………………………………… 293

- 1 社会福祉の変遷〜障害者分野を中心に〜　293
- 2 障害者総合支援法の成立　296
- 3 利用契約制度と事業者　298

第3節　福祉サービス事業と消費税　301

- 1 消費税の非課税規定　301
- 2 社会福祉事業に類するもの　302
- 3 非課税範囲から除外されるもの　304

第4節　福祉サービス事業と法人税　307

- 1 収益事業課税　307
- 2 高齢者福祉サービス事業の取扱い　309
- 3 児童福祉サービス事業の取扱い　311
- 4 障害福祉サービス事業の取扱い　312
- 5 障害者の生活の保護に寄与する場合　315

第5節　福祉サービス事業の会計と就労支援会計基準　319

- 1 就労支援事業の意義　319
- 2 社会福祉法人会計基準における就労支援事業の会計　321
- 3 就労支援会計基準とは　323
- 4 就労支援会計基準とNPO法人会計基準　326
- 5 NPO法人会計基準に就労支援部分を取り込むことの問題点　327
- 6 就労支援事業収益が5,000万円以下の場合（1）　327
- 7 就労支援事業収益が5,000万円以下の場合（2）　329
- 8 工賃変動積立金と設備等整備積立金　332

第6節　実務Q&A―法人税・消費税の具体的取扱い　333

- 1 高齢者福祉サービス事業に関するQ&A　333
- Q 6-1　居宅介護サービス　333
- Q 6-2　要介護者が負担する介護サービス費用　335
- Q 6-3　介護保険事業者が自主的に始めた夜間のお泊りサービス　336
- Q 6-4　福祉用具貸与に係る具体的な取扱い　337
- Q 6-5　市町村特別給付　339

xi

Ⓠ 6-6　外出支援サービス事業に係る委託料の取扱い　340

Ⓠ 6-7　助け合い事業に対する具体的な取扱い　342

❷ 児童福祉サービス事業に関するQ&A　345

Ⓠ 6-8　認可外保育所に係るサービスの提供　345

Ⓠ 6-9　学童保育事業が受け取る委託料と利用料の判定　347

Ⓠ 6-10　障害児放課後デイサービス事業の判定　349

❸ 障害福祉サービス事業に関するQ&A　350

Ⓠ 6-11　就労継続支援B型事業の判定　350

Ⓠ 6-12　生活介護事業の判定　352

Ⓠ 6-13　生活の保護に寄与する事業の判定　354

Ⓠ 6-14　地域活動支援センターの判定　355

Ⓠ 6-15　障害者就労支援センターの判定　357

Ⓠ 6-16　グループホーム事業の判定　358

Ⓠ 6-17　地域支援事業の障害者相談支援事業　360

❹ 就労支援会計に関するQ&A　362

Ⓠ 6-18　就労支援事業を区分することの意味　362

Ⓠ 6-19　生産活動の定義　363

Ⓠ 6-20　利用者賃金と利用者工賃　364

Ⓠ 6-21　就労支援事業費と事業所運営費の区分　365

Ⓠ 6-22　就労支援事業費の具体的な算出方法　367

Ⓠ 6-23　就労支援事業指導員等　369

Ⓠ 6-24　同一法人内の他部門に対する商品販売等　370

第7章　寄付金の会計と税務

第1節　クレジットカードによる寄付 ……………………………… 375

❶ 会計上の取扱い　375

❷ 認定NPO法人のパブリックサポートテスト及び寄附金控除の取扱い　376

第2節　返礼品がある場合の取扱い ……………………………… 377

❶ 会計上の取扱い　377

- 2 認定NPO法人のパブリックサポートテストにおける取扱い 378
- 3 寄附金控除における取扱い 380

第3節　現物で寄付を受け取る場合の取扱い ……………………… 385

- 1 会計上の取扱い 385
- 2 認定NPO法人のパブリックサポートテスト及び寄附金控除の取扱い 385
- 3 寄付者におけるみなし譲渡課税の取扱い 386

第4節　遺贈寄付の取扱い ……………………………………………… 389

- 1 会計上の取扱い 389
- 2 税務上の取扱い 390

第5節　実務Q&A―寄付金の会計と税務の具体的取扱い …………… 392

- Q 7-1　寄付金を未収計上する場合 392
- Q 7-2　クラウドファンディングによる寄付金を受けた場合 394
- Q 7-3　寄付のお礼に会報等を送った場合 396
- Q 7-4　NPOの活動に関連した手工芸品をお礼に送った場合 397
- Q 7-5　寄付者の名前をホームページなどに記載する場合の取扱い 398
- Q 7-6　物品の寄付を受けた場合 400
- Q 7-7　認定NPO法人に相続財産を寄付した場合 402
- Q 7-8　認定NPO法人へ寄付した場合のみなし譲渡課税の計算 403
- Q 7-9　租税特別措置法第40条を受けるための公益増進要件 405
- Q 7-10　租税特別措置法第40条を受けるための事業供用要件 406
- Q 7-11　租税特別措置法第40条の取消しを受ける場合の課税関係 407

第8章　NPO法人の解散

第1節　NPO法人の解散手続 ………………………………………… 413

第2節　総会決議による解散実務 ……………………………………… 415

- 1 解散の検討・準備等 415
- 2 社員総会開催・解散決議 416
- 3 清算法人への移行 418

4 解散と清算人の登記 419

5 公告の手配 421

6 解散の届出 423

7 現務の終了 423

8 関係機関へ解散届出等 424

9 債権・債務の解消 427

10 残余財産の譲渡 428

11 清算の結了 429

12 清算結了の登記 430

13 清算結了の届出 432

14 関係機関へ清算結了届出 433

第3節　実務Q&A—解散に伴う具体的取扱い ………………… 434

Q 8−1　債務超過法人の総会決議による解散 434

Q 8−2　役員が不在状態での解散 437

Q 8−3　社員・役員が集まらず解散総会が開けない場合 439

Q 8−4　会計がずさんな法人の解散 441

Q 8−5　残余財産譲渡—事業継承できる団体への譲渡を希望している場合 442

Q 8−6　残余財産譲渡—国または地方公共団体への譲渡手続 443

Q 8−7　解散に伴う税務上の手続き 444

資　料
- ■資料1：一定の水準を満たすものとして地方公共団体の証明を受けた認可外保育施設において公益法人等が行う育児サービス事業に係る収益事業の判定 ……449
- ■資料2：消費税法施行令第14条の3第8号の規定に基づき内閣総理大臣及び厚生労働大臣が指定する資産の譲渡等を定める件 …………………………451
- ■資料3：介護サービス事業に係る法人税法上の取扱いについて（法令解釈通達）…453
- ■資料4：支援費サービス事業に係る法人税法上の取扱いについて ………………455
- ■資料5：NPO法人が障害者総合支援法に規定する障害福祉サービスを行う場合の法人税の納税義務について ……………………………………………457
- ■資料6：消費税法施行令第14条の2第3項第11号の規定に基づき厚生労働大臣が指定する資産の譲渡等を定める件 …………………………460
- ■資料7：認可外保育施設の利用料 …………………………………………………461
- ■資料8：障害者相談支援事業を受託した場合の消費税の取扱い …………………463
- ■資料9：障害者相談支援事業等に係る社会福祉法上の取扱い等について ………465

索　引 ……………………………………………………………………………………469

◎コラム
会員の特典（ホームチームの試合ごとの招待券）と会費の対価性 ………………124
免税事業者も発行事業者になったほうがいいの？ ………………………………139
行政からの受託や指定管理の事業に対する見解相違 ………………………………175
NPO法人が経営する認可保育所事業の収益事業の判定は？ ……………………178
NPO法人会計基準との関係 ………………………………………………………239

※　本書の内容は、2024（令和6）年8月1日現在の法令等によっています。

xv

［凡 例］

略語	名　称
■税法等…通法	国税通則法
通令	国税通則法施行令
通基通	国税通則法基本通達
法法	法人税法
法令	法人税法施行令
法規	法人税法施行規則
法基通	法人税基本通達
耐通	耐用年数の適用等に関する取扱通達
消法	消費税法
消令	消費税法施行令
消規	消費税法施行規則
消基通	消費税法基本通達
印法	印紙税法
印基通	印紙税法基本通達
登免法	登録免許税法
所法	所得税法
所令	所得税法施行令
所規	所得税法施行規則
所基通	所得税基本通達
措法	租税特別措置法
措令	租税特別措置法施行令
措規	租税特別措置法施行規則
措通	租税特別措置法関係通達
相法	相続税法
相令	相続税法施行令
相規	相続税法施行規則
地法	地方税法
地令	地方税法施行令
地規	地方税法施行規則
電子帳簿保存法	電子計算機を使用して作成する国税関係帳簿書類の保存方法等の特例に関する法律
■その他…NPO 法人	特定非営利活動法人
NPO 法	特定非営利活動促進法

□略記例…法法 22 ③三　　　法人税法第 22 条第 3 項第 3 号

xvi

序章

本書のねらいと特徴

第 1 節　NPO法人と税理士・公認会計士の役割

1　NPO法人の現状

　NPO法人は、現在全国で5万強の法人数があります（2023年11月現在）。株式会社などの営利法人に比べると少ないようにも思えますが、非営利法人の中では宗教法人、一般社団・財団法人に次いで多い法人形態となっています。

　「法人」なのですから、当然そこには会計も税務も関係してきます。会計や税務が関係するのであれば、税理士や公認会計士が何らかのかたちで関与することは自然の流れです。

　しかしながら、この自然の流れがまだまだスムーズにいっていないのが現状です。それはいったいなぜなのでしょうか。

　この問いを考える前に、今しばらくNPO法人をとりまく現状について検討してみましょう。

2　NPO法人と非営利法人

　NPO法人については、「営利を目的としないで何らかの公益的な活動を行っている団体」というイメージは誰もが持っていると思います。

　このイメージは基本的に間違っていません。ただ正確かというと少し疑問が残ります。そもそも「非営利か営利か」という問題と、「公益か非公益か」という問題とは、別の分類なのです。本書で詳しくふれていますが、以下のよう

な概念図はよく用いられます。

＜非営利と公益の概念図＞

	非営利	営　利
公　益	公益社団法人・公益財団法人 学校法人 社会福祉法人 NPO 法人　など　　　　　A　B	電気会社 ガス会社　など
非公益	一般社団法人・一般財団法人　C　D 労働組合　など	株式会社　など

　つまり公益か非公益か（ここには単に私的な利益（営利法人など）以外に、共益的な利益（労働組合など）も含まれます）という縦軸と、非営利か営利かという横軸があり、上記のようにA〜Dの区分に含まれるさまざまな法人形態があるということです。NPO法人は、公益でもあり、かつ非営利でもあるのですが、どちらかというと「非営利」のほうに重心を置いた法人形態です。

　ここで「非営利」とは、一般に思われているように「営利を追求しない」という漠然としたものではありません。もし、「営利を追求しない」ということを「利益を上げて事業を行わない」という意味に解釈してしまうと、NPO法人は利益を計上するような事業を一切行えないことになってしまいます。常に採算割れの事業だけを行っていたら、法人の存続そのものが危ぶまれるでしょう。

　実は「非営利」の意味は、「毎年の利益や残余財産を構成員に分配しない」ということなのです。利益を計上する事業を行うことそのものは否定されず、その利益を次の事業のために使用するならまったく問題ないのです。もちろん、利益の最大化だけを目指してしまうと営利法人と変わらなくなりますので、NPO法人としての節度は必要でしょう。しかし、この「構成員に利益や残余財産を分配しないことが非営利の意味である」ということは、まず押さえておきたいポイントです。

4　　序章　本書のねらいと特徴

一方、公益か非公益かという区分を重視する法人形態はないのかというと、そうではありません。この区分を重視して作られているのが公益社団法人・公益財団法人です。

「公益」とは、不特定多数のために活動するということです。ただ、何が公益で何が非公益かというのは、なかなか線引きが難しい問題です。そこで公益社団法人・公益財団法人では、公益認定等委員会という第三者機関が、厳密な認定を行っています。

NPO法人も、20の特定非営利活動というものを法律で定め、それは公益に資するとされているのですが、公益認定等委員会のような厳密な認定作業はありません。NPO法人制度は、自由な市民活動を促進するために作られた法律ですので、極力行政などの関与を避け、自発的な活動の活性化を期待したものです。NPO法人が公益か否かの判定を避け、非営利性のほうに重心を置いているのはそのためです。

このように、NPO法人制度と公益法人制度は、ともに行政でもなく営利法人でもない第三セクターに分類される法人なのですが、基本的な概念が異なる制度でもあるということも、理解しておくべきポイントです。

NPO法人に関する詳細な説明は、第1章を参照してください。

3 NPO法人と税理士・公認会計士

次に、なぜNPO法人と、税理士や公認会計士という会計税務専門家との間に今まであまり関係性がなかったのかを考えてみます。

それはNPO法人側の理由と、会計税務専門家側の理由の2つの側面があると思います。

まずNPO法人側の理由ですが、以下のような理由が考えられます。

① ミッション（社会的使命）の達成を最重要視し、会計税務（情報公開）に関心がなかった。

② 規模が小さく、会計税務専門家と関係しようというモチベーションも、

資金力もなかった。

③　NPO 法人は設立時の認証段階に始まり、その後も補助事業、委託事業などを受けるケースがあるので、行政関係者との関係が強くあった。

④　税理士や公認会計士などの会計税務専門家は、NPO 法人にとってなじみがなく、いわば「敷居が高い」と感じていた。

たしかにこれらの理由が存在していることは事実ですが、NPO 法人をめぐる環境も変化してきており、すべてが現在もそのままあてはまるのかというと疑問もあります。特に④は感情的な理由であって、改善されるべきでしょう。この NPO 法人側の一種の「障壁」を解消するには、NPO 法人に対する啓発や助言を地道に続ける努力が、今後も必要であると思っています。

一方、会計税務専門家側の理由としては、以下の理由が考えられます。

①　規模も小さく、業務として有償で行うことの可能性が低かった。

②　NPO 法人になじみがなく、関与しづらかった。

③　民間営利企業の財務諸表を見慣れている会計税務専門家にとって、NPO 法人の従来の決算書は容易に理解できなかった。また、2010（平成 22）年に策定された NPO 法人会計基準により作成された財務諸表も、民間営利企業の財務諸表とはやや異なり理解に努力を要する。

まず①の理由ですが、たしかに現在でも小規模の NPO 法人は多く存在し、顧問契約を結んで顧問料を支払うような余裕のない法人が多数あると思います。これら小規模の法人に対しては、やはり会計税務専門家としては社会貢献活動と位置づけ、プロボノ（専門家が知識や経験を活かして社会貢献するボランティア活動）としてのかかわりが期待されるでしょう。しかし一方で、年間収益規模が 3,000 万円を超える法人が約 20% 以上は存在し（NPO 法人会計基準協議会『NPO 法人会計基準白書 2015』より）、中には数十億円規模のところがあることも現実です。これらの法人は、少なくとも顧問料の支払い余力がないとはいえないでしょう。

次に②の理由ですが、これは会計税務専門家側の努力が求められるものです。「なじみがない」というだけでなく、知って理解しようとする態度が必要だと

思われます。本書の発行目的の1つは、会計税務専門家がNPO法人を理解しようとする際の一助にしていただきたいとの思いがあります。

　最後の③の理由に関しては、第2節で説明いたします。

第 2 節　NPO 法人の会計

1　NPO 法人の従来の会計方法 (収支計算方式)

　従来、NPO 法人の会計に関しては統一された方法がなく、バラバラの状態でした。会計基準というものがなかったのです。

　ただ、所轄庁の手引にはひな形が掲載されていました。このひな形は、経済企画庁（現在の内閣府）が 1999（平成 11）年に作成した「特定非営利活動法人の会計の手引き」（以下「会計の手引」という）を参考にしたものでした。

　この会計の手引は、改正される前の公益法人会計基準を下敷きにしたものです。しかもそのうちの「ストック式」といわれる特殊な方法を採用していました。このストック式という会計手法は、元の公益法人会計基準でも現在は使われていません。

　その最大の特徴は、次のような一取引二仕訳といわれる方法です。

（借）備品購入支出　　　×××／（貸）現 金 預 金　　　×××
　　　（収支計算の支出）　　　　　　　　　（BS の資産減少）
（借）什 器 備 品　　　×××／（貸）備品増加高　　　×××
　　　（BS の資産増加）　　　　　　　　　（正味財産の増加）

　このような特殊な仕訳や、その結果としての独特の計算書は、会計税務専門家にとっては非常にわかりにくいものでした。仮にプロボノとして善意で NPO 法人にかかわろうと思った会計税務専門家であっても、この計算書に遭遇してそれ以上の関与を躊躇したという話はよく聞かれました。

8　　序章　本書のねらいと特徴

2　NPO法人会計基準の公表

　ところが2010（平成22）年になって、民間の団体であるNPO法人会計基準協議会からNPO法人会計基準が公表されました。このあたりの経緯や、NPO法人会計基準の内容に関しては、第2章で詳しく述べます。

　とにかくこのNPO法人会計基準では、従来の収支計算書に代えて「活動計算書」を導入しました。この活動計算書は営利企業の損益計算書と構造的には同じものです。また発生主義によって取引を認識し、複式簿記の方法で会計処理を行うこととしました。ようやく、特殊な方法から一般的な方法になったのです。

　前節で述べた、専門家側のハードルの1つが解消されることとなったわけです。

3　NPO法人の会計の特色

　しかしながら、NPO法人の会計が営利法人の会計とまったく同じかといわれると、異なる部分もあります。それは非営利法人という法人の性格からきています。

　例えば、営利法人の収益は売上高が大半を占めますが、NPO法人の場合は収益の源泉に多様性があります。事業収益だけでなく、会費や寄付金、助成金や補助金なども多くを占めています。つまり収益を区分する必要があります。

　また対価性の収益ではなく、寄付金や助成金などの贈与性の収益が多くあります。これらの取引は、単純に受け取った時に収益として計上するだけでよいのかというと、そうではありません。「使途の制約」といって、「寄付者がその寄付を行った意思を尊重するには、どのような会計処理を行うことが正しいのか」という問題があります。

　また、現預金ではなく現物資産で寄付を受けたときや、サービスの無償提供

を受けたときはどうするべきかといった、営利法人にはないテーマがあります。

　その意味で、構造的には損益計算書と同じとはいえ、会計税務専門家も非営利法人の会計に関する正しい知識を身につけることが必要になります。これについては第2章を活用してください。

第3節 NPO法人の税務

1 NPO会計税務専門家ネットワークの経験

本書の著者であるNPO法人NPO会計税務専門家ネットワーク（略称：NPO@PRO（NPOアット・プロ））は、2003（平成15）年に設立された会計税務専門家による全国規模の認定NPO法人です（税理士、公認会計士など会員数約500名）。NPO法人に関与する会計税務専門家のネットワークを形成して情報を共有するとともに、各地の支援センターと協力しながら、NPOの会計や税務に関する課題の解決に取り組んでいます。

会員同士の情報共有に関しては、メーリングリストを設け活発に議論や意見の交換を行っています。このメーリングリストに蓄積された情報は、どれもがNPO法人の実際の例に即して交わされたものであり、いわば事例の宝庫ともいうべきものです。

そこで2013年にわれわれは、10年間のメーリングリストの情報をまとめて1冊の本にしました。『メーリングリスト10年の軌跡（問題解決のための対話集）』（以下「対話集」という）というものです。メーリングリストという閉ざされた中での意見なので、この本はあくまで会員限定で配布しており、残念ながら一般には販売していません。

この対話集では、税務に関しても多くの意見交換がなされました。そこでこの対話集を基礎として、一般に市販される書籍を発行しようと思い立ったのが、本書の企画の最初です。

特に消費税では、営利企業にはない「特定収入の計算」という独特の計算が求められるので、第3章に詳しくまとめました。

なお、消費税に関しては非課税規定をどう理解するかということも主要なポイントですが、福祉サービス事業に関するものが多いので、第6章にまとめて記載することとしました。

2 各章のねらい

対話集でもっとも多く取り上げられたテーマは、法人税でした。そのうち収益事業の判定に議論の多くが集中しました。

営利法人の場合はすべての所得に課税されますが（全所得課税）、NPO法人などの公益法人等は、その事業のうち収益事業の部分だけに課税されます（収益事業課税）。法人税法によると、収益事業とは以下のものをいいます。

① 施行令に掲げる34の事業であること

② 継続して行われること

③ 事業場を設けて行われること

規定はこれだけなので、実際には収益事業に該当するのか否か、判定に苦しむことが多くありました。

この分野は、判例や裁決例の数も多くありません。通達も限られています。実際にNPO法人の申告業務に関与した会計税務専門家は、法の趣旨や条文の解釈を自らの判断だけで行わざるを得ませんでした。そのような中、メーリングリストで同様の悩みを持つ方や経験のある方と情報交換できることは非常に役立つものでした。最終的には自己の専門家としての判断に従うわけですが、意見交換したあとであれば、その判断に対する自信の程度が異なります。

この収益事業に関しては、第4章に詳しく述べています。ただ、福祉サービス事業の税務に関しては、論点も多く関心も高いため、独立の章としましたので、この第4章ではそれ以外のものに関して記述しています。第4章に関してはわれわれの意見が色濃く出ています。

先ほども述べたように、法に規定が少なく、判例等も少ないため、微妙な問題に関してはいろいろな意見が存在していることは承知しています。しかし、「このようにいろんな意見がありますが、最終的にはご自分で判断してください。」というだけでは、実務の参考になりません。内部で議論もありましたが十分な検討を行い、現段階でわれわれとして最善の判断と思われることを記述しています。その意味で、類書にはない踏み込み方をしている場合もあります。

　NPO法人の法人税は、収益事業の判断以外にも営利法人にはない難しい問題がいくつかあります。その代表的なものとして、役員給与の取扱いと、法人税法上の収益事業の損益計算書や貸借対照表の形式があります。特に、収益事業の損益計算書と貸借対照表については、どのようにして作成をするのか、明確な方法が記載された書籍等はほとんどなく、実務でも確立された方法がありません。そこで第5章で、役員給与の取扱いと、NPO法人会計基準を活かして収益事業の損益計算書や貸借対照表を作成する方法を紹介しています。また、印紙税などその他の税金のことも、ここで取り上げています。

　以上が基本的な部分ですが、重要性が高いということで、前回（2018年）の改訂版では、まず新しい章を2つ追加しました。「第6章　福祉サービス事業の税務と会計」及び「第7章　寄付金の会計と遺贈寄付の税務」です。

　第6章は、特に障害福祉サービスを中心に制度として行われている事業の税務や会計を幅広く取り上げました。この分野で活動しているNPO法人の数は多く、税の取扱いも意見が分かれることが多いものです。また、社会福祉という制度を熟知しなければ税や会計の理解も困難ですので、歴史的な背景等の記述も行っています。

　この章に関しては、先に第4章でふれた「類書にはない踏み込み方」をしている部分が一層色濃く出ていますし、一部には課税庁の見解に異議を唱えている部分もあります。私たちとしては本書の内容に自信を持っていますが、専門家の方々は、最終的な申告実務等の場面では本書をあくまで参考意見にとどめ、ご自身の専門家としての判断に従っていただくようお願いいたします。なお、第6章では就労支援の会計に関しても記述しています。

第7章に関しては、NPO法人等の非営利法人に特有な受取寄付金の会計と、最近特に注目されている遺贈寄付の問題を取り上げました。

　受取寄付金に関しては、現在さまざまな形態のものが出現しており、その会計処理に関しても、従来のような単に「入金時点で認識する」といったことでは対応が不可能な事態になってきています。このような種々の形態の寄付に関して積極的に検討を行っているのはNPO法人会計基準ですが、この章では同基準に則して説明を行っています。

　また、遺贈寄付では税務上「みなし譲渡」規定という難しい論点があり、理解が困難な部分もありますので、その部分を中心に記述しています。

　さらに今回の改訂版では、第8章としてNPO法人の解散にかかわる章を新たに設けました。これは税務というよりさまざまな手続きなどの説明が多いのですが、近年のNPO法人の解散数の増加に伴っての対応として行ったものです。

　なお、本書では基本的に「寄付」と「寄附」という用語を使い分けています。所得税法や法人税法などの国税関連や、特定非営利活動促進法では「寄附」を使っています。これに対して、一般的な用語としては「寄付」が使われることが多く、NPO法人会計基準でも「寄付」を使っています。そこで本書では、「寄付」を原則とし、法律用語では「寄附」を使うこととしています。

第4節　会計税務専門家が NPO 法人にかかわる場合の留意点

1　NPO 法人の規模別分類

　NPO 法人について年間収益規模だけを見ると、年間 100 万円未満、100 万円以上から 1,000 万円未満、1,000 万円以上という 3 区分の数が約 3 分の 1 ずつという状況です。これを仮に小規模、中規模、大規模とすると、次のようなことがいえると思います。

　①　小規模法人に対しての取組み

　このクラスに関しては、その会計も複雑なものではなく、現金や預金の出納だけの処理でしょうから、簡単に財務諸表が作成できるようなツールを提供する必要があると思っています。簡易なエクセルなどのツールという意味です。

　また会計税務専門家がかかわるとしても、完全にプロボノとして相談に応じるということになるでしょう。

　②　中規模法人に対しての取組み

　このクラスに関しては、会計ソフトが役に立つと思われますが、NPO 法人会計基準に準拠した会計ソフトの数はまだ少ないのが現状です。また一般の営利法人に使われている会計ソフトでも複式簿記という根幹は同じですが、財務諸表の表示に関しては、エクセルなどによる変換表の利用が必要となります。

　このクラスへの会計税務専門家への関与形態ですが、セミナーを実施したり、ツールを提供したり、個別相談に応じるなどの方法があるでしょう。また NPO 支援センターと協力して支援を行うことも現実的です。

③　大規模法人に対しての取組み

　このクラスに関しては、いよいよ会計税務専門家が活躍するべき場面になるでしょう。正式の業務の一環としてかかわるケースも多くなります。

　ただ、そのためには会計税務専門家側も努力が必要になります。

2　NPO法人を知る

　NPO法人は、現在では決して珍しい法人形態ではありません。マスコミ等で取り上げられない日はないといっても過言ではないくらい、身近な存在になっています。

　とはいえ、営利法人に関与することの多い会計税務専門家にとっては、最初はとまどうことも多くあります。

　例えば、営利法人の中小企業では、決算や申告のことに関して社長とだけ話をしてそれで完結することが多くあります。株主総会や取締役会の議事録の作成を司法書士にまかせてしまうといった実務も、ないわけではありません。

　NPO法人ではそのようにはいきません。社員総会や理事会は、実際に必ず行っています。申告時期にあわせて決算書や申告書を作成したらよいというように安易に考えていると、相当早い時期に「理事会資料にするから」と決算書を督促され、慌てる場合があります。

　また売上高を増加させ、利益の最大化だけをアドバイスしたりすると、相手の要望に合わない場合があります。NPO法人の最大の目標はミッション（社会的使命、Q1-3参照）の達成であって、利益の最大化ではありません。

　また、節税だけに偏ってアドバイスすることも気をつけなければなりません。もちろん、NPO法人であっても税金は少ないに越したことはないのですが、それだけがNPO法人の行動指針ではありません。「あの先生は節税のことしか言わない」と評価されると、信頼を失うことになります。

　また相手の規模や事情を無視して、「まず振替伝票の作成から始めてください」などと指導することも間違っています。相手の事務の受入れ態勢や可能性

16　序章　本書のねらいと特徴

を考慮すべきです。

3 NPO法人の会計を知る

　会計税務専門家としてかかわる場合、NPO法人会計基準の完全な理解は不可欠です。しかも、その理念をしっかりと身につけなくてはいけません。

　NPO法人会計基準は、

①　利用者である市民にとってわかりやすい会計報告であること

②　社会の信頼に応える正確な会計報告であること

の2つを基本的な考え方として策定されたものです。この理念は重要です。

　特に①の「利用者にわかりやすい会計報告」という視点はしっかりと理解しておかなくてはいけません。「市民」とは、不特定多数の人を対象としているという意味です。またこの不特定多数の人は、会計報告（及び事業報告）を通じてしかそのNPO法人の情報を得ることができません。

　このように、広範囲の利用者に共通する財務情報に対するニーズを満たすように作成された財務情報を「一般目的の財務諸表」といいます（これに対し、特定の利用者の財務情報に対するニーズを満たすように作成された財務情報を「特定目的の財務諸表」といいます）。財務諸表は情報公開の要なのです。

　中小企業は、利害関係者が少ないケースがあるため、社長の方針を強く反映した決算や申告を行う可能性があります。また、税務署や銀行への提出を念頭に置いた決算書を作成することもあるでしょう。

　しかしNPO法人の場合、それは許されません。仮に、NPO法人の担当者が中小企業の社長と同様な要望を会計税務専門家に依頼してきたとしても、毅然として否定するという態度が求められる場面も出てきます。

4 NPO法人の税務を知る

　NPO法人に関するさまざまな税務問題は、議論が深まっているとは言えま

第4節　会計税務専門家がNPO法人にかかわる場合の留意点　　*17*

せん。事例の積み重ねが不足しているのです。また公益法人、社会福祉法人、学校法人などの他の非営利法人と比べても、行っている事業が多岐にわたります。さらに新しい分野への進出も活発です。他の非営利法人での取扱いを参考にしようと思っても、なかなかうまくあてはまるケースが少ないことが現実です。

　会計税務専門家としては、自己の信念に従って専門家としての判断をしなくてはいけません。税法やそれ以外の法律の原文にあたって、解釈を考える機会が多くなります。日々の勉強が要請されるのです。

　このことを大変と考えるのか否かに関しては、人それぞれでしょう。しかしながら、会計税務専門家としての醍醐味を味わうことのできる分野です。「やりがい」は大いに感じることができます。

　本書を参考にして、多くの会計税務専門家がNPO法人に精通されることを願っています。できればわれわれNPO会計税務専門家ネットワークにも参加していただいて、ともにこの「醍醐味」を感じて活動をしていく方が1人でも多く現れることを期待しています。

第 1 章

NPO法人とは

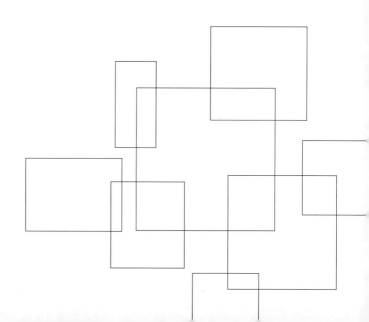

この章のポイント

　NPO法は、環境、福祉、国際協力、災害支援、まちづくり等、市民が行う自由な社会貢献活動の健全な発展を促進することを目的とした法律です。

　このような活動が健全に発展するために、以下の点を重視しています。

① 法人設立時における行政の裁量の余地を少なくし、法律で定める要件を満たしていれば誰でも法人格を取得できるようにしている

② そのかわり、法律に「情報公開」の義務を定め、法人自らが情報公開を行うことで市民が監視し、問題がある法人は自然と淘汰されるようにする、という考え方を基本にしている

③ 税制上の優遇を与える認定NPO法人制度についても、行政が公益性を判断するのではなく、「多くの市民から支えられていること」「運営組織・事業活動が適正であること」「自ら情報を広く公開していること」を判断基準としている

　この章では、このような考え方を軸としているNPO法人制度について幅広く解説していきます。

■内容

第1節　NPOとは
　　　　　　NPOとは何か／NPO法人の非営利組織の中での位置づけ　等

第2節　NPO法の概要
　　　　　　NPO法の目的／策定の経緯／特徴／現在の法人数／設立要件　等

第3節　NPO法の運用
　　　　　　NPO法人の運営上の基本ルール／他の法人格との違い　等

第4節　一般社団法人との比較

第5節　認定NPO法人制度の概要
　　　　　　認定NPO法人制度の趣旨と優遇措置／認定を受けるための基準　等

第6節　実務Q&A—NPO法人支援の具体的取扱い

第1節　NPOとは

　NPOとは、Non-Profit Organizationの略称で、福祉、教育・文化、まちづくり、環境、国際協力などさまざまな分野の社会貢献活動を行い、構成員に対して利益を分配しない団体の総称です。

　直訳すれば「非営利組織」または「非営利団体」となり、非営利活動を行う各種団体の総称です。そのうち、特定非営利活動促進法（以下「NPO法」という）に基づき法人格を取得した法人をNPO法人といいます。

　NPOは、定義の仕方によってその言葉の意味する範囲が広がります（**図表1－1参照**）。

① 最狭義：NPO法に基づき法人格を取得した組織
② 狭義：①に加えボランティア団体、市民活動団体など任意団体を含む組織
③ 広義：②に加え公益社団（財団）法人や社会福祉法人、学校法人等をも含む組織
④ 最広義：③に加え営利団体以外のすべての団体をいい、共益目的の団体をも含む組織

図表1－1　NPOの定義

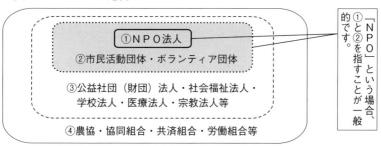

（出所：兵庫県・神戸市「NPO法人の手引　1　設立・運営編」）

第2節 NPO法の概要

1 NPO法の目的

（目的）
第1条　この法律は、特定非営利活動を行う団体に法人格を付与すること並びに運営組織及び事業活動が適正であって公益の増進に資する特定非営利活動法人の認定に係る制度を設けること等により、ボランティア活動をはじめとする市民が行う自由な社会貢献活動としての特定非営利活動の健全な発展を促進し、もって公益の増進に寄与することを目的とする。

　NPO法は、環境、福祉、国際協力、災害支援、まちづくり等、NPO法別表に掲げる20分野における課題解決や社会貢献活動を行う団体に対して法人格を付与することに加え、認定NPO法人制度を設け、市民が行う自由な社会貢献活動の健全な発展を促進することを目的としています。

　法の制定以前は、ボランティア団体や市民活動団体は法人格を持つ選択肢がなく、任意団体として活動をしてきました。しかし任意団体では、契約主体となることができず、責任や権利の範囲が明確ではありませんでした。そこで、そういった公益的で自発的な活動をより一層促進し、社会的な信頼を得やすくすることをねらいとしてNPO法が制定されました。

22　第1章　NPO法人とは

2 NPO法の経緯

　NPOという言葉が一般的に知られるようになったのは、1995（平成7）年の阪神・淡路大震災のときです。多くのNPOやボランティアが目の前の課題に自発的に取り組み、その活動の迅速さや柔軟性が非常に注目されました。

　NPOやボランティアの活動は、現在の多様化する社会のニーズに対して行政では対応が難しいとされる分野においても、きめ細かい活動を展開して社会課題を解決していきます。

　「障がいがあっても地域で自立して生活ができるようにしよう」「学校に登校することをやめてしまった子供たちのために居場所や学ぶ場を作ろう」などのさまざまな課題に取り組むNPOやボランティアの活動は、現代のニーズを的確にとらえた先駆的な活動として注目すべき点でもあります。行政サービスに限界を感じる現代においてこれらNPOやボランティアの活動は、新しい公益の担い手としてさまざまな可能性を秘めています。

　1980年代以降の市民活動の活発化と、震災時のボランティアの活躍という背景を受け、さらにNPO活動を促すために特定非営利活動促進法の施行による法制度の整備がされたのです。

＜特定非営利活動促進法の経緯＞

1980年代	：世界的に民間・非営利の組織が注目されるようになる
1990年代	：米国では非営利セクター国際比較研究プロジェクトが始まる 日本でもさまざまな分野で公益的な活動を自発的に展開する団体があり、これらをNPOと呼ぶ動きが出てきた
1993年3月	：日本NPO学会の母体となる「NPO研究フォーラム」が発足し、NPO制度の研究が本格化した
1995年1月	：阪神・淡路大震災発生
1998年3月	：衆議院にて「特定非営利活動促進法」可決成立（同年12月1日施行）
2001年10月	：認定特定非営利活動法人制度の創設
2002年12月	：改正NPO法の成立（翌年5月1日施行）

2011 年 6 月	：改正 NPO 法の成立（翌年 4 月 1 日施行）
	NPO 法人に関する事務を地方自治体で一元的に実施、認定制度の見直し。計算書類のうち、収支計算書が活動計算書に変更等
2016 年 6 月	：改正 NPO 法の成立（翌年 4 月 1 日施行）
	認証申請時の添付書類の縦覧期間の短縮、貸借対照表の公告、事業報告書等規定の書類の備置期間の延長、仮認定の名称変更等
2020 年 12 月	：改正 NPO 法の成立（翌年 6 月 9 日施行）
	認証申請時の添付書類の縦覧期間の短縮（1 か月間→2 週間）、住所等の公表等を対象から除外、NPO 法人（認定・特例認定）の提出書類の削減、NPO 法に基づく事務または業務のデジタル化に関する規定等

(参考：内閣府ホームページ)

3 NPO 法の特徴

　NPO 法人制度は、公益的な活動を行う市民ができる限り容易に法人格を取得できるようにという趣旨で作られました。そのため行政の裁量の余地は少なく、法に定める要件を満たしていれば誰でも法人格を取得できるようになっています。しかし設立が容易である分、法律に「情報公開」の義務を定め、法人自らが情報公開を行うことで市民から監視され続け、問題がある法人は自然と淘汰されるようにする、という考え方を基本としています。

　つまり NPO 法は、多様な価値観・自発性があり、自律の精神を持つ法人として、広く市民からの信頼を得て活動することで、新しい公益的なサービスの提供がなされることを期待しているといえます。

4 NPO 法人数

　NPO 法人数は 2023（令和 5）年 12 月末現在、50,047 団体であり、そのうち認定 NPO 法人数は 1,283 団体です（**図表 1 − 2、1 − 3 参照**）。

図表1－2　NPO法人数の推移

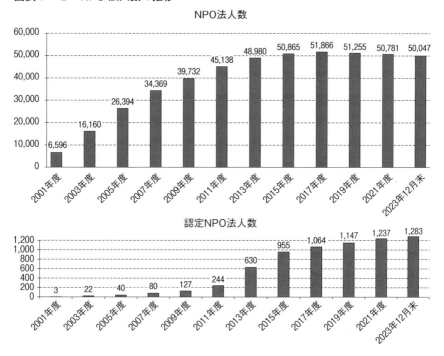

図表1－3　NPO法人収益合計の分布割合（内閣府調査 2020年度 調査対象 7,347法人 回答4,005法人）

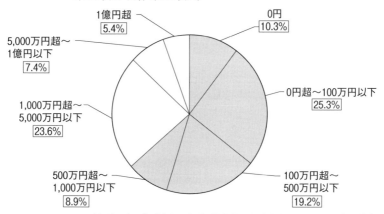

（出所：内閣府「令和2年度 特定非営利活動法人に関する実態調査」）

5 「特定非営利活動」とは

（定義）
第2条　この法律において「特定非営利活動」とは、別表に掲げる活動に該当する活動であって、不特定かつ多数のものの利益の増進に寄与することを目的とするものをいう。
（以下略）

「不特定かつ多数のものの利益の増進に寄与することを目的とする活動」とは「公益」であることを意味します。構成員相互の利益を追求する共益的な活動や、特定の個人や団体の利益を目的とする活動は、特定非営利活動ではありません。

営利を目的としないものであって、法が定める要件に該当し、右ページに掲げる 20 の活動（NPO 法別表）のいずれかを行うものでなければなりません（**図表1－4、1－5**参照）。

26　第1章　NPO法人とは

＜別表に定める20の活動分野＞

1．保健、医療または福祉の増進を図る活動
2．社会教育の推進を図る活動
3．まちづくりの推進を図る活動
4．観光の振興を図る活動
5．農山漁村または中山間地域の振興を図る活動
6．学術、文化、芸術またはスポーツの振興を図る活動
7．環境の保全を図る活動
8．災害救援活動
9．地域安全活動
10．人権の擁護または平和の推進を図る活動
11．国際協力の活動
12．男女共同参画社会の形成の促進を図る活動
13．子どもの健全育成を図る活動
14．情報化社会の発展を図る活動
15．科学技術の振興を図る活動
16．経済活動の活性化を図る活動
17．職業能力の開発または雇用機会の拡充を支援する活動
18．消費者の保護を図る活動
19．前各号に掲げる活動を行う団体の運営または活動に関する連絡、助言または援助の活動
20．前各号に掲げる活動に準ずる活動として都道府県または指定都市の条例で定める活動

図表1-4　活動分野の参考事例（あくまで事例であり、明確な定義はありません）

特定非営利活動の種類	事　例
1．保健、医療または福祉の増進を図る活動	障がい者のための就労支援事業、障害福祉サービス事業、高齢者の介護事業など
2．社会教育の推進を図る活動	○○語の普及啓蒙活動、子どもの精神的ケアを行う専門家の養成事業など
3．まちづくりの推進を図る活動	地域伝統野菜の栽培普及事業、地域コミュニティづくり、駅前商店街活性化事業など
4．観光の振興を図る活動	観光客の誘致促進活動、○○まつり活性化事業、地域ブランド米づくり事業など
5．農山漁村または中山間地域の振興を図る活動	農家の衰微防止支援事業、限界集落活性化事業など
6．学術、文化、芸術またはスポーツの振興を図る活動	総合型地域スポーツクラブマネージャー設置事業、市民健康ランニング大会活性化活動など
7．環境の保全を図る活動	○○河川流域の保全活動、野生生物の保護活動、里山保全活動、砂漠化防止活動など
8．災害救援活動	緊急災害支援活動、防災マップ作成事業、防災予防セミナーなど
9．地域安全活動	地域交通安全活動、地域防犯活動、緊急時連携のためのネットワークづくりなど
10．人権の擁護または平和の推進を図る活動	子どもへの暴力防止のための啓発運動、コミュニケーションスキルアップ事業など
11．国際協力の活動	災害紛争発生時の緊急復興支援事業、アフリカの医療保健衛生支援事業、少数民族地域での学校校舎支援事業など
12．男女共同参画社会の形成の促進を図る活動	セクハラ防止活動、デートDV防止セミナー、男女差別問題に関する啓蒙活動など
13．子どもの健全育成を図る活動	児童保育事業、子育ち支援事業、学童保育事業、児童虐待防止事業など
14．情報化社会の発展を図る活動	犯罪被害者救援ネットワーク事業、シニアパソコン教室、地域ICT利活用に関する事業など
15．科学技術の振興を図る活動	植物遺伝子資源の研究開発事業、ゲノム関連知識情報整備事業など
16．経済活動の活性化を図る活動	コミュニティビジネス支援事業、地場産業の育成活性化事業など
17．職業能力の開発または雇用機会の拡充を支援する活動	職業訓練ITビジネス化事業、IT操作指導及び就職支援など
18．消費者の保護を図る活動	消費者問題に関するセミナー事業、消費者被害者救済事業など
19．前各号に掲げる活動を行う団体の運営または活動に関する連絡、助言または援助の活動	NPO支援、情報発信、ネットワークづくりなど
20．前各号に掲げる活動に準ずる活動として都道府県または指定都市の条例で定める活動	各都道府県又は指定都市による

28　第1章　NPO法人とは

図表1－5　特定非営利活動の種類の分布

　特定非営利活動法人の定款に記載された活動分野の集計です（2023年9月30日までに認証を受けた50,115法人の定款から集計）。
　1つの法人が複数分野の活動を行う場合が多いため、合計は調査時点の法人数50,115法人にはなりません。

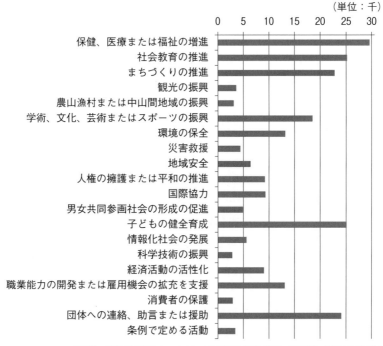

（出所：内閣府NPOホームページ「NPO統計情報　認証数（活動分野別）」）

（注）上記は定款に記載された活動分野を集計したものであり、実際に行っている活動を集計したものではありません。

6 「特定非営利活動に係る事業」と 「その他の事業」

　NPO法人は、不特定かつ多数のものの利益の増進に寄与することを目的として法別表に掲げる特定非営利活動を行います。しかし、組織として、その活動を継続的に行うためには資金が必要となります。

　そこで、その行う特定非営利活動に支障がない限り、特定非営利活動に係る事業以外の事業を行うことができ、その事業のことを「その他の事業」といいます。ただし、「その他の事業」において利益が生じたときは、これを特定非営利活動に係る事業のために使用しなければならないとされています。注意すべきなのは、「その他の事業」は法人税法上の「収益事業」と一致するものではないということです。

　「その他の事業」を行う場合は、定款に記載しなければなりません。また、定款の記載に従って「特定非営利活動に係る事業」と「その他の事業」との会計を区分する必要があります（第2章「Q2-10　その他の事業がある場合の表示」参照）。

　企業の場合、主な事業以外から収益を得た場合に「その他」という言葉や科目を使うことがありますが、NPO法人の場合には「その他の事業」と混同しやすいので、定款の記載を確認の上、言葉（科目）の混乱を招かないようにすることも大切です（**図表1-6**参照）。

7 NPO法人の設立と要件

　NPO法人を設立するためには、法律に定められた書類を添付した申請書を所轄庁*に提出し、審査を経て設立の認証を受けることが必要です。提出された書類の一部は、書類を受理した日から2週間の縦覧により、市民の目で点検されることになります（NPO法10②）。

　＊所轄庁：主たる事務所の所在する都道府県もしくは政令指定都市。

図表1－6　NPO法と法人税法の区分

［例］高齢者の生きがいづくりを支援する活動を行うNPO法人

	NPO法上の事業			
ミッションを達成するため	特定非営利活動に係る事業	その他の事業	収益事業	法人税法上の事業
	「駅前の駐輪場施設の管理運営」事業を行政から事業委託	古本を集めて書籍販売	収益事業	法人税法上の事業
	高齢者のためのパソコン教室を開催	一般市民に対して事業として正規料金でパソコン教室を開催	非収益事業	法人税法上の事業

（単なる資金集め）

（出所：兵庫県・神戸市「NPO法人の手引　1　設立・運営編」）

　所轄庁は、申請が設立基準に適合すると認められるときには設立を認証しなければならないこととされています。また、その確認は書面審査によって行うことが原則です。設立認証後、登記することで法人として成立することになります。NPO法人は「認証」であり準則主義に近い制度です。

　NPO法人設立の際は、次のいずれの要件にも該当しなければなりません。

＜設立の要件＞（NPO法2②、12①三・四関連）

1．特定非営利活動を行うことを目的とし、営利を目的としないこと
2．社員の資格の得喪について、不当な条件をつけないこと
3．役員のうち報酬を受ける者の数が、役員総数の3分の1以下であること
4．宗教活動や政治活動を主目的としないこと
5．特定の公職候補者、公職者、政党への推薦、支持、反対を目的としないこと
6．暴力団、暴力団構成員（過去5年以内の間、構成員だった者を含む）等の統制下にある団体でないこと
7．10人以上の社員を有すること

　ここでいう社員とは総会で議決権を持つ会員のことで、誰でも社員になれることがNPO法の原則です。また役員が報酬を得る場合には、役員総数（理事

及び監事）の 3 分の 1 以下でなければなりませんので注意が必要です。

　この「報酬」とは、役員としての業務に対する報酬等の対価という意味です。交通費や労働の対価としての給与は含まれません。報酬の額については特に規定されていませんが、合理的な範囲を超えないことが重要です。

8 認証の取消し

　NPO 法第 29 条によって、毎事業年度 1 回、事業報告書等を所轄庁に提出しなければならないと規定されていますが、これを遵守しない法人に対して所轄庁は、NPO 法第 42 条に基づいて改善命令を出すことになっています。

　しかし、この改善命令にも違反し、3 年以上にわたって第 29 条の規定による事業報告書等の提出を行わないときは、当該 NPO 法人の認証を取り消すことができます。

9 監督等

　NPO 法は、行政の管理監督による裁量の余地をできる限り少なくし、情報公開によって市民が監督することを基本とした制度です。しかしながら NPO 法人を隠れ蓑にして、違法、不適切な活動を行う法人があれば、NPO 法人制度そのものの信頼性を損なうおそれがあります。

　そういった法令違反等、一定の場合においては、所轄庁は NPO 法人に対して報告を求めたり、検査の実施や改善措置を求めたりしたのちに、設立認証を取り消すことができます。また、法に違反した場合には罰則の適用もあります。

10 合併、解散

　NPO 法人は、総会での議決・所轄庁の認証等の一定の手続きを経て、別の NPO 法人との合併または解散を行うことができます。

32　　第 1 章　NPO 法人とは

NPO 法人が解散する場合、残余財産は定款で定めた者に帰属しますが、その定めがない場合は、国または地方公共団体に譲渡するか、最終的には国庫に帰属することとなります。

　なお、解散について、詳しくは第 8 章を参照してください。

11 罰則規定 (認定・特例認定に関するものを除く)

NPO法に違反した場合には、以下の罰則規定が設けられています。

図表1－7　ＮＰＯ法の罰則規定（認定・特例認定関連を除く）

罰則条項		対象違反事象
第78条 罰金50万円以下	1	改善命令違反
第80条 過料20万円以下	2	組合等登記令違反
	3	法人設立時財産目録の事務所備え置き義務違反、必要事項の未記載、不実の記載
	4	役員変更等届・定款変更届の提出義務違反、虚偽の届出
	5	事業報告書等・役員名簿・定款等の事務所備え置き義務違反、必要事項の未記載、不実の記載
	6	定款変更に係る登記事項証明書・事業報告書等の提出義務違反
	7	破産手続き開始の申し立て義務違反（清算中を含む）
	8	債権者に対する債権申出の催告及び破産手続開始の申立て告知のための公告義務違反、不正の公告
	9	合併認証を受けて備え置く貸借対照表・財産目録の未作成、必要事項の未記載、不実の記載
	10	合併認証を受けてする債権者への公告及び各別催告の義務違反、債権者の異議に対する弁済等の義務違反
	11	所轄庁の報告徴求に対する未報告、虚偽報告、検査の拒否・妨害・忌避
第81条 過料10万円以下	12	NPO法人以外の者が特定非営利活動法人等の文字を使用

34　第1章　NPO法人とは

第 3 節　NPO 法の運用

1　NPO 法人の管理・運営と義務

［1］ガバナンス

　NPO 法は、公益的で自発的な市民活動の活性化を促すために法人の価値観の多様性と自律性を重んじています。したがって、法律で定められている最低限の要件以外は、自ら「定款」でルールを定め「自治」が求められます。

　定款は「法人がどういう目的で、何の事業を行うのか」「どういう組織形態なのか」「意思決定機関をどこにするか」などの基本的な事項を記載し定めているものであり、法人の業務を行う上でも活動の方向性を決める上でも、もっとも重要なものです。

　この定款は組織を設計する基礎となるものであり、ひな形をそのまま使ったり、外部者が形式的に作るものではありません。役員についての選任方法や人数、職務、任期、報酬など、構成によって法人の自治は大きく変わります。

　設立時に中心メンバーで自らの組織についての自治のあり方を検討し、十分に議論を重ねて作成することが非常に重要になります。

　社会のための活動を行う公的な組織としてミッション（社会的使命）を遂行するためには、どういう組織のあり方がふさわしいのか、しっかりした倫理観を持って実態にあわせた設計をしておかなければなりません（**図表１－８**参照）。

第 3 節　NPO の運用　*35*

図表1-8　組織の関係性

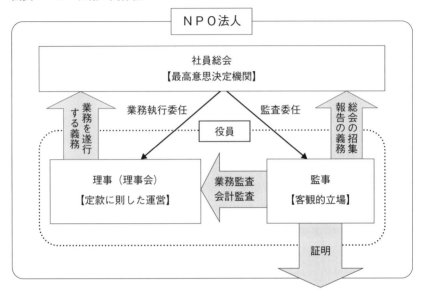

[2] 社員総会

> （通常社員総会）
> 第14条の2　理事は、少なくとも毎年1回、通常社員総会を開かなければならない。

　社員総会が法人の最高意思決定機関です。法で最低限定められている議決事項は「定款変更」「解散」「合併」についてで、これら以外の事項についての意思決定の権限をどこに置くかは定款に定めます。
　組織として活動するために、社員は最低限10人以上必要です。誰でも社員になれることが原則であり、資格取得に条件をつけることはできません。同じく、いつでも自由に退会できなければならず、脱退するときに何らかの承認を得なければならないような規定は認められません。

［3］役員

（役員の定数）
第15条　特定非営利活動法人には、役員として、理事3人以上及び監事1人以上を置かなければならない。

◼️1 理事の職務・責任

　理事は、運営主体として業務を適切に執行する職務があります。また、法人から業務の執行について委任を受けたものと考え、善良な管理者の注意義務を負います。理事が善良な管理者の注意義務に違反し、NPO法人に損害を与えた場合には、その賠償責任を負うことになります。理事は必ずしも社員になる必要はありません。

　理事会はNPO法では定められておらず、任意の機関です。ただし、業務の執行について「特定非営利活動法人の業務は、定款に特別の定めのないときは理事の過半数をもって決する」（NPO法17）とあるので、実務上は理事会を設置するのが一般的です。

　理事会の決定事項については、法で定められている総会議決事項以外は、定款で定めることができます。理事会の権限は運営に大きな影響を及ぼすため、組織体制をしっかり設計した上で決めなければなりません。

◼️2 監事の職務

（監事の職務）
第18条　監事は、次に掲げる職務を行う。
　一　理事の業務執行の状況を監査すること。
　二　特定非営利活動法人の財産の状況を監査すること。
　（以下略）

　イ．業務執行の監査
監事は、法に「理事の業務執行の状況を監査すること」とあるように、理事

第3節　NPO法の運用　　*37*

が権限を濫用することがないよう監視する機関として位置づけられています。監査の対象となる「理事の業務執行」には、法人内部の行為だけではなく、対外的な行為も含まれます。

この監査は、理事の業務執行が形式的に法令・定款や内部規定に違反していないかというだけではなく、理事の判断が妥当であったかどうかについても監査することになります。監事の業務は、会計処理の監査のみと誤解されることも多いのですが、そうではありません。

ロ．財産状況の監査

監事は、法人の帳簿、預金通帳、伝票類や支払証拠書類等を調査し、財務諸表等に記載された金額が、NPO法人が行っている取引を正しく反映したものであるかを監査することになります。

2011年6月（2012年4月施行）のNPO法改正（経過措置あり）により、「NPO法人が採用する会計基準については、NPO法人会計基準（2010年7月20日 2011年11月20日一部改正　NPO法人会計基準協議会）が望ましい」（内閣府「特定非営利活動法人の会計の明確化に関する研究会」報告書、2011年11月）とされたことから、このNPO法人会計基準に準拠した会計処理及び財務諸表の作成を行っているかどうかを監査します。

ただし、他の会計基準を採用することも認められていますので、法人がどの会計基準に準拠した会計処理を行っているかを把握した上で監査をしなければいけません。

このように、監事の職務は重要かつ広範囲に及びます。NPO法人の信頼性向上のために、可能であれば複数の監事を置き、監査項目の相互チェックを行うなどにより監査の質を高めることが望ましいといえます。

3 監事の義務・責任

監事は監査の結果を、社員総会または所轄庁へ報告する義務があります。

○不正行為等の報告
　監査の結果、法人の業務又は財産に関し不正の行為又は法令・定款に違反す

る重大な事実があることを発見した場合には、これを社員総会又は所轄庁に報告することとされています（NPO法 18 三）。

○社員総会の招集

　不正行為の報告を行うため、必要がある場合には、社員総会を招集することができます（NPO法 18 四）。

○理事への意見

　理事の業務執行の状況又は法人の財産の状況について、理事に意見を述べることができます（NPO法 18 五）。

　監事は第三者として法人を客観的に監査する立場であるため、その法人の理事や職員を兼ねることは禁止されています。客観性を保つためにも、監事が法人の会計処理を行うことは望ましくありません。

　監事も役員としての位置づけであり、法人から監査業務について委任を受けたものと考え、善良な管理者の注意義務をもってその職務を遂行する義務を負います。したがって監事が職務を行うにあたって、善良な管理者の注意義務に違反してNPO法人に損害を与えた場合には、賠償責任が問われます。

［4］情報公開

（事業報告書等の備置き等及び閲覧）

第 28 条　特定非営利活動法人は、毎事業年度初めの 3 月以内に、（中略）前事業年度の事業報告書、計算書類及び財産目録（中略）を作成し、これらを、その作成の日から起算して 5 年が経過した日を含む事業年度の末日までの間、その事務所に備え置かなければならない。

　（以下略）

（事業報告書等の提出）

第 29 条　特定非営利活動法人は、（中略）毎事業年度 1 回、事業報告書等を所轄庁に提出しなければならない。

（事業報告書等の公開）

第 30 条　所轄庁は、特定非営利活動法人から提出を受けた事業報告書等（過去 5 年間に提出を受けたものに限る）、役員名簿又は定款等について閲覧又は謄

写の請求があったときは、都道府県又は指定都市の条例で定めるところにより
これを閲覧させ、又は謄写させなければならない。

　毎事業年度初めの3か月以内に所轄庁に提出しなければならない書類が定め
られています。同時に所轄庁は、過去5年間に提出を受けた書類を閲覧または
謄写させなければならないこととなっています。
　提出書類は所轄庁が検査等を行うためではなく、一般市民に公開することが
目的であり、法に定められている「情報公開」を担うもっとも重要な部分です。
したがって、提出書類は情報公開すべき内容について十分に検討をした上で法
人自身が作成するべき書類です。単なる「行政書類」ではありません。
　法が定めている提出書類とは、以下1〜5です。

＜毎事業年度終了後、3か月以内に所轄庁へ提出する書類＞

　1．事業報告書
　2．計算書類（活動計算書・貸借対照表）
　3．財産目録
　4．社員のうち10人以上の者の名簿
　5．役員名簿

　提出書類の中心である「事業報告書」と「計算書類等（計算書類・財産目録）」
は非常に密接な関係があり、お互いに補完しあい説明責任を果たします。
　NPO法人が行う活動は、その法人の目的に賛同し共感する人や団体・組織
など多様な関係者から託された「資金」や「労力」で成り立っています。NPO
法人の資金源が多様なのは、その活動が自らの組織のためではなく「社会のた
めの活動」であるからです。
　さまざまな関係者に対する説明責任を果たすためにも、事業報告書で活動内
容を的確にわかりやすく伝え、計算書類等で活動を資金面から説明できること
が最重要点です。したがって、NPO法人の会計の第一義は「税務会計」では
なく、事業活動の信頼性を担保するための「説明会計」でなければなりません。

2 法人格の比較

　NPO法人制度は、市民が自由に公益活動を行うための制度です。法令に定める要件を満たしていれば行政は必ず設立を認める「認証」という制度をとっています。一方、従来の公益法人制度に見られたさまざまな問題に対応するため、2008（平成20）年に登記のみで一般社団（財団）法人を設立できる制度（準則主義）が創設されました。

　この両者は非営利であり利益の分配が禁止されているという点では共通していますが、公益活動として「社会のための活動」を行うのがNPO法人であるのに対し、一般社団（財団）は、目的や事業に制約はなく公益活動を行うことは「義務」ではありません。また一般社団（財団）法人には情報公開の義務もなく、それを監督する行政庁もありません。

　公益社団（財団）法人や社会福祉法人は、行政の認定、認可によって設立されることから、その信頼性は行政によって担保される点においてNPO法人とはまったく異なります。

　法人格を選択する際に、手続きや税制等のメリット・デメリットだけで決めてしまっては、後々に不具合が生じることになります。法人格を選ぶ以前に、本来の目的を明確にし、何（誰）のために、どういう社会課題を解決する事業を、どういう手段で行うのか、をはっきりさせる必要があります。そして、その目的達成のためにもっとも適切な法人格を十分に検討して選択することが大切です（**図表1−9**参照）。

第3節　NPO法の運用　*41*

図表1－9　NPO法人と他の法人格の比較表

法人格	特定非営利活動法人（通称：NPO法人）	認定特定非営利活動法人（通称：認定NPO法人）	一般社団法人		一般財団法人	
			非営利型	その他	非営利型	その他
根拠法	特定非営利活動促進法（通称：ＮＰＯ法）		一般社団法人及び一般財団法人に関する法律（通称：一般法人法）			
性格	非営利　（ここでいう非営利とは利益を構成員に分配できないことを意味します）					
目的事業	特定非営利活動（NPO法別表20分野）を主目的とする事業		目的や事業に制約はなく、公益事業、収益事業、共益事業等のいずれも可			
設立方法	所轄庁に申請し審査期間を経て認証を得た後、法務局で登記する	NPO法人が所轄庁に申請し、要件を満たしていれば所轄庁が認定する	公証役場で定款認証後、法務局で登記する			
			定款で非営利性を徹底する	非営利性の徹底を問わない	定款で非営利性を徹底する	非営利性の徹底を問わない
設立要件	社員10人以上（社員＝総会の議決権を持つ会員）		社員2人以上		拠出財産300万円以上	
議決権	原則として1社員1票	1社員1票	原則として1社員1票		1評議員1票	
最高議決機関	社員総会				評議員会	
役員	理事3人以上監事1人以上		理事3人以上	理事1人以上	理事3人以上監事1人以上評議員3人以上	
			理事会及び監事の設置は任意（理事会を設置する場合は監事の設置は必須）			
代表権（＊1）	理事					
剰余金の処理	正味財産として翌年に繰り越す【分配は不可】					
法人税等	収益事業課税		収益事業課税	全所得課税	収益事業課税	全所得課税
	寄付に対する優遇なし	寄付に対する優遇税制適用				
法定設立費用（＊2）	無料		11万円		11万円	

＊1　代表権について
　　各法人の代表権は理事・取締役等が持ちますが、定款に定めることにより代表者に集中することができます。NPO法人の代表権も、理事長（代表理事）に集中することが一般的です。

公益社団法人 公益財団法人	社会福祉法人	株式会社	合同会社	任意団体（法人格なし）
公益社団法人及び公益財団法人の認定等に関する法律	社会福祉法	会社法		なし
非営利　（前ページに同じ）		営　利　（利益の分配ができます）		営利／非営利
事業の種類及び実施方法が法の基準を満たす公益事業	法に定める公共性の高い社会福祉事業	営利の追求を目的とした定款に掲げる事業		任意
一般法人が行政庁に申請し、審査・公益認定を受けて名称変更を登記する	所轄の行政庁と協議の上で申請し、審査、認可を受けて登記する	公証役場で定款認証後に法務局で登記する	法務局で登記する（定款認証不要）	任意
一般社団（財団）法人に同じ	一定規模以上の資産	資本の提供	1人以上	任意
（社団）社　員（財団）評議員	理事会	出資比率による	定款で自由に決定できる	任意
一般社団（財団）法人に同じ	理事会	株主総会		任意
理事3人以上 監事1人以上 財団は評議員3人以上	理事6人以上 監事2人以上 原則として理事の2倍を超える評議員	取締役1人以上（監査役の設置は任意）	自由に決定できる（選任なしで設立可能）	任意
代表理事	理事	取締役	社員	任意
正味財産として翌年に繰り越す【分配は不可】		配　当【分配可】	定款で自由に決定【分配可】	任意
収益事業課税		全所得課税		収益事業課税
公益目的事業は非課税	寄付に対する優遇税制適用			収益事業課税
無　料		24万円以上	10万円以上	なし

＊2　法定設立費用について
　　法定設立費用とは、「定款認証」や「登記申請」など手続き上欠かすことのできない費用です。

（出所：兵庫県・神戸市「NPO法人の手引　1　設立・運営編」）

第4節 一般社団法人との比較

　非営利活動を行おうとして法人を立ち上げる場合に、最近はNPO法人ではなく、一般社団法人として設立する場合が多く見受けられます。NPO法人と一般社団法人ではどのような違いがあるのでしょうか。ここではこの2つの法人格について、比較することにします。

1 一般社団法人の非営利型と非営利型以外について

　一般社団法人は、2008（平成20）年の公益法人制度改革によってできた法人制度です。その改正により、社団法人が「一般社団法人」と「公益社団法人」に分かれることになりました。

　前者は、公益性を要件としておらず、事業の目的も制限がなく準則主義で設立できます。後者は、「公益認定等委員会」等に公益性を認められ、寄附金控除や公益目的事業について法人税が非課税になるなどの税制上の優遇措置が受けられます。

　さらに一般社団法人は、法人税法上の取扱いは、NPO法人と同様に収益事業課税が適用される非営利型の一般社団法人と、株式会社と同様に全所得課税が適用される非営利型以外の一般社団法人に分かれます。

44　第1章 NPO法人とは

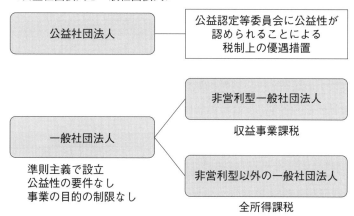

　非営利型一般社団法人には、「非営利徹底型」あるいは「共益活動型」のいずれかの要件を満たしている必要がありますが、NPO法人との比較という意味では、「非営利徹底型」の要件が重要になってきます。非営利徹底型の一般社団法人になるためには、以下の要件をすべて満たしている必要があります。

---
① 剰余金の分配を行わない旨が定款に定められていること
② 解散時の残余財産を国、地方公共団体や公益社団・財団法人等に帰属させる旨が定款で定められていること
③ 理事及びその親族等である理事の合計数が理事の総数の3分の1以下であること
④ ①②の定款の定めに違反した行為(特定の個人または団体に特別の利益を与えることを含む)を行うことを決定し、または行ったことがないこと

　上記の要件のうち、①と②の要件は、NPO法人であれば必ず満たしていないといけない要件ですが、一般社団法人では、設立に関して①と②の要件は要求されていません。

　③の要件を満たすためには、理事が3名以上である必要があります。一般社団法人は、理事は1名または2名でも設立できますが、非営利型の一般社団法人になるためには、3名以上で、かつ、理事及びその親族等である理事の合計

数が理事の総数の3分の1以下である必要があります。NPO法人の場合には、理事は最低でも3名以上必要で、3分の1以下の親族要件もあります。

　④の要件は、定款の定めに違反した行為や特定の個人、団体に特別の利益を与えないこと、という要件で、NPO法人では当然に満たすべき内容ですが、一般社団法人の場合には、要件を満たしていないとされた場合に、非営利型以外の一般社団法人とされ、全所得課税になるという点がNPO法人との違いです。

　①～④の要件の中には、公益活動を行っていることは記載にありません。一般社団法人は、公益を目的とした活動とは限らず、どのような事業を行ってもいいことになっています。NPO法人は、公益活動（＝特定非営利活動）を主たる目的とする法人で、公益法人（ここでいう公益法人は、公益社団法人や公益財団法人だけでなく、社会福祉法人や学校法人等も含む、公益活動を主たる活動とする法人という意味です）の中の1つです。その違いが、一般社団法人とNPO法人のさまざまな違いに関係してきます。

＜一般社団法人とNPO法人の比較（概要）＞

	一般社団法人	NPO法人
事業の内容	制約なし	特定非営利活動（公益活動）を主たる目的とする
設立の手続き	公証人の承認を受け、法務局に登記して設立（準則主義）	所轄庁の認証を受け、法務局に登記して設立（認証主義）
役員	理事1名、監事は置かなくても可ただし非営利型法人になるためには、理事を3名以上置く必要あり（親族制限あり）。	理事：3名以上 監事：1名以上 親族制限あり

2 設立時の手続きの違い

　一般社団法人は準則主義で、公証人が定款の認証をするので、株式会社など

46　　第1章 NPO法人とは

と同様に、定款認証手数料がかかります。一方で、NPO法人は認証主義で、定款の認証は所轄庁が行い、認証手数料はかかりません。

　また、登記にかかる登録免許税は一般社団法人はかかりますが、NPO法人は非課税になります。

　社員について、NPO法人は参加型の法人なので、最低でも10名以上の社員が必要とされています。また、公益法人の一種なので、社員の資格について不当な条件を付さない（その団体の構成員となるための資格や条件、あるいは入会や退会の条件などが、不当なものであってはならない）ことになっています。一方で、一般社団法人は社員が2名から設立可能であり、社員の資格についての要件もありません。

　また、役員の任期なども違いがあります。

＜設立時の手続き、費用の比較＞

	一般社団法人	NPO法人
設立の手続き	準則主義	認証主義
定款認証手数料	5万円	0円
定款に貼る印紙代	0円	0円
設立時の登録免許税	6万円	0円
社員	2名以上で設立	10名以上必要 社員の資格の得喪に不当な条件を付さない
役員の任期（最大）	理事：2年 監事：4年	理事：2年 監事：2年
役員変更の登録免許税	1万円	0円
事務所移転、名称、目的変更等	3万円 （管轄外移転の場合は6万円）	0円

第4節　一般社団法人との比較　*47*

3 運営の違い

　NPO 法人は、行政の裁量を抑制し、法人が自ら情報を公開し、市民監視により公益性を担保するという考え方をとっています。そのため、活動内容についての公益性を行政は判断しませんが、法律違反をしていないかなどの一定の関与は行政庁にあり、毎事業年度終了後3か月以内に事業報告書と会計報告書等を所轄庁に提出する必要があります。また、情報公開を重視していますので、提出した書類は、所轄庁で一般市民による閲覧・謄写の対象になると同時にWEB 上（NPO 法人ポータルサイト）で公開がされています。

　一般社団法人は、制度として公益性を担保しようという考え方はありません。そのため、所轄庁はありませんし、情報公開も NPO 法人のように求められません。一方で、一般社団法人について定めている「一般社団法人及び一般財団法人に関する法律」では、運営について細かい規定が設けられています。

　例えば、運営面において大きく違う1つが、理事会の位置づけです。NPO 法人は理事会の設置は任意で、法に定めはありません。一方、一般社団法人は、理事会の設置は任意ですが、設置した場合の位置づけや運営内容は法で定められています。具体的には、理事会の開催頻度、決定事項、理事に委任できない重要事項などが明記されています。

48　第1章　NPO 法人とは

＜運営方法等の比較＞

	一般社団法人	NPO 法人
所轄庁	所轄庁なし	所轄庁あり
事業報告書、会計報告書	貸借対照表を公告	所轄庁に提出 貸借対照表を公告
情報公開	法人の事務所に備え付け 社員及び債権者が請求した場合には閲覧、謄写	所轄庁での一般市民による閲覧・謄写、ポータルサイトでの公開
社員総会の招集通知	社員総会の原則1週間前までに招集。書面決議等の場合には2週間前	社員総会の原則5日前までに招集
理事会開催日と社員総会開催日	定時総会の場合には2週間以上空ける。	規定はない。
社員総会の決議事項	社員総会の法定決議事項が多数ある	定款変更、解散、合併が法定決議事項。それ以外の事項は定款で定めれば理事会決議事項可
理事会の運営	理事会が開催される場合は、理事は自ら理事会に出席し、議決権を行使することが求められる。	理事会に出席できない理事の書面による議決権行使可
監事の理事会出席義務	理事会に出席する義務がある。	規定はない。

4 税法上の違い

　法人税法上の取扱は、非営利型一般社団法人と NPO 法人では、同じです。ただし、一般社団法人で気をつけなくてはいけないことは、■の①から④に記載された要件に合わなくなった場合には、全所得課税になるという点です。特に、非営利徹底型要件のうち、「定款の定めに違反した行為（特定の個人または団体に特別の利益を与えることを含む）を行ったことがないこと」という要件は事実認定の要件になるので、税務調査等により非営利型の要件に違反して

第4節　一般社団法人との比較　**49**

いると指摘される可能性は排除できません。また、それ以外の非営利徹底型の要件は形式要件ですが、満たしていないと全所得課税になりますので、注意が必要です。

　収益事業を行っていない場合、NPO法人の場合には、法人都道府県民税や法人市町村民税の均等割はほとんどの自治体で減免制度がありますが、一般社団法人の場合には、自治体により扱いがさまざまです。例えば東京都の場合、NPO法人は収益事業を行っていなければ、均等割の免除申請書を提出することで、法人都民税の均等割は免除になりますが、一般社団法人の場合には、非営利型であっても、均等割は必ず課税されます。

＜税務上の取扱いの比較＞

	一般社団法人	NPO法人
法人税	非営利型法人⇒収益事業課税 非営利型以外の法人⇒全所得課税 事実認定等により全所得課税になることもあり得る	収益事業課税
法人地方税均等割	収益事業を行っていない場合の減免制度の有無は、自治体によりさまざま	収益事業を行っていなければほとんどの自治体に減免制度あり
登録免許税	課税	非課税

第 5 節　認定 NPO 法人制度の概要

1　認定 NPO 法人制度の趣旨

　認定 NPO 法人制度は、NPO 法人の行う公益的な活動を、一般市民や企業等が寄付を通してより一層支援しやすくすることを目的として設けられた制度です。

　認定 NPO 法人は、正式には「認定特定非営利活動法人」といい、NPO 法人のうち「その運営組織及び事業活動が適正であって公益の増進に資する者につき一定の基準に適合したものとして、所轄庁の認定を受けた NPO 法人」をいいます。当初は、国税庁長官が認定を行う制度でしたが、2011（平成 23）年の法改正により所轄庁が認定を行う新たな認定制度が創設されました。認定 NPO 法人になると、税制上の優遇措置を受けることができます。

　認定 NPO 法人は、任意団体からいきなりなることはできません。まず所轄庁の「認証」を受けて NPO 法人になり、その後、所轄庁の「認定」を受けて認定 NPO 法人（または特例認定 NPO 法人）になります。NPO 法人格を取得するのは「認証」で、法に定められた要件を満たしていれば設立できる制度ですが、「認定」は NPO 法人の中で「公益性が高く、運営組織や事業活動が適正である」として所轄庁から「認定」を受ける必要があります。

　ただし、できる限り「客観的に公益性の判断」がなされるために、主に 3 つの判断基準が定められています（**図表 1 − 10 参照**）。

第 5 節　認定 NPO 法人制度の概要　　*51*

図表1-10　認定NPO法人制度の仕組み

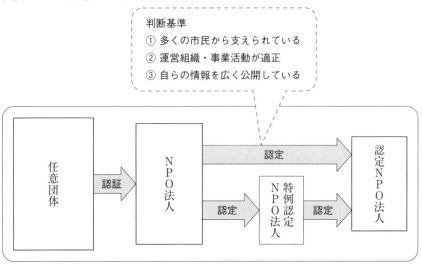

2　特例認定NPO法人制度の趣旨

　NPO法人で新たに設立されたもののうち、その運営組織及び事業活動が適正で特定非営利活動の健全な発展の基盤を有し公益の増進に資すると見込まれるものについて、所轄庁が特例認定をした法人を特例認定特定非営利活動法人（以下「特例認定NPO法人」という）といいます。本制度は、2011（平成23）年の法改正で導入され「仮認定NPO法人」という名称を用いていましたが、2016（平成28）年の法改正により「特例認定NPO法人」という名称に改められました。特例認定NPO法人になると、認定NPO法人に近い税制優遇を受けることができます。

　認定NPO法人になるためには、8つの要件（56ページ参照）を満たさなければなりませんが、設立したばかりの法人の場合、8つの要件のうちの1つ「パブリックサポートテスト基準」を満たしていなくても、税制優遇を受けることができるのがこの制度です。つまり設立したばかりでまだ十分に寄付を集めら

れていないけれども、認定 NPO 法人を目指して寄付を増やし、多くの人から支えられる活動をしていきたいという法人を支援するために設けられた制度です。

　特例認定を受けられる NPO 法人は、原則として設立した日から 5 年を経過していない法人で、かつ、過去に認定または特例認定を受けたことがない法人に限定されています。

3　優遇措置

　認定 NPO 法人には、次の 4 種類の税制優遇措置があります。

＜認定 NPO 法人に寄付した側に対する優遇措置＞

優遇措置の種類	対象となる税金
1．寄付をした個人が寄附金控除を受けられる	所得税、住民税
2．寄付をした法人の損金算入限度額が増える	法人税、法人事業税等
3．寄付をした相続財産が非課税になる （特例認定 NPO 法人は適用されません）	相続税

＜認定 NPO 法人側に対する優遇措置＞

優遇措置の種類	対象となる税金
4．みなし寄附金が適用できる （特例認定 NPO 法人は適用されません）	法人税、法人事業税等

［1］寄付をした側に対する優遇措置

■ 寄付をした個人が寄附金控除を受けられる

　イ．所得税の寄附金控除

　個人が認定 NPO 法人等に対し、その認定 NPO 法人の行う特定非営利活動に係る事業に関連する寄付をした場合、特定寄附金に該当し所得控除または税額控除のいずれかの寄附金控除を選択適用できます（措法 41 の 18 の 2 ①②）。

第 5 節　認定 NPO 法人制度の概要　　**53**

○所得控除方式：（寄付金の額－2,000円）を所得金額から控除

　　ただし、寄付金の額は総所得金額等の40％が限度。

○税額控除方式：（寄付金の額－2,000円）×40％を、所得税額から控除

　　ただし、寄付金の額は総所得金額等の40％が限度。

　　所得税額からの控除は、所得税額の25％が限度。

　ロ．住民税の寄附金控除

　個人が、都道府県または市区町村が条例で指定した認定NPO法人等に寄付した場合、個人住民税（地方税）の計算において、寄附金税額控除が適用されます（地法37の2①三・四、314の7①三・四）。

○税額控除方式：（寄付金の額－2,000円）×4％、または6％、または10％を住民税額から控除

　　ただし、寄付金の額は総所得金額等の30％が限度。

　住民税については、都道府県民税の税率は4％、市町村民税は6％、合わせて10％です。つまり、都道府県が条例で指定していれば4％、市町村が指定していれば6％、両方が指定していれば10％になります。また、都道府県、市町村どちらも条例で指定していなければ控除は受けられません。

　ハ．条例指定

　認定NPO法人のうち、都道府県や市町村の条例で「住民税（地方税）の寄附金控除を受けることができる法人」として定められている場合（3号指定）は、上記のとおり住民税の寄附金控除を受けることができます。指定方法には、包括指定と個別指定の2種類があります。

　一方、認定NPO法人ではない一般のNPO法人を住民税の寄附金控除の対象として指定することもできます（4号指定）。この場合には、認定NPO法人の申請をするに際して、パブリックサポートテストが免除されます。

＜条例指定の内容＞

地方税法の 条文に指定	対象法人	指定方法	内　　容
3号指定	認定NPO法人 公益社団法人 学校法人等	包括指定	「〇〇県内に主たる事務所を有する法人」「〇〇県内で主たる目的の事業を行っている法人」など、条例で包括的に指定
		個別指定	条例で定めた指定条件にあてはまる法人が個別に申請して指定
4号指定	一般のNPO法人	個別指定	条例で定めた指定条件にあてはまる法人が個別に申請して指定

❷ 寄付をした法人の損金算入限度額が増える

　法人が認定NPO法人等に対し、その認定NPO法人等の行う特定非営利活動に係る事業に関連する寄付をした場合は、一般寄付金の損金算入限度額とは別に、特定公益増進法人に対する寄付金の額と合わせて、特別損金算入限度額の範囲内で損金算入が認められます（措法66の11の2②）。

＜普通法人が認定NPO法人に寄付をした場合の限度額（C）の計算＞

A．一般損金算入限度額＝

$$\left(期末資本金等の額 \times \frac{当期の月数}{12} \times 0.25\% + 所得金額 \times 2.5\%\right) \times \frac{1}{4}$$

B．特別損金算入限度額＝

$$\left(期末資本金等の額 \times \frac{当期の月数}{12} \times 0.375\% + 所得金額 \times 6.25\%\right) \times \frac{1}{2}$$

C．A＋B

❸ 寄付をした相続財産が非課税になる

　相続または遺贈により財産を取得した者が、その取得した財産を相続税の申告期限までに認定NPO法人（特例認定NPO法人は適用外）に対し、その認定NPO法人が行う特定非営利活動に係る事業に関連する寄付をした場合、その寄付をした財産の価額は相続税の課税価格の計算の基礎に算入されません（措

法70⑩)。

［2］認定NPO法人側に対する優遇措置

○みなし寄附金が適用できる

認定NPO法人が、その収益事業に属する資産のうちからその収益事業以外の事業で特定非営利活動に係る事業に支出した金額は、その収益事業に係る寄付金の額とみなされ、所得金額の50％または200万円のいずれか大きい金額を限度として損金算入が認められます（特例認定NPO法人は適用されません）（措法66の11の2①）。

4 認定基準

認定NPO法人になるためには、次の8つの基準に適合していること、及び「欠格事由」に該当しないことが必要です。

＜認定NPO法人の8つの基準＞

基準	内　容
1号基準	パブリック・サポート・テスト（PST）に適合すること （ただし、特例認定NPO法人は除く）
2号基準	事業活動において共益的な活動の占める割合が50％未満であること
3号基準	運営組織及び経理が適切であること
4号基準	事業活動の内容が適正であること
5号基準	情報公開を適切に行っていること
6号基準	事業報告書等を所轄庁に提出していること
7号基準	法令違反、不正の行為、公益に反する事実等がないこと
8号基準	設立の日から1年を超える期間が経過していること

第 6 節　実務 Q&A
—NPO 法人支援の具体的取扱い

Q 1−1　NPO と企業の違い

　税理士や公認会計士として NPO 法人に関与する場合に、押さえておくべきポイントは何ですか？

A　「利益の分配の禁止」「資金使途の制限」等、事業会社との違いを理解しておく必要があります。

⊙ **解　説**

　特に次の 7 点については、押さえておく必要があります。

・非営利法人であり、利益の分配を禁止している。

・社会の課題解決を目的とした公益活動を行う法人である。

・自己統治組織であり「設立趣意書」及び「定款」が非常に重要な意味を持っているため、必ず目を通す必要がある。

・NPO 法で「情報公開」が義務づけられており、毎年事業報告書等（計算書類等を含む）を作成し、所轄庁を通して一般市民に公開し市民からの監視によって信頼性を担保するという仕組みになっている。それら事業報告書等は、税務書類とは異なり、法人が自らの活動を外部関係者に公開するためのものであるため、法人自身が作成すべきものであること。

・法人税法上は、公益法人等に該当するため収益事業課税となる。

・資金提供者（補助金・助成金元、委託元など）によって、資金使途が制限さ

第 6 節　実務 Q&A—NPO 法人支援の具体的取扱い　*57*

れているケースが多い。そのため科目設定や按分など、会計処理に非常に影響するので、補助金・助成金、委託金などの申請書類・報告書類一式には、必ず目を通して理解しておかなければならない。

・認定 NPO 法人制度と税制上の優遇措置を確認しておく。

Q 1-2 非営利とは

非営利とは、具体的にどういうことでしょうか？

A 非営利（営利を目的としない）とは、構成員に対して剰余金（利益）を分配しないことを意味します。

⊙ 解　説

「利益を得てはいけない」というのは誤解です。収益を目的とする事業や、対価を得て行う事業を禁止するという意味でもありません。

社会課題解決のためには法人組織を維持運営し、新たな課題解決に投入するための資金の確保が必要であり、事業実施により利益を得ることは重要です。

また、法人が解散する場合においても、その残余財産を社員等構成員に分配することが禁じられています。

Q 1-3 ミッションとは

ミッションとは、何でしょうか？

A ミッションとは「社会的使命」という意味であり、その法人が社会の何に課題を感じ、どのように社会を変えていきたいのか、そして何を成果とするのか、という法人自らの活動の目標を定めたものです。

58　　第 1 章　NPO 法人とは

⊙ 解　説

　NPO法人の方向性や独自性を決める役割を担っているのが「ミッション」です。企業でいう「株主」のような法人の所有者はいません。NPO法人には「社員」「役員」という構成員がいますが、法人の所有者ではありません。

　ミッションが記載されている公の書類としては、NPO法人設立の際の「設立趣意書」があります。法人によっては、ミッションを簡潔にわかりやすくまとめて法人のウェブサイトや事務所内に掲示している場合もあります。

　NPO法人に関与する際に、最初にその法人のミッションを理解しなければいけません。

Q 1−4　社員、理事、監事の関係

　NPO法に定める社員、理事、監事の関係性とはどのようなものですか？

A　NPO法人の組織は、次の3つの関係から成り立っています。
　　1．正会員(NPO法上の社員)：総会を構成し、重要な意思決定を行う
　　2．理事：法人を代表し、法人運営に責任を持ち、業務を執行する
　　3．監事：理事の業務執行の状況や、法人の財産の状況を監査する

⊙ 解　説

　NPO法人の最高決議機関である総会は正会員が執り行いますが、運営は理事に委任する形式です。つまり、理事は法人運営に責任を負っており、法令や定款に則った運営を行う義務があります。一般的には代表する理事を選任し、代表権を集中させることが多いようです。

　一方、監事は第三者として「理事の業務執行」及び「財産」に関するチェックを行うことで、法人運営が適切に行われているかを判断し、業務改善を図ることが期待されています。

第6節　実務Q&A─NPO法人支援の具体的取扱い　**59**

Q 1−5 NGO とは

NGO と NPO は、どう違うのですか？

A NGO とは、「Non＝非」「Governmental＝政府」「Organization＝組織」の頭文字をとった略語です。日本語に訳すと、「非政府組織」となります。

⊙ 解　説

　NGO も NPO も、営利を目的とせず、社会的、公益的な目的を持って活動している民間の組織を指す点で変わりはありません。

　一般的には、NGO は、難民救援、地球環境問題など国境を越えて国際的に活躍する団体を指すことが多くあります。もともとは国連の場で使われはじめた言葉であり「非政府」を強調する意識が強い傾向があります。

　NGO のうち、NPO 法人としての要件を満たして NPO 法人格を取得して活躍している法人も多数あります。

図表 1 −11　NPO と NGO

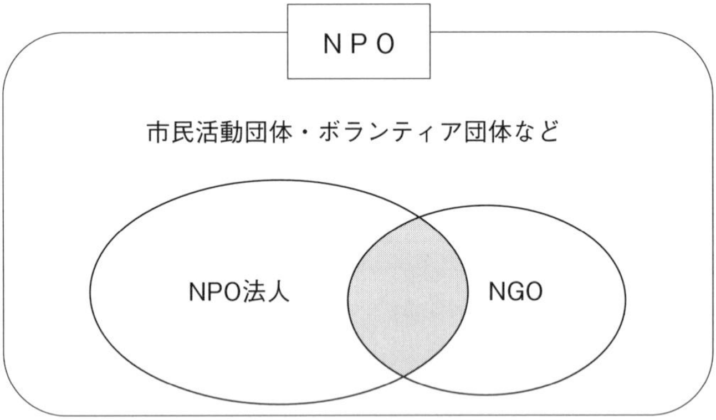

60　第 1 章　NPO 法人とは

Q 1−6 貸借対照表の公告

貸借対照表の公告とは、具体的にはどういうことでしょうか？

A 2016（平成28）年のNPO法改正により、毎事業年度の終了後、貸借対照表を遅滞なく公告することが必要となりました（NPO法28の2）。

⊙ 解　説 ─────────────────────────────

公告方法は、以下のうち定款で定める方法によります。

① 官報に掲載

② 時事に関する事項を掲載する日刊新聞紙に掲載

③ 電子公告（法人のホームページ等）

④ 不特定多数の者が公告すべき内容である情報を認識することができる状態に置く措置

Q 1−7 任意団体からの財産の引継ぎ

NPO法人を設立し、その前身である任意団体からの財産を引き継ごうとしたのですが、任意団体の決算をしたところ債務超過となりました。
この債務をNPO法人に引き継ぐことは可能でしょうか？

A 債務を、NPO法人設立時に引き継ぐことはできません。

⊙ 解　説 ─────────────────────────────

NPO法人は、その目的に応じて社会のために公益的な活動を行う法人です。公益的活動を行うために外部から託された資金で成り立っていますので、任意団体からの債務を引き継いだとしても、その債務の返済のために資金を使うことはできません。

第6節　実務Q&A─NPO法人支援の具体的取扱い　*61*

そもそも設立時からマイナスの活動を引き継ぐことで、本来の法人としての目的を達成することができるのかが、むしろ問題です。したがって、任意団体の構成員で当該債務を清算してしまい、法人設立にあたって、財産はゼロから始めることになるでしょう。

　もし任意団体を清算したのち、引き継ぐことができるプラスの財産がある場合には、NPO法人へ寄付として渡すことができます。

Q 1−8　事業年度の変更

　関与しているNPO法人の事業年度は4月1日から翌3月31日ですが、今年度から7月末決算に変更する予定です。そこで、今年度は4月1日から翌7月31日までの1年4か月となるのですが、問題はないでしょうか？ちなみに、法人税法の収益事業は行っていません。

A 　何らかの理由がある場合には、1年より長くなっても問題ありません。

⊙ 解　説

　NPO法における事業年度の定めは定款の絶対的記載事項ですが、期間についての定めは特にありません。一般的には、原則として事業年度は1年かまたはそれよりも短い期間とされていますが、理由がある場合には長くなっても問題ありません。

　特に、法人設立時において定款の附則で「設立当初の事業年度は、第○条の定めにかかわらず、本法人設立の日から○年○月○日までとする」と定めておくことで1年より長くすることが可能です。

＜1年より長くなるケース＞

・設立当初の事業年度
・解散の場合の最後の事業年度
・事業年度を変更した場合の移行期間の事業年度

Q 1−9 解散時の債務

　NPO法人は、解散時に債務があった場合、役員が責任を負わなければならないのでしょうか？

A 解散時の債務を役員が負担する責任はありませんが、役員が善管注意義務違反に問われ、賠償責任を負う可能性はあります。

⦿ 解　説

　NPO法人の役員は会社の持ち主ではありませんので、債務を負担する責任はありません。とはいえ、役員は法人との間に委任に類似した契約があることとなりますので、受任者としての「善良な管理者の注意義務」をもってその職務を遂行する義務を負うこととなります。

　したがって、無茶な事業展開や、なすべき行動をとらずに放置するというような状況でNPO法人に損害を与えた場合には、善良な管理者の注意義務に違反しその賠償責任を負うことになります。

Q. 1―10 公益社団法人との違い

　寄付を集めたいので寄附金控除を受けられる法人になりたいと思っていますが、認定NPO法人と公益社団法人ではどのように違いがありますか？

A 認定NPO法人は、一般市民から支援されているかどうかを判断するパブリックサポートテストを中心として公益性を判断していきます。公益社団法人は、活動内容を中心として一定の要件を満たしているかどうかを公益認定等委員会などが判断します。

⦿ 解　説

　認定NPO法人と公益社団法人は寄附金控除の適用を受けるなど、税制上の優遇を受けられる法人ですが、これらの法人の公益性の考え方はかなり違います。

　認定NPO法人になるためには、NPO法人として設立し、その後実績判定期間において一定の要件を満たすことについて、所轄庁に申請をします。実績判定期間は、初回申請時だけは、原則、直前2事業年度、2回目以降は原則直前5事業年度になります。つまり、認定NPO法人は過去の実績について申請をするということになります。

　一方、公益社団法人になるためには、一般社団法人として設立し、その上で、公益法人になるための申請書を内閣府または都道府県に提出します。申請書には、将来の計画について、同様の事業を行っている他の法人との活動内容の違いや、誰を対象とした事業なのか、地域や対象者など、事業の範囲を限定する場合に合理的理由があるかといった視点からさまざまな事項を記載します。

　また、寄付者だけでなく、法人側にも税制上の優遇措置があります。

　NPO法人は特定非営利活動に係る事業に該当していても、法人税法上の収益事業であれば法人税は課税されます。ただし、認定NPO法人には税制上の優遇措置があり、みなし寄附金制度の適用があります。一方で、公益社団法人の場合には、公益認定法上の公益目的事業は、法人税が非課税になります。ま

64　第1章　NPO法人とは

た、配当金や利息に対する源泉所得税は、認定 NPO 法人は課税されますが、公益社団法人の場合には非課税になります。

　以下の表で違いをまとめます。

＜認定 NPO 法人と公益社団法人の違い＞

	認定 NPO 法人	公益社団法人
認定申請時	・過去の実績に対して認定をする。	・将来の計画に対して認定をする。
公益性の判断	・一般市民から支持を受けているのかを認定基準の中心としている。 ・寄付金などの支援的な資金を一定数（3,000 円×100 人以上）あるいは一定割合（2 割以上）集めたかどうかを公益性の判断の中心とする（パブリックサポートテスト）	・同様の事業を行っている他の法人との活動内容の違いや誰を対象とした事業なのか、地域限定や対象者限定など、事業を限定する場合に合理的理由があるかといった視点から公益性を公益認定等委員会などが判断
認定後の手続き	・毎事業年度、収益の明細等の提出 ・5 年ごとの更新	・定期提出書類（事業計画等、事業報告等）の提出 ・公益目的事業の内容変更の場合の申請 ・数年に一度の立入検査
税制上の優遇措置	① 個人が寄付をした場合に寄附金控除の対象になる。 ② 法人が寄付をした場合に損金に算入する枠が広がる。 ③ 相続人が相続財産を寄付した場合に寄付をした財産の相続税が非課税になる。	
	・収益事業で得た利益の 50％ または 200 万円までがみなし寄附金として認められる。	・公益目的事業は法人税が非課税 ・収益事業等の利益の 50％ または 50％ 超繰入れができる。 ・配当金や利息に対する源泉所得税が非課税

第 6 節　実務 Q&A─NPO 法人支援の具体的取扱い　*65*

＜参考文献＞

・内閣大臣官房市民活動促進課「特定非営利活動促進法に係る諸手続きの手引き」

・兵庫県・神戸市「NPO 法人の手引 1 設立・運営編」2022 年 3 月

・兵庫県・神戸市「NPO 法人の手引 2 認定 NPO 法人編」2022 年 3 月

・シーズ＝市民活動を支える制度をつくる会『NPO 法人ハンドブック』2003 年

・堀田力ほか『自分たちでつくろう NPO 法人！ 認証・登記から税務・保険まで NPO 設立完全マニュアル』学陽書房、2003 年

・雨森孝悦『テキストブック NPO 非営利組織の制度・活動・マネジメント』東洋経済新報社、2007 年

・パブリックリソースセンター『NPO 実践マネジメント入門』東信堂、2009 年

・NPO 会計税務専門家ネットワーク『事例で学ぶ認定 NPO 法人の申請実務』三和書籍、2012 年

NPO法人の会計

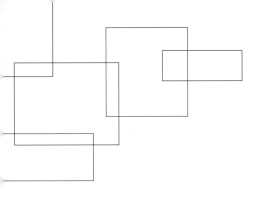
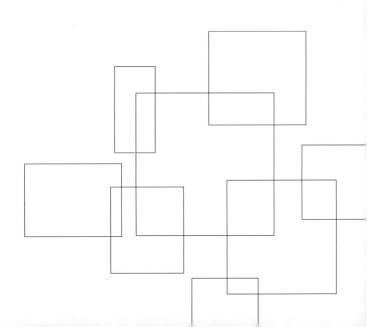

この章のポイント

　1998（平成10）年にNPO法が施行されて以来、NPO法人の会計には明確なルールがありませんでした。NPO法は市民に対して情報を公開することにより公益性を高めていこうという考えでできた法律であるにもかかわらず、情報公開の中で重要な地位を占める会計には統一したルールがないという状態が続いてきました。

　そのような状態を打破するために策定されたのがNPO法人会計基準です。NPO法人会計基準はNPO法人制度を支える情報公開に資することを目的とし、以下の2つの考え方を基本にして策定されました。

　①　市民にとってわかりやすいこと
　②　NPO法人の信頼性の向上につながること

　この章では、NPO法人会計基準について、その策定の経緯から内容までを幅広く解説していきます。

■内容
第1節　わが国の民間非営利法人の体系とNPO法人会計
第2節　NPO法人会計の特徴と今後の展望
　　　　NPO法人における会計の役割／NPO法人会計基準策定の経緯／NPO法人会計基準の特徴／今後の展望
第3節　実務Q&A─会計の具体的取扱い
　　　　財務諸表の紹介／NPO法人独自の会計処理について　等

第1節 わが国の民間非営利法人の体系とNPO法人会計

　わが国にはさまざまな法人形態が存在します。民間組織の全体像を類型別に表すことは非常に困難ですが、総務省の「公益法人白書（平成20年度版）」ではわが国の法人を「公益」「非公益」の縦軸と、「非営利」「営利」の横軸の組み合わせに基づく4区分で整理し、説明しています。

　この公益法人白書を基として、それ以降に行われた公益法人改革の状況などを加味し、わが国の法人の全体像を表したのが**図表2－1**です。

図表2－1　わが国の法人の分類

	非　営　利	営　利
公益	【広義の公益法人】 公益社団法人（公益社団法人及び公益財団法人の認定等に関する法律） 公益財団法人（公益社団法人及び公益財団法人の認定等に関する法律） 学校法人（私立学校法） 社会福祉法人（社会福祉法） 宗教法人（宗教法人法） 医療法人（医療法） 更生保護法人（更生保護事業法） 特定非営利活動法人（特定非営利活動促進法）	【公共企業】 電気会社（会社法・個別事業法） ガス会社（会社法・個別事業法） 鉄道会社（会社法・個別事業法）
非公益	【中間的な団体】 一般社団法人（一般社団法人及び一般財団法人に関する法律） 一般財団法人（一般社団法人及び一般財団法人に関する法律） 労働組合（労働組合法） 信用金庫（信用金庫法） 協同組合（各種の協同組合法） 共済組合（各種の共済組合法）	【営利企業】 株式会社（会社法） 合名会社（会社法） 合資会社（会社法） 合同会社（会社法） 相互会社（保険業法）

（出所：総務省「公益法人白書（平成20年度版）」）

公益法人白書では、旧民法第34条の規定に基づいて設立された社団法人及び財団法人と、それ以外の公益を目的とする特別法に基づいて設立された法人を含めて「広義の公益法人」と呼んでいます。広義の公益法人には学校法人、社会福祉法人、宗教法人、そして本書の主題となるNPO法人などが含まれています。

　広義の公益法人に属する組織の会計基準は法人の設立根拠法ごとに異なり、その整備状況もまちまちです。会計基準として確立されているものもあれば、手引レベルのものが提示されている状況のものも存在します。類似する非営利・公益にかかわる活動を行う組織であっても、法人の形態ごとに会計上の扱いが異なるため、法人形態が異なれば財務諸表の比較は容易ではありません。このため、組織の活動状況を客観的に比較・判断することが困難な状況も生じています。

　例えば国際的な活動を行っているNGOが日本国内で活動する際に、NPO法人や公益法人などの法人形態を選択して活動するケースは数多く見られます。この場合、実際にはまったく同様の支援活動を行ったとしても、選択した法人形態によって財務諸表の形式が異なるため、活動が効果的に実施されているかなど、組織間の比較をすることは困難です。異なる形式で会計情報が提供されることによって組織に対する利害関係者の理解可能性が損なわれ、信頼度が低下し、活動資金を寄付金等に依存するNGOの大きな障害となっている可能性もあります。

　法人形態によって会計基準が異なるわが国の状況は、非営利組織の成熟とともに会計基準も整備され、法人形態を問わず統一的な会計基準を適用する米国や英国の状況とは大きく異なります。このようなわが国の非営利法人の会計基準のあり方の特異性についても念頭に置きながら、その1つであるNPO法人会計基準に焦点を当てて説明したいと思います。

┌─ **要 点 整 理** ─────────────────────────────
│
│　わが国の民間非営利法人の会計基準は、法人の設立根拠法ごとに異なる。これは、組織形態を問わず統一的な会計基準を適用する米国や英国の状況と大きく相違する。
│
└───────────────────────────────────────

第 2 節 NPO 法人会計の特徴と今後の展望

1 NPO 法人における会計の役割

　NPO 法人は市民に対する情報公開を前提に、市民自身が NPO 法人の運営を監視することを第一義としています。所轄庁も監督機関として関与はしますが、それは最終的な是正手段であると考えられています。市民の力によって健全な活動を推進する精神が色濃く表れているのが NPO 法人制度の特徴といえます。したがって、情報開示に関しては活動内容だけでなく、具体的数値で法人の状況を表現する会計情報も含め、積極的に行うことが重要なのです。

　NPO 法人会計においても、企業会計と同様に「説明＝Account」することが求められます。現在企業会計に重要な影響を与えている国際財務報告基準（International Financial Reporting Standards：IFRS）の基礎となる国際会計基準審議会（The International Accounting Standards Board：IASB）の「財務報告に関する概念フレームワーク」は、一般目的の財務報告の目的を「現在の株主、潜在的株主（投資家）、貸付資金の提供者およびその他の債権者など主たる利用者（Primary Users）の意思決定に有用な情報を提供することである」としています。また、財務報告基準を開発する際は「財務諸表の利用者のニーズの中でも最大多数のニーズを満たすような情報を提供することを目指す」としています。

　それでは、NPO 法人の会計は誰に何を説明するものなのでしょうか。言い換えれば「最大多数のニーズを満たす」説明とは、どのようなものだと考えられるでしょうか。

NPO 法人の場合、情報開示の対象は「市民」であり、特に以下の2点に留意した情報提供が必要であるといえます。

① 資金が適切に使用されていることを説明する

NPO 法人では資金を預かる会計担当者、実際にお金を動かすことを可能とする理事等は、当該団体の資金を適正に使ったか、不正がなかったかなどを会員等に報告する義務があります。会員や寄付者等から資金を託されているという性質上、それが適切に管理され、効果的に使用されたことを説明することが必要となるのです。

特に企業会計と異なる点として、資金使途が制約されている場合などがあげられます。NPO 法人の活動の中でも「特にこの活動に使用してほしい」と寄付者が意思表明する場合等がこれにあたります。この場合、寄付者の意思を反映して資金が使用されたか否か、あるいは他の資金と区分して管理されているか、などを適切に説明することが、NPO 法人の会計上非常に重要であるといえます。

② 自らの活動を周知させ、現在及び将来の寄付者等の共感を得る

NPO 法人は、活動の状況について所轄庁に報告をする必要がありますが、この報告は法的義務を果たすという意味に止まりません。所轄庁がこれを開示し、多くの利害関係者に閲覧してもらうという目的があるのです。

NPO 法人の会計報告には団体内部者にはもちろん、現在そしてこれからNPO 法人にかかわる人々、サービスを受ける人々を含めた多くの者に自らの活動を理解してもらうという意味があります。活動に対する理解と共感を得ることは新たな資金提供を生み、さらに活動を発展させることへとつながります。逆にいえば信頼と共感を NPO 法人が獲得できなければ、活動は困難なものとなるのです。

活動実態を広く知ってもらうために NPO 法人自らが積極的な情報開示を進め、その結果より多くの人々の共感と大きな信頼を得ることが可能となります。所轄庁への会計報告の提出も、広く市民に公開し信頼と共感を得ることが第一の目的なのです。

┌─ **要 点 整 理** ─────────────────────────────

　NPO 法人の財務諸表では、①資金が適切に使用され、管理されていること
を説明する、②自らの活動を広く周知させ、現在及び将来の寄付者等の共感を
得る、の 2 点に留意した情報開示が必要である。

──

2 NPO 法人会計基準策定までの経緯

　NPO 法の中で、会計について記されているのは第 27 条です。同条では企業
会計の一般原則にある「真実性」「明瞭性」「継続性」「正規の簿記の原則」な
どの基本的原則については記載されていますが、手続きについては「正規の簿
記に従って正しく記帳する」ことが求められているのみです。

　したがって、NPO 法人が説明責任を果たすためには、財務諸表を作成する
上で必要となる、より詳細な会計基準等の規定が必要でした。

┌──

（会計の原則）
第 27 条　特定非営利活動法人の会計は、この法律に定めるもののほか、次に掲
　げる原則に従って、行わなければならない。
　一　削除
　二　会計簿は、正規の簿記の原則に従って正しく記帳すること。
　三　計算書類（活動計算書及び貸借対照表をいう。次条第 1 項において同じ。）
　　及び財産目録は、会計簿に基づいて活動に係る事業の実績及び財政状態に関
　　する真実な内容を明瞭に表示したものとすること。
　四　採用する会計処理の基準及び手続については、毎事業年度継続して適用し、
　　みだりにこれを変更しないこと。

──

　NPO 法人の会計基準については、実は NPO 法が成立する 1998（平成 10）
年 3 月以前から検討が重ねられていました。1996（平成 8）年 11 月には「NPO
のアカウンタビリティ確保に関する研究プロジェクト」が発足し、その後これ
を母体とした「NPO アカウンタビリティ研究会」が、市民活動を支える制度
設計を活動の中心としていた「シーズ・市民活動を支える制度をつくる会」の

第 2 節　NPO 法人会計の特徴と今後の展望　　*73*

中に立ち上げられました。

研究会は、NPO法成立直前の1998（平成10）年3月17日に「NPO（特定非営利活動）法人等の会計指針」公開草案第1号及び第2号を公表し、パブリック・コメントを求めました。そして同年9月25日には、公開草案第3号「NPO法人等の財務諸表の作成基準と様式」を公表しています。

公開草案では「簡易型」と「標準型」の2つの財務諸表が提案されました。

簡易型は収支計算書と棚卸法に基づいた財産目録という簡易な構成であったため、その後多くのNPO法人で使用されました。しかしこの方法は、財務諸表作成者側の負担軽減に特に重点が置かれたものであり、本来の会計の目的である説明責任を果たすという視点からは多くの問題を残すことにもなりました。

一方、標準型は活動計算書、貸借対照表及び収支計算書から構成され、米国の財務会計基準審議会（Financial Accounting Standard Board：FASB）の財務会計基準書（Statement of Financial Accounting Standards：SFAS）第116号及び第117号の考え方が盛り込まれた、会計指針として画期的な内容となっていました。しかし当時はNPO法人制度自体が導入期にあり、これらの考え方が円滑に導入されるには至りませんでした。

NPO法施行後は、NPO法人設立の認証申請に必要な会計書類の書式について多数の質問が出されました。これらの質問に対応するため、当時の所轄庁である経済企画庁国民生活局は、1998（平成10）年12月に「特定非営利活動法人の会計に関する研究会」を設立しています。そしてNPOの会計担当者の参考になるものとして、「特定非営利活動法人の会計の手引き」（以下「会計の手引」という）を公表しました。この会計の手引はNPO法人の設立認証時や所轄庁に提出する事業報告書の様式例に多用されたため、その後のNPO会計実務に多大な影響を与えました。

会計の手引は公益法人会計基準の影響を多分に受けて作成されたため、NPO法人の実情に沿わない要素も数多く含んでいました。所轄庁の指導監督実施の容易さを求めた側面も強く、「市民に対する情報公開を前提に、市民自身がNPO法人の運営を監視することを第一とする」というNPOの精神からは乖離した

74　　第2章　NPO法人の会計

ものでした。

　また、会計の手引はあくまで参考資料であったため、比較的大規模な NPO 法人はそれぞれ自身の組織活動に沿う方法で財務諸表の作成を行っていました。外部監査を自主的に受けている一部の認定 NPO 法人では、監査を実施する監査法人の方針によって公益法人会計基準（平成 16 年版）を参考に財務諸表を作成するケースも見られました。

　一方、小規模法人ではスキルのある会計担当者を配置することができない場合も多く、また、会計の手引や各都道府県が提示するひな型に沿った会計報告を作成しなければならないという誤解も少なからず生じていました。こうして NPO 法人は会計基準不在のまま財務諸表の形式や内容が統一されず、法人間の比較が困難であるという問題を長期にわたり抱えることとなったのです。

3　NPO 法人会計基準策定プロジェクト

　NPO 法人の設立根拠法となる NPO 法が制定された 1998 年 3 月以降、NPO 法人数は堅調に増加し、認証数は 2007（平成 19）年 1 月 31 日には 30,000 法人を、2008（平成 20）年 8 月 31 日には 35,000 法人を超えるに至りました。NPO 法人の成熟とともに、「NPO 法人が社会からより多くの信頼を得る成熟した組織となるためには会計基準の整備が不可欠」との認識は一層深まりました。

　2009（平成 21）年 3 月 31 日、会計基準策定の必要性の高まりを受け、特定非営利活動法人シーズ・市民活動を支える制度をつくる会、特定非営利活動法人 NPO 会計税務専門家ネットワークを中心とした全国 18 の NPO 支援団体が呼びかけ人となり、会計基準策定に向けた NPO 法人会計基準協議会（以下「協議会」という）が発足し、会計基準の策定へと動き出しました。

　NPO 法人会計基準策定プロジェクトの体制は、**図表 2 － 2** のとおりです。

　会計基準の作成主体は協議会であり、北海道から沖縄まで全国 79 の NPO 支援団体によって構成されました。議論には誰でも参加可能という開かれた協議の場が用意され、NPO の現場で会計実務にかかわる人々の意見も十分に取

第 2 節　NPO 法人会計の特徴と今後の展望　　75

図表2−2　NPO法人会計基準策定プロジェクトの体制

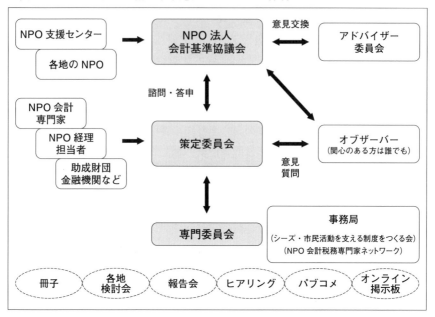

(参考:NPO法人会計基準策定プロジェクト「みんなでつくろう！ NPO法人会計基準」)

り入れた基準の検討が行われました。

　また、協議会の諮問機関として専門的議論を行うNPO法人会計基準策定委員会（以下「策定委員会」という）と、策定委員会の作業部会として実務的な基準案を作成する専門委員会が設けられました。

　約16か月にわたるNPO法人会計基準策定プロジェクトでは、合計8回の策定委員会、6回の専門委員会、4回の協議会が開催されています。また、メーリングリストや掲示板における議論も活発に行われました。さらに中間及び最終の2回のパブリック・コメントの募集、合計32回にわたる各地域の学習会なども実施されました。NPO法人会計基準策定プロジェクトへの参加者は延べ3,058人に上り、パブリック・コメントに対しては中間報告484人(519件)、最終案107人（333件）の意見が寄せられるという一大プロジェクトとなったのです。

こうして 2010 (平成 22) 年 7 月 20 日、民間の主導による会計基準が完成し公表されました。政府からの補助金ではなく、民間団体や個人からの支援資金によって会計基準策定のプロジェクトが運営され、実務者や研究者を巻き込んで NPO セクター自身が自ら会計基準をまとめたことは画期的なことだといえるでしょう。

要 点 整 理

　NPO 法人会計基準は「NPO 法人が社会からより多くの信頼を得る成熟した組織となるためには、会計基準の整備が不可欠」との認識の上に、民間主導で策定された。

4　NPO 法人会計基準の特徴

　NPO 法人会計基準は市民の期待に応え、NPO 法人の責任を果たすのにふさわしい会計基準となることを目指して策定されました。このためその策定過程では、①市民にとってわかりやすいこと、②NPO 法人の信頼性の向上につながること、の 2 点が常に意識され、検討が重ねられました。

　NPO 法人会計基準の策定のプロセスでは、いくつかの重要な論点があげられました。実務の詳細については後述しますが、例えば NPO 法人は営利企業と異なり現物寄付や無償、あるいは著しく低い価格で施設の提供を受けること、ボランティアの支援によって活動することがあります。これらを会計上どのように取り込むべきであるかは重大な議論の 1 つでした。現金を伴わない寄付や役務の提供は従来会計処理されませんでしたが、NPO 法人会計基準では客観的な評価額がある場合、合理的に算定できる場合にどのように表記すべきかを検討しています。

　NPO 法人会計基準では「活動計算書」と「貸借対照表」を NPO の財務諸表としていますが、「注記」を財務諸表を構成する重要なものと位置づけ、財務諸表と財産目録をあわせて「財務諸表等」と呼んでいます。これまで多くの NPO 法人で使用されてきた収支計算書に替えて、活動計算書を財務諸表として採用

したことは画期的なことでした。

　収支計算書は、基本的に収入及び支出の現金の流れを表すものです。収支の差額は現金の出入りが生じない取引を反映しないため、収支計算書の次期繰越収支差額は貸借対照表の正味財産の部とそのままでは一致しません。貸借対照表との整合性・正確性を確保するためには、現金の出入りを伴わない取引についても正味財産増減の部を設け収支計算書に反映させる必要が生じます。これを反映させるために、従来は一取引二仕訳という特殊な処理を行ってきました。

　例えば、170万円の車両の購入を想定した場合、一取引二仕訳の具体的な仕訳は次のようになります。

＜一取引二仕訳の事例：170万円の車を購入した場合＞

（借）車両運搬具購入支出 1,700,000円／（貸）現金預金　　　　　　1,700,000円
⇩　　　　　　　　　　　　　　　　　　⇩
収支計算書へ　　　　　　　　　　貸借対照表へ
（借）車両運搬具　　　　1,700,000円／（貸）車両運搬具購入額 1,700,000円
⇩　　　　　　　　　　　　　　　　　　⇩
貸借対照表へ　　　　　　　収支計算書の正味財産増減の部へ

　このように一取引二仕訳の処理は非常に複雑であったため、収支計算書の次期繰越正味財産額と貸借対照表が一致していないケースも数多く見られました。

　活動計算書は企業で使用される損益計算書と類似した形式を採用し、現金の出入りを伴わない取引についても対応しています。例えば、車両を購入してそれを5年間の活動に使用する場合、現金の支出は1年目のみ行われますが、活動計算書ではその価値を活動に応じた期間で償却し（減価償却費）、貸借対照表上の正味財産の部の合計と次期繰越正味財産額を一致させることができるのです。

　またNPO法人の大多数は小規模なものであることから、これら小規模法人に対する配慮も検討されました。NPO法人会計基準は複式簿記を使用し、発生主義会計を採用することを原則としていますが、小規模法人では会計を担当

78　　第2章　NPO法人の会計

図表2－3　財務諸表記載例（4段階）

チェック事項	［記載例1］ 期末に現預金以外の資産・負債がないような小規模な法人を想定	［記載例2］ 期末に現預金以外にも資産・負債があるような中規模な法人を想定	［記載例3］ 「特定非営利事業に係る事業」と「その他の事業」を行う法人を想定	［記載例4］ NPO法人に特有の取引等がある法人を想定
期末に現預金以外の資産・負債はあるか？	ない	ある	ある	ある
NPO法上の特定非営利活動に係る事業以外（その他の事業）を行っているか？	行っていない	行っていない	行っている	行っていない
「使途が制約された寄付等の受入れ」「現物寄付やボランティアの受入れ」「助成金や補助金の受入れ」など、NPOに特有の取引があるか？	ない	ない	ない	ある

する専門スタッフを雇用することが困難な場合も多く、出納帳のみで経理を行うケースも多数見られます。これを考慮すると、複式簿記及び発生主義会計の適用がハードルの高いことも予想されました。このため、小規模法人に対する何らかの負担軽減を検討することが必要と考えられたのです。

　その結果、NPO法人会計基準では「重要性の原則」が強調されました。NPO法人が自ら判断し、重要でないものは簡便な方法を使用してもよいという考え方を浸透させたのです。これは逆にいえば、NPO法人の状況に応じて重要な情報は詳細に記載することが必要であることを意味します。

　会計基準策定プロジェクトではNPO法人会計基準に付随して、NPO法人が状況に応じて使用可能となる「現預金以外に資産・負債がない場合」「現預金以外に資産・負債がある場合」「特定非営利活動に係る事業とその他の事業を行っている場合」「NPO法人に特有の取引等がある場合」の4段階の財務諸表の記載例を用意しました（**図表2－3**参照）。これによって、NPO法人自身が組織の状況にあわせて使用できるよう工夫が施されたのです。

　NPO法人会計基準では、財務諸表の表示様式の統一性を大切にしています。

第2節　NPO法人会計の特徴と今後の展望　　**79**

これによって、問題となっていた NPO 法人間の比較も可能となり、NPO 法人の分析や統計に活用するデータの収集も容易になっています。

要・点・整・理

NPO 法人会計基準は、①市民にとってわかりやすいこと、② NPO 法人の信頼性の向上につながること、の２点を中心に策定された。

---

5 NPO 法人会計基準策定後の動向

NPO 法人会計基準の採用は任意であり、強制ではありません。ただし、多くの NPO 法人がこの会計基準を採用することは、NPO 法人全体の信頼性向上へとつながるものと考えられます。会計基準策定後も協議会は会計基準の普及、改正等を目的に活動を続け、普及促進に向けた新たな委員会も発足しました。全国では学習会も継続的に開催され、基準に関する資料提供や WEB 上の質問の受付けなども行われています。

2011（平成 23）年５月に内閣府は、有識者による「特定非営利活動法人の会計の明確化に関する研究会」（以下「研究会」という）を発足させ、市民・NPO 法人・所轄庁の三者にわかりやすい会計のあり方を検討しました。同年 11 月 22 日には研究会の最終検討会が開催され、最終報告書は「現段階において（協議会が作成した）『NPO 法人会計基準』は特活法人（特定非営利活動法人の略称）の望ましい会計基準であると考える」と結論づけ、政府にその採用を提言しています。

また、NPO 法人会計基準が法的根拠に基づいたものとなるか否かは重要な課題の１つでした。新たな会計基準を採用して財務諸表を作成したものの、関係所轄庁等に受け入れられないという事態は避けなければなりません。

2011（平成 23）年６月に「特定非営利活動促進法の一部を改正する法律」（平成 23 年法律第 70 号）が成立（2012 年４月１日施行）し、NPO 法人が作成すべき計算書類のうち、収支計算書が活動計算書へと変更され、会計基準と NPO 法

との齟齬が解消されました。また内閣府は新しい手引を 2012 年 3 月に公表しましたが、手引は NPO 法人会計基準を標準的な会計処理方法として示し、活動計算書の様式例等も紹介しています。

6 NPO 法人会計基準の改正

　NPO 法人会計基準の策定後 7 年が経過し、その間に WEB サイトからのクレジット寄付や、クラウドファンディングなど、寄付方法は多様なものとなりました。また NPO 法人も高度化し、専門の部署を設けてファンドレイジング活動を主体的に働きかけるなど、NPO 法人を取り巻く環境や業務内容も、大きく変容しました。

　このような変化に対応し、会計基準の改正を行うことが必要なのではないかという問題意識から、2017（平成 29）年 12 月に NPO 法人会計基準の改正が行われることになりました。主な改正事項は、「受取寄付金の認識」と「役員報酬と役員及びその近親者との取引の明確化」です。

　「受取寄付金の認識」については、従来、「受取寄付金は、実際に入金したときに収益として計上する」としていましたが、「受取寄付金は、確実に入金されることが明らかになった場合に収益として計上する。」と改正されました。クレジット寄付、クラウドファンディング等の新たな寄付の方法が普及し、これらの中には、実際の入金前であっても入金が確実である取引もあり、「実際に入金したとき」に収益認識を行うという基準では、取引の経済実態を表すことができないことから、入金の確実性があるものについては未収計上を原則とすることとしたものです。なお、第 7 章では受取寄付金の会計処理について、詳細を記載しています。

　また、NPO 法人会計基準ではこれまで、役員に支払った報酬はすべて役員報酬として計上するという考え方に立ち、法人のガバナンスや運営管理に関わる部分の報酬は管理費の「役員報酬」とし、代表権のある理事長などが他のスタッフと同様に法人の事業活動に関わっている部分の報酬は事業費の「役員報

酬」とし、代表権のない理事に対する労働契約の対象である部分については「給料手当」と計上することとしてきました。

　これは法人が役員に委任する業務への対価を明確にして、総会などで承認を行い、また外部に明確に示すことによって、役員への支払額のお手盛りなどの発生を防止することを目的としたためです。しかし、実務の中では、指定管理の場合に役員報酬という科目名が認められていないなどの理由で、役員への支払いが役員報酬として表示されない場合があることがたびたび確認されてきました。

　このような役員報酬として表示されていない金額も含めた、役員への支払額の総額を表示することが必要との観点から、近親者などへの支払いも含め、「役員報酬と役員及びその近親者との取引に関する注記」で、役員への支払いの総額を表示するよう改正が行われました。改正の詳しい内容は、「Q2-11　役員報酬の表示」を参照ください。

　また、2017（平成29）年12月の改定では上記のほかに、その他の事業がある場合の活動計算書（様式4）の表示方法の改正、特定資産について説明されている「実務担当者のためのガイドライン」のQ27-3（特定資産とはなんですか？）の変更も行われました。

82　　第2章　NPO法人の会計

第 3 節　実務 Q&A
―会計の具体的取扱い

Q 2−1　NPO 法人会計基準の財務諸表体系

　一般企業に勤務していたので企業会計の財務諸表体系は知っていますが、NPO の会計は初めてです。

　NPO 法人会計基準では、財務諸表体系はどのようになっていますか？また、計算書類という言い方もありますが違いはありますか？

A　NPO 法人会計基準上、NPO 法人が作成しなければならない財務諸表は「活動計算書」と「貸借対照表」の 2 つです。ただし、注記を財務諸表を構成する重要なものとして位置づけています。なお、NPO 法人会計基準では財務諸表と呼んでいますが、NPO 法上はこれを計算書類と呼んでいます。両者は同じものです。

⦿ 解　説

　NPO 法人会計基準では「活動計算書」及び「貸借対照表」を、作成しなければならない財務諸表であるとしています。

　作成が要求される財務諸表は活動計算書と貸借対照表の 2 つですが、NPO 法人会計基準は「注記」を非常に重要なものとして捉え、財務諸表と一体のものとして会計報告に組み込んでいます。したがって、NPO 法人会計基準における財務諸表は、実質的に「活動計算書＋貸借対照表＋注記」であるといえます。

　また、具体的に注記に記載するのは以下の 10 項目になります。該当がない場合は記載不要です。なお、③〜⑤については、記載は任意です。

第 3 節　実務 Q&A―会計の具体的取扱い　　**83**

① 重要な会計方針
② 重要な会計方針を変更したときは、その旨、変更の理由及び当該変更による影響額
③ 事業費の内訳または事業別損益の状況を注記する場合には、その内容
④ 施設の提供等の物的サービスを受けたことを財務諸表に記載する場合には、受け入れたサービスの明細及び計算方法
⑤ ボランティアとして活動に必要な役務の提供を受けたことを財務諸表に記載する場合には、受け入れたボランティアの明細及び計算方法
⑥ 使途等が制約された寄付等の内訳
⑦ 固定資産の増減の内訳
⑧ 借入金の増減の内訳
⑨ 役員及びその近親者との取引の内容
⑩ その他NPO法人の資産、負債及び正味財産の状態ならびに正味財産の増減の状況を明らかにするために必要な事項

なお、NPO法人は財務諸表に加え、NPO法の規定により財産目録を作成する必要があります。

財産目録は貸借対照表の附属明細的な性質のものであるため、近年、他の会計基準では財務諸表から除外される傾向にあります。このため、NPO法人会計基準ではこれを財務諸表からは除外し、財務諸表と財産目録をあわせて「財務諸表等」と表現しています（figure 2-4参照）。

図表2-4　NPO法人の財務諸表

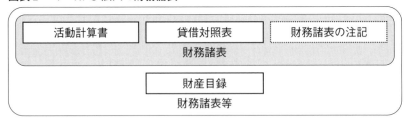

■関係法令等…NPO法人会計基準Ⅲ（財務諸表等の体系と構成）

Q 2−2 重要な会計方針

NPO法人会計基準によれば「重要な会計方針」を注記することになっていますが、開示すべき重要な会計方針とは何ですか？　また、その必要性について教えてください。

A 会計方針とは、NPO法人が活動計算書及び貸借対照表の作成にあたって、その活動状況や財務の状況を正しく示すために採用した会計処理基準や表示の方法をいいます。利害関係者の適切な判断を促すため、これらの開示が必要となります。

⊙ 解　説

　会計処理方法には、資産の評価基準や固定資産の減価償却方法など、1つの会計事実について複数の方法が認められる場合があります。また後述するように、ボランティアによる役務の提供をどのように財務諸表上へ反映するかなど、各NPO法人の判断に委ねられている項目もあります。

　NPO法人には、これらの採用した会計処理の基準や方法を財務諸表に注記し、明らかにすることが求められます。重要な会計方針の開示が必要とされるのは、どのような会計処理の方法を採用するかによって財務諸表の表示が異なるためです。利害関係者の誤判断を誘発しないためには、財務諸表が作成された基礎または前提となる事実を明らかにする必要があります。

　注記によって開示しなければならない重要な会計方針の具体例には、以下1〜6のような項目があげられます。

＜重要な会計方針の具体例＞

1. 資産の評価基準及び評価方法
2. 固定資産の減価償却方法
3. 引当金の計上基準
4. 施設の提供等の物的サービスを受けた場合の会計処理方法
5. ボランティアによる役務の提供を受けた場合の会計処理の取扱い

第3節　実務Q&A―会計の具体的取扱い　　**85**

6. 財務諸表の作成に関するその他の重要な会計方針

■関係法令等…NPO法人会計基準Ⅷ（財務諸表の注記）

 2-3　活動計算書とは

　当NPO法人では、従来から収支計算書を作成してきました。NPO法人会計基準ではこれに代わって活動計算書を作成する必要があるということですが、活動計算書とはどのようなものですか？

A　活動計算書は、当該事業年度に発生した収益と費用及び損失を計上することにより、NPO法人の正味財産の増減と活動の状況を表すものです。

⦿ 解　説

　活動計算書は当該事業年度に発生したすべての収益、費用及び損失を計上することによりNPO法人の正味財産の増減の状況を表示し、NPO法人の活動を表すものです。これは、企業会計における損益計算書に該当します。

　従来使用されていた収支計算書は、基本的に収入及び支出に係る資金の流れを表すものでした。活動計算書はNPO法人の核である活動そのものに重点を置いた財務諸表であり、収益をどのように獲得し、NPO法人のミッションとなる活動にどの程度費用が必要であったのか、その実態を表す財務諸表であるといえます。

　図表2-5は活動計算書の概要ですが、その構成は経常収益、経常費用、経常外収益及び経常外費用に区分されます。

　経常収益はNPO法人の通常の活動から生じる収益であり、受取会費、受取寄付金、受取助成金等、事業収益及びその他収益に区分表示します。

　経常費用はNPO法人の通常の活動に要する費用であり、事業費と管理費に区分した上でそれぞれ人件費とその他経費に区分して表示することになってい

図表2－5　活動計算書の様式

活動計算書
○年○月○日～○年○月○日

（単位：　）

科　目	金　額		
Ⅰ経常収益			
1.受取会費		×××	
2.受取寄付金		×××	
3.受取助成金等		×××	
4.事業収益		×××	
5.その他収益		×××	
経常収益計			×××
Ⅱ経常費用			
1.事業費			
⑴人件費			
…	×××		
⑵その他経費			
…	×××		
事業費計		×××	
2.管理費			
⑴人件費			
…	×××		
⑵その他経費			
…	×××		
管理費計		×××	
経常費用計			×××
当期経常増減額			×××
Ⅲ経常外収益			
…		×××	
経常外収益計			×××
Ⅳ経常外費用			
…		×××	
経常外費用計			×××
当期正味財産増減額			×××
前期繰越正味財産額			×××
次期繰越正味財産額			×××

ます。また、後述するように複数の事業を行っている場合に、事業ごとの表示を財務諸表の注記で記載することが可能であるなど、企業の損益計算書との相違点も見られます。

経常外収益及び経常外費用には、NPO法人の通常の活動以外によって生じる収益・費用を記載します。これは企業会計の特別利益や特別損失に相当し、典型的な例として固定資産売却損益や災害損失などがあげられます。

収益から費用を引いた「当期正味財産増減額」は、企業会計の当期純利益に相当するものです。したがって、この金額が継続的に黒字であることは、NPO法人の経営を安定的に行う上で重要な意味を持ちます。

活動計算書では、最後に当期正味財産増減額に前期末の正味財産である「前期繰越正味財産額」を加え、「次期繰越正味財産額」を計算します。次期繰越正味財産額は、貸借対照表上の正味財産合計と一致します。

Q 2-4 活動計算書の科目

活動計算書の作成の意味や様式は理解しましたが、1つ1つの勘定科目の具体的な内容について説明してもらえますか？ また、表示に関してどのような点に留意すればよいですか？

A 収益は受取会費、受取寄付金、受取助成金等、事業収益及びその他収益の5つに区分して表示します。 費用は事業費と管理費に区分した上、人件費とその他経費に区分し、各勘定科目ごとに表示します。

⊙ 解　説

NPO法人の通常の活動から生じる収益である経常収益は、受取会費、受取寄付金、受取助成金等、事業収益及びその他収益の5つに区分して表示します。

① 受取会費

当該NPO法人の会員の会費です。確実に入金されることが明らかな場合を除いて、実際に入金されたときに収益として計上します。また、翌期以降の会費を前もって受け取った場合、当期の収益には含めず前受会費として処理します。活動計算書上では、任意で「正会員受取会費」「賛助会員受取会費」などに分けて表示することが可能です。

88　第2章　NPO法人の会計

② 受取寄付金

　NPO法人の重要な活動資源である寄付金は、実際に入金した時及び確実に入金されることが明らかな場合に収益として計上します。また、NPO法人は無償または著しく低い価格で現物資産を得る場合（資産受贈益）、無償または著しく低い価格で施設の提供などの物的サービスを受ける場合（施設等受入評価益）、ボランティアによる役務の提供を受ける場合（ボランティア受入評価益）もあります。このように実質的にNPO法人が便益を得る場合は、受取寄付金として処理します。

③ 受取助成金等

　NPO法人が助成金や補助金を受け取った場合に使用します。当該資金の交付者の相違により、「受取民間助成金」「受取国庫補助金」などに内訳を区分して表示することも可能です。

④ 事業収益

　棚卸資産の販売や、サービスの提供を通じて対価を得る場合に収益を計上するものです。事業の種類ごとに区分表示することや、「自主事業収益」と「受託事業収益」に区分することも可能です。

⑤ その他収益

　上記以外の受取利息、為替差益、雑収益等が該当します。

　NPO法人の通常の活動から生じる費用は、事業費と管理費に区分した上で人件費とその他経費に区分し、さらに各勘定科目ごとに表示します。事業費・管理費の区分については「Q2-7　事業費と管理費」で詳しく説明します。

　人件費は、組織の運営や事業を実施する「人」に関する費用を指します。具体的には役員報酬、給料手当、臨時雇賃金、福利厚生費、退職給付費用などになります。

　その他経費は、費用のうち人件費以外のものを指します。具体的には売上原価、業務委託費、諸謝金、印刷製本費、会議費などがあげられます。

　従来の収支計算書では、事業費の勘定科目に「○○事業費」のような事業の目的別の勘定科目を使用する法人が多く見られました。しかし、このような目

的別の勘定科目では、費目別にいくら資金を使用したのかが不明瞭になります。このため、NPO法人会計基準では事業目的別の勘定科目ではなく、上記のような給料手当、臨時雇賃金などの費用形態別の勘定科目を使用し、資金用途を明示することとしています。

　活動計算書では上記以外のNPO法人の通常の活動以外によって生じる収益及び費用を、それぞれ経常外収益・経常外費用の区分で示します。ただし、その金額が僅少である場合や毎期経常的に発生するものについては、経常収益・経常費用として記載することも可能です。

■関係法令等…NPO法人会計基準注解［注1］（活動計算書の表示方法）

Q 2−5　活動計算書への移行

　当NPO法人はNPO法人会計基準に基づいて、収支計算書から活動計算書へ移行することを検討しています。移行するにはどのような手順が必要ですか？

A　当該NPO法人が作成している収支計算書の状況を把握し、前期の貸借対照表を参考に調整・修正を行います。

⊙ 解　説

　活動計算書は、企業会計に慣れている方には収支計算書よりも作成が容易なのではないかと思います。困難を感じるとすれば、これまで作成していた収支計算書から活動計算書へ移行する時でしょう。

　一言で収支計算書といっても、さまざまな形式で作成されたものが存在します。例えば現金の入金時に収入を計上し、出金時に支出として処理する現金主義会計によって収支計算書を作成して、貸借対照表は期末時点に棚卸法で未収金や未払金などを加味して作成するNPO法人は数多く存在します。

　貸借対照表上で未収金や未払金を計上するのは、現金の動きではなくサービスの提供や物品の受け渡しが行われた事実に基づいて収益・費用を計上する発

90　第2章　NPO法人の会計

生主義会計の考え方を取り入れているのと同じ結果となります。この方法を使用した場合の収支計算書の次期繰越収支差額は貸借対照表の現金の残高と一致しますが、期末の正味財産額とは一致しません。

　現金主義会計で作成された収支計算書を、発生主義会計を原則とする活動計算書にする変換する場合には、前期の貸借対照表も参考に発生主義会計を使用した場合の数値に引き直す必要があります。

　例えば、前期末計上した事業収益の未収金が50万円、当期にこの50万円が入金され、当期末の事業収益の未収金が30万円、翌期にこの30万円入金があった場合を考えてみましょう。この場合、収支計算書の事業収益には前期の事業収益である50万円が含まれていますが、当期の事業収益である30万円は含まれていません。

　仮に事業収益の期末残高が200万円であるとしたら「200万円－50万円＋30万円＝180万円」が、当期の事業収益ということになります。

　同様に未払金、前受金などの科目も適宜前期末の残高と当期末の残高を調整します。なお、預り金の増加を収入、減少を支出として収支計算書に計上している場合には、預り金は収益・費用項目に反映されないため活動計算書では両方とも削除することになります。

　このように調整すると、活動計算書では「当期正味財産増減額＋前期繰越正味財産額＝次期繰越正味財産額」が、貸借対照表の期末の正味財産額と一致します。

　NPO法人の中には現金だけでなく「現預金」「現預金＋短期金銭債権債務等」を収支計算書の増減に反映させている場合などもよく見られます。

　図表2－6は、現預金を資金範囲として収支計算書を作成していたNPO法人が活動計算書を作成する場合を示しています。修正事項は以下の4点になります。

第3節　実務Q&A―会計の具体的取扱い　　*91*

図表2-6　収支計算書から活動計算書を作成する場合（資金範囲は現預金）

（貸借対照表）

科　目	前期末	増加	減少	当期末
Ⅰ資産の部				
流動資産				
現金預金	370,000			1,020,000
未収金	500,000	300,000	500,000	300,000
資産合計	870,000			1,320,000
Ⅱ負債の部				
流動負債				
前受金	10,000	20,000	10,000	20,000
未払金	330,000	200,000	330,000	200,000
負債合計	340,000			220,000
Ⅲ正味財産の部				
前期正味財産	230,000			530,000
当期正味財産増加額	300,000			570,000
正味財産合計	530,000			1,100,000
負債及び正味財産合計	870,000			1,320,000

一致

科　目	収支計算書	増加	減少	活動計算書
Ⅰ経常収益				
1. 受取会費　①前受金の修正	100,000	10,000	20,000	90,000
2. 受取寄付金	330,000			330,000
3. 事業収益　②未収金の修正	2,000,000	300,000	500,000	1,800,000
経常収益計	2,430,000			2,220,000
Ⅱ経常費用				
1. 事業費				
(1)人件費				
給料手当　③未払金の修正	1,500,000	200,000	300,000	1,400,000
(2)その他経費				
旅費交通費　③未払金の修正	200,000		30,000	170,000
事業費計	1,700,000			1,570,000
2. 管理費				
(1)人件費	0			0
(2)その他経費				
業務委託費	50,000			50,000
雑費	30,000			30,000
管理費計	80,000			80,000
経常費用合計	1,780,000			1,650,000
収支差額／当期正味財産増減額	650,000			570,000
前期繰越正味財産額				530,000
当期繰越正味財産額				1,100,000

① 受取会費

　期首の前受金残高は 10,000 円であるため、受取会費は 10,000 円増。当期末の前受金残高は 20,000 円であるため受取会費は 20,000 円減。

② 事業収益

　期首の未収金残高は 500,000 円であるため事業収益は 500,000 円減。当期末の未収金残高は 300,000 円であるため事業収益は 300,000 円増。

③ 給料手当

　期首の未払金残高は 300,000 円であるため、給料手当は 300,000 円減。当期末の未払金残高は 200,000 円であるため給料手当を 200,000 円増。

④ 旅費交通費

　期首の未払金残高が 30,000 円であるため旅費交通費を 30,000 円減。

　このように、収支計算書を活動計算書へ移行するには、まず NPO 法人の現状を把握し、その上で状況に応じて調整し移行することが必要です。

Q 2-6　複数事業の開示

　当 NPO 法人では A、B と 2 つの事業を行っています。この場合、NPO 法人会計基準ではどのような開示が必要となりますか？

A NPO 法人会計基準では複数の事業を行う場合、注記で事業別の事業費の開示を行うことを推奨しています。

⊙ 解　説

　NPO 法人は、複数の事業を行う場合があります。NPO 法人会計基準第 22 項「複数事業の事業別開示」は「事業費は、事業別に区分して注記することができる。その場合、収益も事業別に区分して表示することを妨げない。」としています。つまり、事業ごとの内訳を注記するか否かは法人の判断に委ねられていますが、事業別の開示をすることは財務諸表利用者に当該 NPO 法人の活

動に関する詳しい情報を提供するため、望ましいといえます。

　財務諸表の注記で複数の事業を行う場合には、①事業の種類ごとに事業費の内訳を表示する、②収益も含めて事業別及び管理部門別に損益の状況を表示する、の2つの方法が推奨されています。

　①は、**図表2－7**のように事業ごとの費用のみを表示する方法です。

図表2－7　事業の種類ごとに事業費の内訳を表示する場合

科　目	A事業費	B事業費	合計
1.人件費			
役員報酬	×××	×××	×××
給料手当	×××	×××	×××
臨時雇賃金		×××	×××
法定福利費	×××	×××	×××
…	×××	×××	×××
人件費計	×××	×××	×××
2.その他経費			
業務委託費	×××	×××	×××
旅費交通費	×××	×××	×××
…	×××		×××
その他経費計	×××	×××	×××
合　計	×××	×××	×××

　②は、**図表2－8**のように各事業の収益と事業費を対応させ、損益を把握することを可能とする表示方法です。実施した事業の名称と管理部門を並べて表示し、活動計算書と同様に収益は「受取会費」「受取寄付金」「受取助成金等」「事業収益」「その他収益」に区分して記載します。

　この場合、事業収益や助成金、使途が制約された寄付金などは各事業の収益として表示し、会費や使途不特定の寄付金はNPO法人の実態に応じて各事業部門、あるいは管理部門の収益とします。

　費用は、内容から判断して明らかに特定の事業に関連するものは各事業へ、

図表 2 − 8　収益も含めて事業別及び管理部門別に損益の状況を表示する場合

科　目	A事業	B事業	事業部門計	管理部門	合計
Ⅰ経常収益					
1. 受取会費				×××	×××
2. 受取寄付金	×××		×××	×××	×××
3. 受取助成金等		×××	×××		×××
4. 事業収益	×××	×××	×××		×××
5. その他収益				×××	×××
経常収益計	×××	×××	×××	×××	×××
Ⅱ経常費用					
1. 人件費					
役員報酬	×××	×××	×××	×××	×××
給料手当	×××	×××	×××	×××	×××
…	×××	×××	×××	×××	×××
人件費計	×××	×××	×××	×××	×××
2. その他経費					
旅費交通費	×××	×××	×××		×××
…	×××	×××	×××	×××	×××
経常費用計	×××	×××	×××	×××	×××
当期経常増減額	×××	×××	×××	×××	×××

　管理部門の費用は管理部門のものとして、「給料手当」「旅費交通費」などの勘定科目ごとの金額を記載します。事業費であるか管理費であるか容易に判断できないもの、あるいは2つ以上の事業にかかわっている共通経費は、合理的な方法で按分します。按分方法については後述します。

　実務では会計ソフトの部門別の機能などを活用することによって、事業別の費用の表示を簡単に行うことができます。各NPO法人は、経理担当者の負担や財務諸表利用者の信頼と共感を獲得するという視点などを総合的に検討し、どのような表示方法を選択するか決定することが必要です。

■関係法令等…NPO法人会計基準Ⅴ.22（複数事業の事業別開示）

第3節　実務 Q&A―会計の具体的取扱い　　**95**

Q 2−7 事業費と管理費

　企業会計では費用を売上原価や販売費及び一般管理費などで表示しますが、NPO法人会計基準では事業費と管理費とに分けて表示すると聞きました。事業費と管理費はどのようなものですか？

A 事業費は、NPO法人が目的とする事業を行うために直接要する費用です。管理費は、NPO法人の各種の事業を管理するための費用です。

⊙ 解　説

　事業費は、NPO法人が目的とする事業を行うために直接要する人件費及びその他経費を指します。また、管理費はNPO法人の各種の事業を管理するための費用を指します。代表的な具体例は、**図表2−9**に示すとおりです。

図表2−9　事業費及び管理費の事例

事業費	法人が目的とする事業のために直接要する人件費及びその他の経費 ・事業遂行のために支出した人件費 ・チラシやポスター等の印刷費 ・講師への謝金や会場の賃借料
管理費	法人の各種の事業を管理するための費用 ・総会や理事会の開催・運営費用 ・管理部門に係る役職員の人件費 ・経理／人事労務にかかる費用

　NPO法人が事業費と管理費に区分して財務諸表に記載するのは、NPO法人に対して寄付等を行う資金提供者の最大の関心事である「資金が自身の意思を反映した事業に使用されたか否か」を明確にするためです。管理費が事業費を大きく上回るような場合、当該法人がその目的として掲げる特定非営利活動を本当に実施しているか、寄付者等にとって懸念すべき点にもなるでしょう。

　また、法人が存続するためには事業費だけでなく管理費を含めたコストを勘案し、事業計画やファンドレイジングを行う必要があります。これらを検討するために事業費と管理費を区分して分析することが必要なのです。

しかし、事業費と管理費を明確に区別することは実務上難しい場合も多く、しばしば議論の対象にもなります。困難となる理由は「費用の性質」及び「NPO法人の特質」の2つの側面から説明できます。

　「費用の性質」とは、水道光熱費や通信費、コピー機やパソコンなどの備品の減価償却費等、事業部門と管理部門に共通する経費が多数存在するという意味です。これらの共通経費の按分はNPO法人の会計で最も理解しにくい内容の1つであり、また煩雑な作業を伴う部分です。

　「NPO法人の特質」とは、NPO法人の規模は非常に小規模なものから海外展開をするような大規模なものまで存在するという意味です。小規模法人の場合には、事業部門と管理部門が明確に区分されていない場合や、少数の職員がさまざまな職務を兼務している場合があります。逆に複数の事業部門や管理部門が存在し、部門を横断して発生する費用が存在する場合もあります。このため、各事業を行うために要した経費及び管理費を合理的に算出することが難しくなるのです。

　事業費・管理費を容易には判断できない、あるいは2つ以上の事業の事業費となる共通経費を含め、事業費・管理費の構成を簡潔に示したものが**図表2－10**です。

図表2－10　事業費及び管理費のうち共通費部分

事業費	明らかに個別の事業の経費として特定できる費用	
	共通経費のうち、事業部門の経費として配賦される費用	共通経費
管理費	共通経費のうち、管理部門の経費として配賦される費用	
	明らかに管理部門の経費と特定できる費用	

■**関係法令等**…NPO法人会計基準注解［注4］（事業費と管理費の区分）

第3節　実務Q&A―会計の具体的取扱い　　**97**

Q 2−8 共通経費の按分

　当NPO法人でも、共通経費を事業費と管理費に按分することを検討しています。按分するにはどのような手順が必要ですか？　具体的な按分方法・基準を教えてください。

A　「従事割合」「使用割合」など法人の活動の実態を反映するような割合を選択し、合理的に共通経費を事業費及び管理費に按分します。

⊙ **解　説**

　共通経費から合理的に事業費及び管理費を算出するために、実務上は**図表2−11**にあるような「従事割合」「使用割合」「面積割合」「職員数比」等が頻繁に使用されています。どのような割合を選択して使用するかについては、各法人がどのような選択をすれば法人活動の実態を反映するかを検討し、決定することになります。

　共通経費の按分は以下①〜④のプロセスで行います。

①　明らかな事業費と管理費を区分する

　当該法人の事業部門と管理部門を特定し、費用の中から明らかに個別の事業の経費として特定できる費用（事業費）、明らかに管理部門の経費と特定できる費用（管理費）を抽出する。

②　共通経費を洗い出す

　上記以外の事業費・管理費を容易に判断できない費用、あるいは2つ以上の事業の事業費となっている共通経費を抽出する。

③　按分割合を決める

　当該法人活動の実態を反映するためにどのような割合を選択することが適切であるかを決定する。

④　実際に発生した額を按分割合で計算する

　実際の費用額のデータを使用し、③で決定した按分方法で事業費・管理費となる額を算出する。

図表 2 −11　按分方法の例

按分方法	比率の求め方の例
従事割合	事業部門と管理部門に係る業務に各々従事した時間の比率。 複数の事業を行っている法人はできる限り日報等で各事業の従事時間を記録し、それに基づいて「従事割合」を算出することが望ましい。 日々継続して従事時間数を記録していない場合は、各スタッフが各業務におおむねどの程度の時間数を費やしたかを見積もり、割合を求める。 例えば、週35時間勤務のうち約5時間管理業務を行っている、などの方法で見積もる。 ［例1］日報等から算出した各事業の従事時間数（日数）と管理業務への従事時間数（日数）の比率 ［例2］業務ごとの標準的な従事時間（日数）を定め、例外的な従事時間（日数）のみを記録して算出した比率 ［例3］管理業務のみ（各事業のみ）の従事時間（日数）を記録し、それ以外の時間（日数）を各事業（管理部門）に従事したものとして算出した比率
使用割合	各事業部門と管理部門に係る業務の使用量の比率。 ［例1］通信記録、車両の走行距離数等の使用記録により算出した各事業または管理部門の使用量の比率 ［例2］管理業務のみ（各事業のみ）の標準的な使用量（時間）を定め、それ以外を各事業（管理部門）の使用量（時間）として算出した比率 ［例3］延べ利用者数等の比率
面積割合	各事業部門と管理部門に係る業務に使用する面積の比率。 複数の事務所等を有していない法人の場合は、事務所スペースのうち事業が増減しても最低限 NPO 法人が存続するために必要と思われる部分の面積を管理部門の業務の使用スペースとして見積もることも可能。
職員数比	各事業や管理業務に従事する職員数の比率。

Q 2−9 共通経費の按分計算―具体例

　共通費を事業費と管理費とに按分することは理解しました。実際に按分をしてみたいのですが、何か具体例があれば教えてください。

A 事例を使って、具体的な計算方法を説明します。

⊙ 解　説

　共通経費の事業費・管理費の按分について、ここでは事例を使って具体的な計算方法を説明します。事例では従事割合及び面積割合を使用し、2種類の事業を行っているものとします。

［事例］

　A法人は難民支援事業（①相談／支援事業、②調査／政策提言の2種類の事業）を行っている。今期取引は以下のとおり。

・従業員2名に総額5,000,000円の給与の支払いがあった。
・従業員2名は、本来の目的である難民支援事業以外に法人の事務局作業も担う。管理業務には経理・総務業務やホームページ作成業務がある。
・法定福利費は年間600,000円。
・旅費交通費は年間100,000円（すべて調査／政策提言に使用）。
・事務所賃料は年間900,000円（主に相談／支援事業と管理業務に使用）。

　まず、①明らかな事業費と管理費を区分し、②共通経費を洗い出します。

（単位：千円）

科目	事業費		管理費	共通経費	合計
	相談／支援事業	調査／政策提言			
給料手当				5,000	5,000
法定福利費				600	600
旅費交通費		100			100
地代家賃				900	900
合　計					6,600

事例の NPO 法人は、相談／支援事業と調査／政策提言の 2 つの難民支援事業を行っています。すべて調査／政策提言に使用された旅費交通費（事業費）以外の勘定科目、つまり給料手当、法定福利費及び地代家賃は当該法人の事業と管理の両方に係る共通経費となります。

次に、③按分割合を決めます。まず NPO 法人の実態にあわせた按分方法を選択しますが、ここでは従業員の給料手当及び法定福利費は従事割合、地代家賃については面積割合を選択したものと仮定します。従事割合は従事時間の記録を使用し、以下のような表を作成すると理解しやすいでしょう。この事例の従事割合は、相談／支援事業が 60％、調査／政策提言が 30％、管理部門が 10％です。

この事例では週平均時間を使用していますが、月ごとに従事割合をより詳細に算出する、事業の内容や規模が毎月あまり変わらないため同じ割合を通年使用するなど、各 NPO 法人は実態と作業の負担とを鑑みて決定することになります。

（週平均時間）

業務内容	スタッフ A	スタッフ B	合計
事業部門			
相談／支援事業	40	20	60
調査／政策提言	10	20	30
管理部門	5	5	10
合計	55	45	100

次に面積割合ですが、仮に事務所の面積が 40m² で、管理部門の業務に必要な事務所の面積が 10m² であると見積もった場合、以下のようになります。

科目	相談／支援事業	管理費	合計
建物使用面積	30m²	10m²	40m²
比率	75％	25％	100％

最後に、④実際に発生した額を按分割合で計算します。

（単位：千円）

科目	共通経費	事業費		管理費	合計
		相談／支援事業	調査／政策提言		
従事割合		60%	30%	10%	100%
給料手当	5,000	3,000	1,500	500	5,000
法定福利費	600	360	180	60	600
面積割合		75%	—	25%	100%
地代家賃	900	675	—	225	900
旅費交通費	—	—	100	—	100
合　計		4,035	1,780	785	6,600

Q 2−10　その他の事業がある場合の表示

　当NPO法人では、定款に「その他の事業」を掲げています。その他の事業がある場合の財務諸表の表示方法を教えてください。

A　NPO法人会計基準では、活動計算書の中で「特定非営利活動に係る事業」と「その他の事業」の会計を区分表示します。

⊙ 解　説

　NPO法人は特定非営利活動以外の活動、つまりNPO法の「別表」に掲げられている20分野以外の活動を定款で定めて実施する場合があります。この特定非営利活動以外の事業を「その他の事業」と呼びます。その他の事業＝（法人税法上の）収益事業ではありませんので注意してください。

　NPO法人の本来事業とその他の事業、税務上の収益事業と非収益事業の関係は**図表2−12**のとおりです。

図表2−12　本来事業とその他の事業、税務上の収益事業と非収益事業の関係

NPO法	法人税法	
本来事業（20種類）	収益事業（34業種）	課税
	非収益事業	課税されない
その他の事業	収益事業（34業種）	課税
	非収益事業	課税されない

102　第2章　NPO法人の会計

NPO法は、本来事業である特定非営利活動に係る事業に支障がない限り、その他の事業を行うことを認めています。その結果、利益を生じた場合にはこれを特定非営利活動に係る事業のために使用しなければなりません。また、その他の事業に関する会計は、特定非営利活動に係る事業に関する会計から区分し、特別の会計として経理しなければならないとしています（NPO法5）。この規定を受けて、多くのNPO法人が特定非営利活動に係る財務諸表と、その他の事業に係る財務諸表を別々に作成してきました。

しかし、これでは法人の全体像が把握しにくいため、NPO法人会計基準では、1つの活動計算書の中で特定非営利活動に係る事業と、その他の事業の会計を区分表示することを定めました。**図表2－13**がその具体的な形式となります。

また、定款にその他の事業について掲げていても、実際に事業を実施していなければその他の事業の欄を設ける必要はありません。

NPO法人会計基準は、活動計算書上では特定非営利活動に係る事業とその他の事業との区分表示を求めていますが、貸借対照表上における区分表示は法人の任意となっています。これは活動計算書を区分表示することで、その他の事業について十分明瞭に表示することが可能であると判断されたためです。また、貸借対照表を区分するためには実務がかなり煩雑になります。当然事務負担は増大し、誤謬発生の増加も懸念されました。

NPO法人の多くが小規模であり、資産等を共用しながら活動を行っている実情を考慮すると、貸借対照表の区分表示を任意とすることが適切であると判断されたのです。

なお、2017年12月の改正で、前期繰越正味財産額及び次期繰越正味財産額を特定非営利活動に係る事業及びその他の事業ならびに合計欄のすべての区分について記載するように変更がされました。

■関係法令等…NPO法人会計基準Ⅵ（その他の事業を実施する場合の区分経理）

第3節　実務Q&A―会計の具体的取扱い　　**103**

図表 2 － 13　活動計算書（特定非営利活動に係る事業とその他の事業を行っている場合）

活動計算書
〇年〇月〇日～〇年〇月〇日　　　　　　　　　　（単位：円）

科　目	特定非営利活動に係る事業	その他の事業	合　計
Ⅰ 経常収益			
1.受取会費	×××		×××
…	×××	×××	×××
経常収益計	6,000,000	800,000	6,800,000
Ⅱ 経常費用			
1.事業費			
…	×××	×××	×××
2.管理費			
…	×××	×××	×××
経常費用計	7,000,000	300,000	7,300,000
当期経常増減額	△1,000,000	500,000	△500,000
Ⅲ 経常外収益			
………			
経常外収益合計	10,000	0	10,000
Ⅳ 経常外費用			
………			
経常外費用合計	9,000	0	9,000
経理区分振替額	500,000　◀──	△500,000	0
当期正味財産増減額	△499,000	0	△499,000
前期繰越正味財産額	×××	×××	×××
次期繰越正味財産額	×××	×××	×××

利益を全額振り替えた場合

104　第2章　NPO法人の会計

Q 2—11 役員報酬の表示

　当法人では代表理事に、総会での決議に基づき、月額40万円、年間480万円の報酬を支払っています。40万円のうち、30万円は事業にかかわる部分の報酬、10万円は法人の運営管理にかかわる報酬としています。

　この場合に、活動計算書にどのような科目で計上するのですか？

　また、NPO法による報酬を受けた役員の所轄庁への報告とは、どのような関係になっているのでしょうか？

A 原則として、事業にかかわる部分の報酬は事業費の「役員報酬」に、法人の運営管理に関わる報酬は管理費の「役員報酬」に計上します。所轄庁に報告する役員報酬には、管理費に計上する役員報酬のみが該当します。

⊙ **解　説**

　代表理事が実施した業務への人件費の支払いのうち、事業に直接かかわる部分は事業費に計上し、法人の運営管理にかかわる部分は管理費に計上します。この場合、いずれも役員報酬という勘定科目を使用します。

　したがって、この例では活動計算書の事業費に「役員報酬」という科目で360万円（30万円×12月）、管理費に「役員報酬」という科目で120万円（10万円×12月）計上されることになります。

　このような表示をするのは、役員への人件費の支払い総額を、NPO法人の内外に公開することが、役員、とりわけ法人の代表者が独断で自分への支払いを不当に大きくすることを防止するのに役立つとの考えからです。

　しかし、「指定管理を受けた事業では役員報酬という勘定科目が使用できない」などの理由により、役員への支払いを給料手当という勘定科目で計上せざるを得ないような場合が、実務上は存在します。このため、事業費に「給料手当」360万円、管理費に「給料手当」120万円と計上したような場合には、役員及びその近親者との取引の注記に、役員報酬という勘定科目を使用しないで

第3節　実務Q&A—会計の具体的取扱い　**105**

支給した役員への人件費を注記することにしています。

　ただし、役員報酬として表示することで特定の個人への支払い額が明らかになるなど、個人情報の保護を図る必要があるような場合には、その旨を「役員及びその近親者との取引の内容」の箇所に注記して、当該役員報酬を他のスタッフ同様「給料手当」に含めて表示することも認められると思われます。

＜財務諸表の注記＞

○役員及びその近親者との取引の内容 役員及びその近親者との取引は以下の通りです。			
			（単位：円）
科　目	財務諸表に計上された金額	内役員との取引	内近親者及び支配法人等との取引
（活動計算書）事業費　人件費 給料手当	12,500,000	3,600,000	0
（活動計算書）管理費　人件費 給料手当	4,200,000	1,200,000	0

　なお、NPO法第2条には、「役員のうち報酬を受ける者の数が、役員総数の3分の1以下でなければならない」という規定があります。この場合の役員への報酬は、管理費に計上された役員報酬だけであり、事業費に計上された役員報酬は含まれない、と解釈されています。

　したがって、活動計算書の勘定科目を「役員報酬」とするか「給料手当」とするかにかかわらず、法人の運営管理にかかわる役員への報酬がある場合には、所轄庁には、「役員報酬の支払あり」と報告することになります。

■関係法令等…NPO法人会計基準　実務担当者のためのガイドライン　Q14-3、14-4、31-1

Q 2—12 使途等が制約された寄付等の取扱い

　当NPO法人では従来、使途が制約された寄付金を受け入れ、これが次期に繰り越される場合には前受金として処理していました。NPO法人会計基準を使用する場合も、同じように処理してよいですか？　なお、この寄付金には未使用額があっても返還義務はありません。

A NPO法人会計基準では、原則として寄付金等を受け取った年度に計上し、期末残高を含めた使途ごとの寄付等の明細を注記します。

⦿ 解　説

　NPO法人が寄付等によって受け入れる資産の中には、その使途が制約されているものが少なくありません。複数の活動を行っているNPO法人に対し、寄付者がもっとも共感する活動を1つ指定して寄付をすることはよくあります。また、助成金や補助金は原則、使途が制約されています。

　NPO法人会計基準では、受取寄付金は実際に入金した時に収益として計上することになっています。使途等が制約された寄付金等の場合も同様に原則はすべて受け入れた年度に収益として計上し、正味財産を増加させます。

　しかし、使途等が制約された寄付金等を受け入れた事業年度にすべて収益に計上することは、過剰な計上となる可能性があるのではないかという疑問が残ります。

　例えば、大きな災害が起こった場合などはその災害の援助に対し、直後に一斉に寄付金が集まります。一方、災害に対する援助は数年がかりで継続的に行われることが多く、寄付金を受ける会計年度と、実際に救援金や救援物資を現地に送る会計年度にずれが生じることになります。翌年度以降に使用する資金は当該NPO法人が自由に使用できる資金が増加したわけではないため、財務諸表利用者の誤解を生じさせないための何かしらの工夫が必要であると考えられます。

　公益法人会計基準ではこの問題に対し、正味財産を使途が拘束されている「指

第3節　実務Q&A―会計の具体的取扱い　**107**

定正味財産」と当該法人が自由に使用できる「一般正味財産」の2つに区分して表示することで財務諸表の明瞭な表示を試みています。しかし、この方法は難解であり、十分な会計スキルのある会計担当者を配置することが困難な小規模NPO法人が多い現状では、導入が適切であるか疑問視する声も多く上がりました。

　そこでNPO法人会計基準は、寄付等については受け取った年度で収益として計上する一方で、寄付等の中でも使途に制約があるものはその使途ごとにその増加額及び減少額、期末残高を注記することを原則としたのです。そして「当法人の正味財産は○○円ですが、そのうち××円については△△のために使用する財産です。したがって、使途の制約されていない正味財産は×××円です。」と明確に示すことにより、使途が制約されていることを明らかにすることにしました。**図表2-14**は注記の記載例です。

図表2-14　使途等が制約された寄付等の注記における内訳の記載例

5.　使途等が制約された寄付等の内訳
　　使途等が制約された寄付等の内訳は以下の通りです。当法人の正味財産は4,800,000円ですが、そのうち3,300,000円は○○基金事業に使用される財産です。したがって、使途が制約されていない正味財産は1,500,000円です。

(単位：円)

内　　容	期首残高	当期増加額	当期減少額	期末残高	備　　考
○○基金事業	300,000	3,000,000	0	3,300,000	A事業のための基金
○○民間助成団体助成金	0	2,500,000	2,500,000	0	助成金総額は3,500千円。当期増加額との差額1,000千円は前受助成金として貸借対照表に計上している。
合　　計	300,000	5,500,000	2,500,000	3,300,000	

　ただし、使途等が制約された寄付等の重要性が高い場合には公益法人会計基準と同様に貸借対照表の正味財産の部を指定正味財産と一般正味財産に区分し、活動計算書にも指定正味財産増減の部と一般正味財産増減の部の区分を設

けてそれぞれの動きを表示することにしています。この重要性の判断は各NPO
法人が行うことになります。

■関係法令等…NPO法人会計基準Ⅶ.27（使途等が制約された寄付金等の取扱い）

Q 2—13 未使用額の返還義務がある補助金等を受けた場合の
処理—前払いのケース

　　当NPO法人では、当期に使途が制約された助成金を受け入れました。こ
の助成金には未使用額の返還義務があります。助成金の交付はすでに受けて
いますが、事業年度末においてまだ交付対象となる事業は終了していません。
　　この場合にどう処理すればよいか、具体例をあげて説明してください。

A 事例を使って、返還義務のある補助金等の処理について説明します。

⊙ 解　説 ─────────────────────────────

[事例]
　　○○助成財団から△△事業を、×0年4月1日から×1年3月31日の期間で実
施することを目的とした助成金3,500千円の交付を受けた。当該助成金は未使用
額について返還義務が課されている。助成金は4月に全額入金された。当該NPO
法人の事業年度末は12月であり、×0年12月31日の段階では当該事業に係る
費用2,500千円を計上している。

＜会計処理＞
① 助成金振込時
　　（借）現金預金　　　　　3,500千円／（貸）受取助成金　　　3,500千円
② 期中処理
　　（借）××事業費*　　　2,500千円／（貸）現金預金　　　　2,500千円
　　＊具体的には、人件費、その他経費。
③ 期末処理
　　（借）受取助成金　　　1,000千円／（貸）前受助成金　　　1,000千円

第3節　実務Q&A—会計の具体的取扱い　**109**

以上の処理の結果、活動計算書（×0年1月1日から×0年12月31日）上で受取助成金2,500千円、事業費用2,500千円を計上し、使途等が制約された寄付金等として注記を記載します。一方、未使用額1,000千円は「前受助成金」として負債に計上します。

　翌期には事業が終了しますので、活動計算書（×1年1月1日から×1年12月31日）上では受取助成金1,000千円と事業費用1,000千円を計上し、使途等が制約された寄付金等として注記を記載します。

　なお、具体的な注記の記載方法は、前掲図表2－14の「○○民間助成団体助成金」の記載例を参照してください。

■関係法令等…NPO法人会計基準Ⅶ.28（返還義務のある助成金、補助金等の未使用額の取扱い）

Q 2—14 未使用額の返還義務がある補助金等を受けた場合の処理—後払いのケース

　当NPO法人では、当期に使途が制約された助成金の交付決定を受けました。事業はすでに実施していますが、助成金の入金は交付対象事業が終了後に受けるため、事業年度末において助成金の入金はありません。また、この助成金には未使用額の返還義務があります。

　この場合にどう処理すればよいか、具体例をあげて説明してください。

A 　事例を使って、後払いで補助金等を受けた場合の処理について説明します。

⊙ 解　説

［事例］

　○○助成財団から△△事業を、×0年4月1日から×1年3月31日の期間で実施すること目的とした助成金10,000千円の交付が決定した。なお、実際の助成金の交付は事業終了後に行われる。当該NPO法人の決算期は12月である。×0年12月31日の段階では、当該事業に係る費用6,000千円を計上している。

＜会計処理＞

この場合には、事業年度末で以下の処理を行います。

・事業年度末

　　（借）未収助成金　　　　6,000千円／（貸）受取助成金　　　　6,000千円

以上の処理の結果、活動計算書（×0年1月1日から×0年12月31日）上で受取助成金6,000千円、事業費用6,000千円が計上され、また使途等が制約された寄付金等として注記をします。一方、貸借対照表には未収助成金6,000千円が計上されます。翌期に事業が予定通り終了した場合、活動計算書（×1年1月1日から×1年12月31日）では、受取助成金4,000千円、事業費4,000千円を計上し、使途等が制約された寄付金等として注記します。

なお、具体的な注記の記載方法は、NPO法人会計基準「実務担当者のためのガイドライン」の「Q29-1　後払いの補助金等（補助金等の交付が対象事業年度終了後となるもの）の会計処理について、具体例を挙げて説明して下さい」を参照してください。

■関係法令等…NPO法人会計基準Ⅶ.29（後払いの助成金、補助金等の取扱い）

第3節　実務Q&A―会計の具体的取扱い　*111*

Q 2—15 無償または著しく低い価格で施設の提供等を受けた
場合の表示—理事長宅の無償利用

　当NPO法人では、活動の場として理事長の自宅を無償で利用しています。これまではこの状況について財務諸表上に表示していませんでしたが、このように無償で物的サービスの提供を受けた場合、NPO法人会計基準ではどのように表示すればよいのですか？

A NPO法人会計基準では、無償または著しく低い価格で施設の提供等の物的サービスを受けた場合、原則として会計処理を行いませんが、一定の条件下では財務諸表に表示することも可能としています。

⊙ 解　説

　NPO法人は、その活動に賛同する支援者の好意で、無償または著しく低い価格で土地・建物等の不動産や、備品・車両等の動産を使用することがあります。

　NPO法人会計基準ではこのような「物的サービス」の提供を受けた場合、原則として会計処理や財務諸表への表示は行いませんが、NPO法人がこれらを金銭換算して財務諸表で公表したいと望む場合は、一定の条件のもとでこれを表示することを認めています。ただし、仮に財務諸表上でこれらを表示することが可能な条件が整っていても、表示するか否かはあくまで各NPO法人の任意です。

　無償または著しく低い価格で物的サービスの提供を受けた場合の会計処理には、以下3つの方法があります。

　①　従来通り会計上の処理や財務諸表への表示は行わない

　②　内容を注記に記載することができる（活動計算書には計上しない）

　③　注記に加えて活動計算書に計上することができる

　このうち、②の財務諸表の注記にのみ記載できる場合は、物的サービスの評価額を「合理的に算定できる」場合です。合理的に算定できる、とは財務諸表

112　第2章　NPO法人の会計

の作成者がその利用者に対して金額の算定根拠を説明することが可能な状態を指します。例えば、算定根拠の基礎資料となる車両の走行距離や施設の利用時間等の記録があり、使用料の単価等を確認できる内部資料が整っていることが必要です。

ご質問の場合、理事長の自宅周辺の不動産賃貸相場等を参考に算出した1m²当たりの家賃、法人の活動のために実際に利用している面積の測定、利用時間の記録等の資料をもとに概算の金額を算出したのであれば、これは「合理的に算定」した金額と考えられ、②の財務諸表への注記ができる場合に該当します。

また、③のように活動計算書に計上するためには、その物的サービスを金銭で寄付を受け取ったのと同等に「客観的に把握できる」必要があります。これは誰でも入手可能な具体的な外部資料が存在する状態を指します。外部資料が特定の利害関係者等が作成したものである場合は複数の外部資料を用意し、中立的で公正な評価額であることを説明できることが望ましいといえます。

これらの会計処理方法の選択は、重要な会計方針に注記します。

NPO法人会計基準が、無償または著しく低い価格で受ける物的サービス等について、金銭換算して表記する可能性を追求したことは画期的であるといえます。各NPO法人は、提供を受けた物的サービス等の重要性と外部資料等の有無や金銭換算のための手間を勘案し、財務諸表への表示を検討することになります。

■関係法令等…NPO法人会計基準Ⅶ.25（無償又は著しく低い価格で施設の提供等を受けた場合の取扱い）

Q 2−16　無償または著しく低い価格で物的サービスの提供を
　　　　受けた場合の表示―有料会議室の無償提供

　当NPO法人の活動に理解を示してくれる企業があり、一般向けには有料
の会議室を無償で提供してくれました。この場合、活動計算書に計上するこ
とはできますか？

A　物的サービスの提供を受け、NPO法人がこれを財務諸表で公表したい
　　と望む場合で、その物的サービスを金銭換算して「客観的に把握でき
る場合」には、財務諸表の注記に加えて活動計算書へ計上することが
できます。

◉ 解　説

　ご質問の場合、この企業は一般向けには会議室を有料で提供しているため、
会議室の利用料金表が存在し、その物的サービスの価値が「客観的に把握でき
る場合」に該当すると考えられます。

　NPO法人が無償または著しく低い価格で物的サービス等を受け、これを活
動計算書上で開示する場合は「どのような会計処理方法を採用したか」につい
て重要な会計方針として記載するとともに（**図表2−15参照**）、金銭換算した
金額とその内訳（日数、時間数などの数量や換算に使用した単価など）など、そ
の算定根拠を注記します。

　活動計算書には物的サービスの評価額を、経常収益の部に「施設等受入評価
益」、経常費用の部に「施設等評価費用」の科目で表示します。なお、「施設等
受入評価益」と「施設等評価費用」は、必ず同額を計上します（**図表2−16参
照**）。

　これにより、NPO法人がこのような物的サービスの提供という「支援を受
けた事実」と「真実の活動コスト」を活動計算書で表示することが可能になり
ます。

図表 2 － 15　活動計算書に評価額を表示した場合の財務諸表の注記

財務諸表の注記

1. 重要な会計方針
　　財務諸表の作成は、NPO 法人会計基準（2010 年 7 月 20 日　2017 年 12 月 12 日最終改正　NPO 法人会計基準協議会）によっています。
　　　　　…
　(5)　施設の提供等の物的サービスを受けた場合の会計処理
　　　施設の提供等の物的サービスの受入れは、活動計算書に計上しています。また計上額の算定方法は「4. 施設の提供等の物的サービスの受入の内訳」に記載しています。
　(6)　ボランティアによる役務の提供
　　　ボランティアによる役務の提供は、活動計算書に計上しています。また、計上額の計算方法は、「5. 活動の原価の算定にあたって必要なボランティアによる役務の提供の内訳」として注記しています。
　　　　　…

4. 施設の提供等の物的サービスの受入の内訳

（単位：円）

内容	金額	算定方法
○○会議室の無償利用	20,000	○○会議室が一般に公表している利用料金表によって算定しています。

5. 活動の原価の算定にあたって必要なボランティアによる役務の提供の内訳

（単位：円）

内容	金額	算定方法
弁護士　5 時間	50,000	日本弁護士連合会から出されている「市民のための弁護士報酬の目安」から 1 時間の法律相談の料金を 1 万円として計算しています。

図表2-16 無償または著しく低い価格で物的サービス等を受ける場合の活動計算書

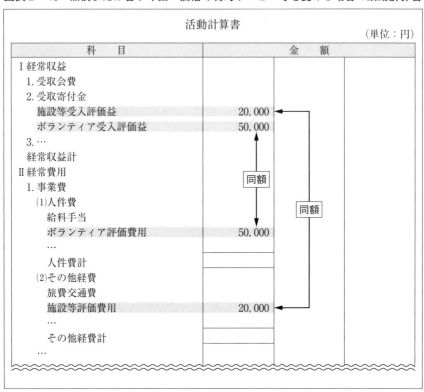

Q 2―17 ボランティアによる役務提供を受けた場合の処理及び表示方法

当NPO法人は、当事業年度においてボランティアによる役務提供を受けています。このボランティアに関する会計処理はどのようにすればよいですか？

A NPO法人会計基準では、無償または著しく低い価格でボランティアによる役務の提供を受けた場合、原則として会計処理を行いません。ただし、一定の条件のもとで財務諸表に表示することも可能です。

⊙ 解 説

NPO法人は、ボランティアによる無償あるいは著しく低い価格の労力に支えられているケースが非常に多い組織です。近年ではプロボノといわれる、法務や会計などの専門知識を無償で提供するケースも数多く見られ、このことは営利企業などにはない特色の1つとなっています。

ボランティアの労力を金額評価しない場合、事業実施に必要な労力を金銭を支払って調達する営利企業と比較して、NPO法人の活動規模が過小評価されているのではないかという疑問が生じます。また、ボランティアの労力で賄われた人件費が事業費の積算に反映されないことによって、行政との契約などで不利に働く可能性もあります。

NPO法人会計基準においても、ボランティアの労力に関しては原則として財務諸表上の表示は行いません。しかし、上記のような問題点に対応するという観点から、NPO法人がこれを金銭換算して財務諸表で公表したいと望む場合は、役務を金銭換算して表現することも認めています。ただし、金銭換算して財務諸表に計上できるのはボランティアによる役務の提供が「活動の原価の算定に必要な受入額」である場合のみです。

例えば、ある事業に対してボランティアを募集した場合、事業を遂行するのに必要な人数がちょうど集まるということは稀です。仮に予定していた人数よ

第3節 実務Q&A―会計の具体的取扱い　*117*

りボランティアの参加人数が多い場合、そのすべての労力を計上すれば過大な費用計上となります。また、役務をどのように金額として適切に評価をするのかという評価方法の問題や、「活動の原価の算定に必要な受入額」の範囲の特定自体が困難な場合もあります。

　ボランティアの労力を金銭換算するのは適正な活動費用を表示するためであり、その活動が必要とする本来の労力を超えてボランティアを受け入れた場合や、評価方法が明瞭でない場合に金額として労力を計上することは適切ではありません。財務諸表上でボランティアの労力を表示する例はこれまでほとんどないため、今後の事例の蓄積が待たれるところでもあります。

　無償または著しく低い価格でボランティアによる役務の提供を受けた場合の会計処理には、以下の3つの方法があります。

　①　従来通り会計上の処理や財務諸表への表示は行わない
　②　内容を注記に記載することができる（活動計算書には計上しない）
　③　注記に加えて活動計算書に計上することができる

　このうち、②の財務諸表の注記にのみ記載できる場合は、ボランティアによる役務の提供の評価額を「合理的に算定できる」場合です。つまり、評価額の算定根拠となる基礎的な内部資料が整っていることが必要です。また③のように活動計算書に計上するためには、役務提供の評価額を「客観的に把握できる」必要があります。これは、誰でも入手可能な具体的な外部資料が存在する状態を指します。

　NPO法人が無償または著しく低い価格でボランティアを受け入れ、これを活動計算書上で開示する場合、まず「どのような会計処理方法を採用したか」について重要な会計方針として記載するとともに、金銭換算した金額、その内訳（日数、時間数などの数量や換算に使用した単価など）など算定根拠を注記します（**図表2-15**（活動計画書に評価額を表示した場合の財務諸表の注記）参照）。

　活動計算書では、役務の提供の評価額を経常収益の部に「ボランティア受入評価益」、経常費用の部に「ボランティア評価費用」の科目で表示します。「ボランティア受入評価益」と「ボランティア評価費用」は、必ず同額を計上しま

す（図表2－16（無償または著しく低い価格で物的サービスを受ける場合の活動計画書）参照）。

■関係法令等…NPO法人会計基準Ⅶ.26（ボランティアによる役務の提供の取扱い）

Q 2—18 クレジットカードによる寄付の入金日が決算日を越える場合

当NPO法人はイベントの開催に向けて寄付を募り、無事にイベントは終了することができたのですが、寄付についてクレジットカードを通したものは決済に数か月かかるため、入金が決算日を越える予定です。このクレジットカードで寄付金を計上する時期はいつになるのか教えてください。未収計上すればよいのでしょうか？

A NPO法人に現金という形で入金されていない場合でも、確実に入金されることが明らかである場合には、寄付者がクレジットカードで寄付をした日付で受取寄付金を計上することができます。

⦿ 解 説

　寄付はさまざまな形式で行われますが、その中には現時点で現金入金がなくても、NPO法人に確実に入金されることが明らかであるケースがあります。

　例えば、債権譲渡契約に基づきクレジットカードを使用して寄付をした場合は、寄付の手続きが行われて、クレジット会社の利用承認が完了した時点で、実際の代金回収の手続きはクレジット会社が利用者に対して行うことになります。

　このように寄付を受けたNPO法人にとって、確実に入金されることが明らかである場合は、寄付者がクレジットカードで寄付をした日付で受取寄付金を計上することになります。

　寄付者がクレジットカードで寄付をして、決算日後にクレジットカード会社からその寄付金が入金されることが明らかな場合には、

第3節　実務Q&A—会計の具体的取扱い　*119*

（借）未　収　金　　×××／（貸）受取寄付金　　×××

のように、寄付者がクレジットカードで寄付した日で仕訳をすることになります。

■関係法令等…NPO 法人会計基準Ⅳ. 13（受取寄付金）

＜参考文献＞

・江田寛「NPO 法人会計基準の検討」『非営利法人研究学会東日本研究部会（2011・2012 年度）日本及び諸外国における非営利法人制度に関する研究─制度史・制度設計・報告制度・税制度等を中心にして─』2013 年

・生活文化局都民生活部「東京都における『NPO 法の運用方針』」2005 年

・総務省「公益法人白書　平成 20 年度版」2009 年

・NPO 法人会計基準策定プロジェクト「みんなでつくろう！　NPO 法人の会計基準」（http://npokaikei.blog63.fc2.com/blog-entry-1.html）、2011 年 8 月 10 日アクセス

・特定非営利活動法人シーズ・市民活動を支える制度をつくる会「収支計算書から活動計算書へ」（http://www.npoweb.jp/pdf/NPOAS-Lec_XLS.pdf）、2011 年 8 月 10 日アクセス

・NPO 法人会計基準協議会「NPO 法人会計基準の一部改正について」2017 年 12 月

第 3 章

NPO法人の消費税

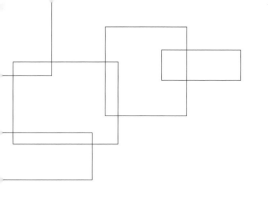
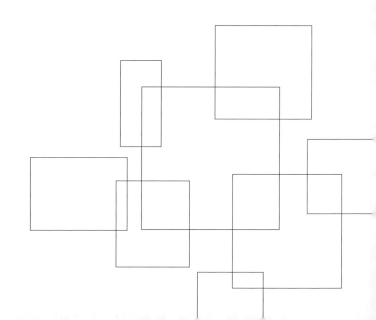

この章のポイント

　NPO 法人の消費税の納税義務は、原則として一般の法人と同様になりますが、消費税法の適用にあたっては消費税法別表第三に記載されている公益法人等と同じ扱いになります。

　NPO 法人の消費税法における特徴は、以下のとおりです。

① 　会費など対価性の有無が曖昧な収入が多く、課税取引になるのか、不課税取引になるのかの判断が難しい

② 　福祉系の NPO 法人は消費税の非課税取引が多いが、非課税規定には厚生労働省の告示などで定められているものがあるためわかりにくい

③ 　会費や寄付金、補助金などの収入割合が高い場合に、「特定収入に係る仕入税額控除の特例」という、特殊な計算が必要になる

　この章では、主に特定収入に係る仕入税額控除の特例について詳しく解説するほか、2023（令和 5）年 10 月 1 日から始まった適格請求書等保存方式（いわゆる「インボイス制度」）についても触れています。福祉系の NPO 法人の消費税の非課税規定は「第 6 章　福祉サービス事業の税務と会計」で説明します。

■内容
第 1 節　消費税法における NPO 法人の取扱い
　　　　消費税に関する NPO 法人の扱い／課税取引と不課税取引
第 2 節　特定収入に係る仕入税額控除の特例
　　　　特定収入に係る仕入税額控除の特例の概要／特定収入とは／特例計算
第 3 節　適格請求書等保存方式（インボイス制度）
　　　　インボイス制度／発行事業者の登録／インボイスの記載事項
第 4 節　実務 Q&A―消費税の具体的取扱い
　　　　会費の取扱い／特定収入の特例計算の計算例　等

第 1 節　消費税法における NPO 法人の取扱い

1　基本的考え方

　NPO 法人は、NPO 法第 70 条第 2 項において「消費税法その他消費税に関する法令の規定の適用については、同法別表第三に掲げる法人とみなす」と規定されています。これにより、消費税法の適用にあたっては消費税法別表第三に記載されている公益法人等と同じ扱いとなり、消費税法第 60 条（国、地方公共団体等に対する特例）に規定する特例の一部が適用されます。

　それ以外には消費税法で特段の規定はありませんので、原則として営利法人と同様の取扱いとなります。

2　NPO 法人の収益の種類と留意点

　NPO 法人の特徴として、営利法人とは異なった多様な収入源泉があげられます。次ページ**図表 3 － 1**に主な収益と、消費税法上の取扱いをまとめました。

　NPO 法人の収益の特徴として、受取会費、受取寄付金、受取助成金等といった対価性のない金銭の収受や無償による資産の譲受または役務の提供の収受があげられます。

　このとき会費や寄付という名目であっても、実質的に何らかのサービスの提供を伴う場合には、課税となる場合があります。会員特典として配布されたサッカー試合の招待入場券には対価性があるとして、受取会費に消費税が課税され

図表 3 - 1　収益の種類別消費税の取扱い

収益の種類	内　容	消費税法上の取扱い
受取会費	NPO 法上の社員としての会費、賛助会費等の対価性のない会費	原則、課税対象外 （ただし、本則課税の場合は特定収入となる場合がある）
受取寄付金	対価性のないもの	
受取助成金等	国や地方公共団体からの補助金、民間の助成財団等からの助成金等で、対価性のないもの	
事業収益	特定非営利活動に係る事業及びその他の事業	消費税法別表第二第 7 号に掲げる事業は非課税。輸出取引は免税。それ以外は原則として課税売上
その他収益	受取利息、雑収益など	受取利息は非課税。それ以外は内容により判定する

た事例（コラム参照）がありました。

　その一方で、消費税法基本通達 5 - 2 - 3 では、会報等が法人の通常の業務運営の一環として発行され構成員に配布される場合には、その発行費用等が会費等によって賄われている場合であっても、その会報等の配布は資産の譲渡等には該当しないこととされています。

　したがって、NPO 法人の取引については、対価性の有無等を十分検討した上で慎重に消費税の判定を行う必要があります。

コラム

会員の特典（ホームチームの試合ごとの招待券）と会費の対価性

　プロサッカーチームを運営する社団法人が集めた会費に、税務署が消費税の追徴課税をした事例があります。

　社団法人の主張は、「会費は営利収入ではなく、法人の原資にあたるもの、つまりは寄付である」でした。また、「招待券部分に対する課税は致し方ないと百歩譲ったとしても、会費全体に対する課税はおかしい」と反論しましたが、会費全体が消費税課税対象とされ、国税不服審判所で結審しました。

＜裁決例＞

（平 15.9.25 仙裁（諸）平 15-8 裁決要旨）

　請求人は、本件会費について、県のスポーツ振興事業の運営に協力するための会費であり、課税資産の譲渡等の対価には該当しない旨及び本件会費のうち本件各特典が利用された部分を超える部分については、役務との間に明白な対価関係がなく資産の譲渡等の対価には当らない旨主張する。

　しかしながら、本件各会員者は、県のスポーツ振興事業の運営への協力ならびに金額換算が可能な本件各特典及び金額換算が困難な本件各特典について価値観を見出し、これらのサービス、便益を受ける資格を得ることを目的として社団法人に入会するものと推認される。

　したがって、本件各会員は、会員としての資格を取得することにより本件各特典を受けることから、本件会費と本件各特典の間には、明白な対価関係があると認められる。

　以上のとおり、本件会費は、事業者が事業として対価を得て行う役務の提供である課税資産の譲渡等の対価と認められ、この場合の役務の提供に係る対価の額は、提供すべき本件各特典の利用率による価額で判断するのではなく、当事者間で授受することとした対価の額とするのが相当である。

3　非課税取引

　NPO 法人は、社会的な課題の解決を目的として設立されています。それゆえ NPO 法人の多くが、何らかの社会福祉サービスに係る事業（高齢者介護・障害者自立支援・子育て支援など）を行っています。

　これら社会福祉サービスに係る取引は消費税の非課税規定に該当する場合が多いため、具体的にどのようなものが非課税になるのかについては、「第6章　福祉サービス事業の税務と会計」で述べますが、第6章では詳しく説明されていない認可保育所と認可外保育所の消費税の取扱いについて、以下でふれることにします。

　認可保育所とは、児童福祉法に基づく児童福祉施設で、国が定めた設置基準

（施設の広さ、保育士等の職員数、給食設備、防災管理、衛生管理等）を満たして都道府県知事に認可された施設です。それ以外の保育所を認可外保育所と呼び、東京都独自の認証保育所も認可外保育所の１つです。児童福祉法や消費税法に「保育所」とある場合には、すべて認可保育所のことを指しています。

　認可保育所を経営する事業は第二種社会福祉事業に該当しますので、消費税は非課税になります。

　認可外保育所（施設）の利用料については、「消費税法施行令第14条の３第１号の規定に基づき内閣総理大臣が指定する保育所を経営する事業に類する事業として行われる資産の譲渡等」（厚生労働省告示平成17年３月31日第128号）の要件を満たすものは消費税が非課税とされることになっています。

　重要な要件は、次のとおりです。

---

1. 児童福祉法第59条の２第１項（認可外保育施設の届出）の規定による届出が行われた施設であること
2. 同法第59条第１項の規定に基づく都道府県知事の立入り調査を受けていること
3. 厚生労働省告示平成17年第128号に規定されている、第一から第四までに掲げる施設の区分に応じそれぞれの要件を満たしていること
4. その事項を満たしていることにつき当該都道府県知事から証明書の交付を受けていること

　非課税の対象となる資産の譲渡等は、非課税対象認可外保育施設において乳児または幼児を保育する業務として行う資産の譲渡等（保育サービス）に限られます。

　この場合の乳児または幼児を保育する業務として行う資産の譲渡等には、児童福祉法に規定する保育所における保育サービスと同様のサービスが該当します。具体的には、次に掲げる料金等（利用料）を対価とする資産の譲渡等が該当します。

　1. 保育料（延長保育、一時保育、病後児保育に係るものを含む）

2．保育を受けるために必要な予約料、年会費、入園料（入会金・登録料）、
　送迎料

　なお、給食費、おやつ代等通常保育料として領収される料金等については、
これらが保育料とは別の名目で領収されるものであっても、保育に必要不可欠
なものである限りにおいては、上記1、2と同様に取り扱われます。
　一方、例えば、認可外保育施設において施設利用者に対して販売する教材等
の販売代金のほか次の①②のような料金等を対価とする資産の譲渡等は、乳児
または幼児を保育する業務として行われるものに該当しないので、課税となり
ます（国税庁　質疑応答事例「認可外保育施設の利用料」（巻末資料7）参照）。
　①　施設利用者の選択により付加的にサービスを受けるためのクリーニング
　　代、おむつサービス代、スイミングスクール等の習い事の講習料等
　②　バザー収入
「Q6-8　認可外保育所に係るサービスの提供」、「Q6-9　学童保育事業が
受け取る委託料と利用料の判定」もあわせてご参照ください。

4　国、地方公共団体等に対する特例

　NPO法人が、消費税法別表第三に記載されている公益法人等とみなされる
ことによって適用されるいくつかの規定があります。
　①　事業単位の特例
　　国もしくは地方公共団体が一般会計に係る業務として行う事業もしくは特
　別会計に係る業務として行う事業については、それぞれの会計単位ごとに一
　の法人が行う事業とみなして消費税法が適用されます（消法60①）。　ですが、
　この規定はNPO法人には適用がありません。
　　したがって、NPO法第5条第2項に「その他の事業に関する会計は、当
　該特定非営利活動法人の行う特定非営利活動に係る事業に関する会計から区
　分し、特別の会計として経理しなければならない」とありますが、消費税に

第1節　消費税法におけるNPO法人の取扱い　**127**

関する課税単位は法人全体となります。

② 仕入れに係る消費税額の特例

別表第三に掲げる法人等が課税仕入れを行った場合、特定収入割合が5%を超えるときは、消費税法第30条第1項・第2項の規定に基づく課税仕入れ等の税額から特定収入に係る課税仕入れ等の税額を控除する特例計算を行います（消法60④）。詳しくは第2節で述べます。

③ 申告期限の特例

別表第三に掲げる法人等のうち、法令によりその決算を完結する日が会計年度の末日の翌日以後2か月以上経過した日と定められていることその他特別の事情があるもので、納税地の所轄税務署長の承認を受けた場合は、消費税の申告期限を「6か月以内」とすることができます。

ただし、この規定はNPO法人には適用がありません。

第 2 節	特定収入に係る 仕入税額控除の特例

1 特例の考え方

　消費税法では、別表第三に掲げる法人等が課税仕入れを行った場合、課税標準額に対する消費税額から控除することができる課税仕入れ等の税額は、通常の計算に基づく課税仕入れ等の税額から特定収入に係る課税仕入れ等の税額を控除した残額に相当する金額とすると定めています（消法60④）。

　消費税額の計算において仕入税額控除が認められているのは、課税仕入れ等に係る消費税を売上に係る消費税のコスト（対価）と考えているためです。

　NPO法人は市場性を伴わない事業を行うことが多く、その補完として補助金や寄付金を受け取ることが多いのですが、このような対価性のない収入を原資とする課税仕入れ等は消費税額の計算上、課税売上に対応するコストを構成しないとものと考えられています。

　そのため、通常の方法により計算される控除対象仕入税額についてさらに調整計算を行い、対価性のない収入により賄われる課税仕入れ等に係る税額については、控除対象仕入税額から除外します。ただし、この計算は複雑ですので、補助金や寄付金がわずかしかない場合にまで適用することは求められておらず、特定収入割合が5％超の場合に、以下の算式による消費税額の特例計算を行います。

$$\begin{array}{c}\text{納付する}\\\text{消費税額}\end{array} = \begin{array}{c}\text{課税標準額に}\\\text{対する消費税額}\end{array} - \left[\begin{array}{c}\text{特例計算前の課税}\\\text{仕入れ等の税額}^{*1}\end{array} - \begin{array}{c}\text{特定収入に係る課税}\\\text{仕入れ等の税額}^{*2}\end{array}\right]^{*3}$$

＊1　特例計算前の課税仕入れ等の税額とは、消費税法第30条第1項・第2項の規定により計算した課税仕入れ等の税額をいいます。

　　　ただし、適格請求書発行事業者（インボイス発行事業者）以外の者からの課税仕入れについては、原則として仕入税額控除の適用を受けることはできません。

＊2　適格請求書発行事業者以外からの課税仕入れであっても、特定収入に係る課税仕入れ等の税額の調整計算の対象となりますのでご注意ください。

　　　ただし、この場合には一定の調整規定があります（本節**6**「インボイス制度による特定収入に係る仕入税額控除の特例の調整」参照）。

＊3　〔　〕内がマイナスとなる場合には、そのマイナスの金額を課税資産の譲渡等に係る消費税とみなして、課税標準額に対する消費税額に加算をします（消法60⑤）。

2 特例が適用されない場合

以下①〜④の場合には、特定収入に係る仕入税額控除の特例は適用されません。

①　免税事業者の場合

②　簡易課税制度を適用している場合

③　特定収入割合が5％以下である場合

④　適格請求書発行事業者となる小規模事業者に係る税額控除に関する経過措置（2023（令和5）年10月1日〜2026（令和8）年9月30日は2割特例）を適用している場合

$$特定収入割合^* = \frac{特定収入額}{税抜課税売上高＋免税売上高＋非課税売上高＋国外売上高＋特定収入額}$$

＊特定収入割合については、小数点第4位以下の端数を切り上げて記載します。

（注）特定収入割合の計算においては、課税売上割合の計算のときのような売上に係る対価の返還等を売上高から控除する計算及び有価証券の譲渡価額の5％を非課税売上高とする調整計算は行いませんので、注意してください。

130　第3章　NPO法人の消費税

┌─ 要 点 整 理 ─────────────────────────────────────┐

　特定収入割合が5％を超える場合には、「特定収入に係る仕入税額控除の特
例計算」が必要。

　この特例の対象になると、対価性のない収入により賄われる課税仕入れ等に
係る税額については、仕入税額控除額の対象から除外。

　免税事業者や簡易課税制度を選択している事業者、2割特例を適用している
事業者は、この特例計算の対象外。

└──┘

3　特定収入

　特定収入とは、資産の譲渡等の対価以外の収入である寄付金、補助金、助成
金などの収入で、その全部または一部が課税仕入れ等に充当されるものをいい
ます。

　特定収入は、消費税法上「特定収入とは課税仕入れの日の属する課税期間に
おいて資産の譲渡等の対価以外の収入から政令で定める収入を除いたものをい
う」と規定されており（消法60④）、「政令で定める収入」としては、借入金
等、出資金、預金・貯金及び預り金、貸付回収金、返還金及び還付金、法令ま
たは交付要綱等で特定支出（人件費、土地購入代金、利子等の課税仕入れ等以外
の支出）にその使途が特定されている補助金等（以下「特定収入以外の収入」と
いう）があげられています（消令75①一～六）。

　例えば、人件費補助金のように人件費のみに使われることが予定されている
補助金等は、特定収入にはなりません。

　また、消費税法基本通達16-2-1では、補助金・交付金・寄付金・保険金・
損害賠償金等（特定支出のためのみに使用することとされているものを除く）が、
特定収入に該当するものとして列挙されています。

　したがって、特定収入とは、寄付金・補助金等の資産の譲渡等の対価以外の
収入から借入金等のような特定収入に該当しない収入や法令・交付要綱等で特
定支出にその使途が特定されている補助金等を除いた収入、ということができ

第2節　特定収入に係る仕入税額控除の特例　**131**

図表3－2　特定収入の概要

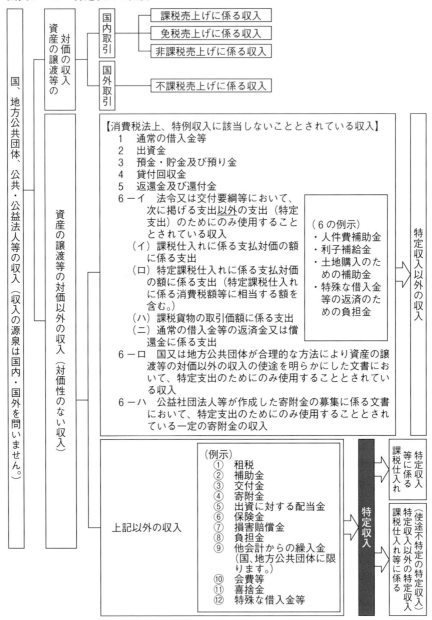

(出所：国税庁「国、地方公共団体や公共・公益法人等と消費税（令和6年6月）」)

ます（**図表3-2**参照）。

4 補助金等の使途

　補助金等の交付を受け、特定収入に該当するか否かの判定をする場合には、その補助金等の使途が重要になります。

　通常、使途の特定は法令や交付要綱等の定めによりますが（消令75①六イ）、この交付要綱等とは、国または地方公共団体等の補助金等を交付する者が作成した文書で、補助金等の使途を定めた補助金等交付要綱、補助金等交付決定書をいい、これらの附属書類である補助金等の積算内訳書や実績報告書を含みます（消基通16-2-2（1））。

5 特例計算のパターン

　簡易課税制度を適用せず、本則課税により消費税の計算を行う場合で、特定収入割合が5％を超えるときには、特定収入に係る課税仕入れ等の税額を仕入税額控除額から除く特例計算による調整を行います。

　調整の仕方は、特例計算前の課税仕入れ等の税額について全額控除を行うケースなのか、一括比例配分方式または個別対応方式を選択するケースなのかにより異なり、特例計算を行う場合には、それぞれにより計算した調整前の課税仕入れ等の税額から特定収入に係る課税仕入れ等の税額を控除した後の金額が仕入控除税額となります。

　＜仕入控除税額の調整がある場合の納付税額＞

納付税額 ＝ その課税期間中の課税標準額に対する消費税額 － ｛調整前（通常の計算による）の仕入控除税額 － その課税期間中の特定収入に係る課税仕入れ等の税額｝

A．課税期間中の課税売上高が5億円以下[*1]、かつ、課税売上割合が95％以上の場合

特定収入に係る課税仕入れ等の税額 ＝ (a)＋(b)

(a)＝ⓐ＋ⓑ

$$ⓐ：\begin{array}{l}\text{特定収入のうち標準税率適用課税仕入れ等}\\\text{にのみ使途が特定されている部分の金額}\end{array} \times \frac{7.8}{110}$$

$$ⓑ：\begin{array}{l}\text{特定収入のうち軽減税率適用課税仕入れ等}\\\text{にのみ使途が特定されている部分の金額}\end{array} \times \frac{6.24}{108}$$

(b)＝｛調整前の仕入控除税額－(a)の金額｝[*2]×調整割合

*1　課税期間が1年に満たない場合には、満たない課税期間における課税売上高をその課税期間の月数で除し、これに12を乗じて年換算した金額（B、Cにおいて同じ）。

*2　(b)の｛　｝がマイナスになる場合の特定収入に係る課税仕入れ等の税額

$$\begin{array}{l}\text{特定収入に係る課税}\\\text{仕入れ等の税額}\end{array}＝(a)の金額－\left(\begin{array}{l}(a)の金額－\begin{array}{l}\text{調整前の仕入}\\\text{控除税額}\end{array}\end{array}\right)×調整割合$$

$$課税売上割合 ＝ \frac{課税売上高（税抜き）＋免税売上高}{課税売上高（税抜き）＋免税売上高＋非課税売上高}$$

課税売上割合については、原則として端数処理を行いません。しかし任意の位での切捨てが認められています（消基通11-5-6）。

$$調整割合 ＝ \frac{使途不特定の特定収入}{\begin{array}{l}課税売上高（税抜き）＋免税売上高＋非課税売上高＋国外売上高\\＋使途不特定の特定収入\end{array}}$$

調整割合については、端数処理を行いません。

B．課税期間中の課税売上高が5億円超または課税売上割合が95％未満の場合（個別対応方式）

特定収入に係る課税仕入れ等の税額 ＝ (c)＋(d)＋(e)

(c)＝ⓒ＋ⓓ

$$ⓒ：\begin{array}{l}\text{特定収入のうち課税資産の譲渡等にのみ要する標準税率適用課}\\\text{税仕入れ等のためにのみ使用することとされている部分の金額}\end{array} \times \frac{7.8}{110}$$

ⓓ：特定収入のうち課税資産の譲渡等のみに要する軽減税率適用課 $\times \dfrac{6.24}{108}$
税仕入れ等のためにのみ使用することとされている部分の金額

(d)＝ⓔ＋ⓕ

ⓔ：特定収入のうち課税資産の譲渡等と非課税資産
の譲渡等に共通して要する標準税率適用課税仕 $\times \dfrac{7.8}{110} \times$ 課税売上割合
入れ等のためにのみ使用することとされている
部分の金額

ⓕ：特定収入のうち課税資産の譲渡等と非課税資産
の譲渡等に共通して要する軽減税率適用課税仕 $\times \dfrac{6.24}{108} \times$ 課税売上割合
入れ等のためにのみ使用することとされている
部分の金額

(e)＝{調整前の仕入控除税額－((c)＋(d))}＊×調整割合

＊ (e)の { } がマイナスになる場合の特定収入に係る課税仕入れ等の税額

$$\text{特定収入に係る課税仕入れ等の税額}＝(c)＋(d)－\left\{((c)＋(d))－\text{調整前の仕入控除税額}\right\}×\text{調整割合}$$

C．課税期間中の課税売上高が５億円超または課税売上割合が95％未満の場合（一括比例配分方式）

特定収入に係る課税仕入れ等の税額＝(f)＋(g)

(f)＝ⓖ＋ⓗ

ⓖ：特定収入のうち標準税率適用課税仕入れ等 $\times \dfrac{7.8}{110} \times$ 課税売上割合
にのみ使途が特定されている部分の金額

ⓗ：特定収入のうち軽減税率適用課税仕入れ等 $\times \dfrac{6.24}{108} \times$ 課税売上割合
にのみ使途が特定されている部分の金額

(g)＝（調整前の仕入控除税額－(f)）×調整割合

＊ (g)の（ ）がマイナスになる場合の特定収入に係る課税仕入れ等の税額

$$\text{特定収入に係る課税仕入れ等の税額}＝(f)\text{の金額}－\left\{(f)\text{の金額}－\text{調整前の仕入控除税額}\right\}×\text{調整割合}$$

6 インボイス制度による特定収入に係る仕入税額控除の特例の調整

　対価性のない会費・寄付金・補助金・助成金などの特定収入の割合が大きい非営利団体では、消費税がかかっていない特定収入を財源とした課税仕入れについて、消費税の計算が著しく有利にならないよう仕入税額控除を制限する調整計算を行う必要があります（本節**1**「特例の考え方」参照）。

　一方、インボイス制度が開始し、適格請求書発行事業者以外からの課税仕入れに関しては、仕入税額控除が制限されています（一定の経過措置があります）。

　よって適格請求書発行事業者以外からの課税仕入れに関しては、特定収入に係る課税仕入れについての仕入税額控除の制限とインボイス制度による仕入税額控除の制限の二重の制限がかかることになってしまいます。そのため二重の制限とならないように、特定収入が下記の要件に該当する場合には、適格請求書発行事業者以外からの課税仕入れについて、仕入控除税額に加算する調整計算を行います（消令75⑧）。

　すべての特定収入が対象となるわけではありませんので、ご注意ください。

(注)　仕入控除税額に加算する調整計算の対象となる場合の特定収入の要件

　　⑴　国等へ使途を報告することとされている文書または国、地方公共団体が合理的な方法により使途を明らかにした文書により、適格請求書発行事業者以外からの課税仕入れに係る支払対価の額の合計額が明らかな場合（消令75⑧）。

　　⑵　課税仕入れ等に係る特定収入により支出された課税仕入れのうち、適格請求書発行事業者以外からの課税仕入れの割合が5％を超える場合（消令75⑨）。

136　　第3章　NPO法人の消費税

第3節 適格請求書等保存方式（インボイス制度）

1 インボイス制度

インボイス制度とは、課税事業者である適格請求書発行事業者から交付されるインボイス（適格請求書または適格簡易請求書）がなければ、取引の相手方は、原則として消費税の仕入税額控除ができないという制度です。

ただし、基準期間における課税売上高が1億円以下または特定期間における課税売上高が5,000万円以下である事業者については、2023（令和5）年10月1日から2029（令和11）年9月30日までの期間、1万円未満の課税仕入れについて、インボイスがなくても仕入税額控除ができることになっています（平成28年改正消法附則53の2、平成30年改正消令附則24の2①）。

2 インボイス発行事業者の登録

インボイスを交付するためには、インボイス発行事業者の登録を行う必要があり、インボイス発行事業者になるためには、消費税の課税事業者となる必要があります。そのため免税事業者が登録申請を行うためには、原則として「消費税課税事業者選択届出書」を提出し、登録申請手続を行うことになります。

ただし、登録日が2023（令和5）年10月1日から2029（令和11）年9月30日までの日の属する課税期間中である場合には、経過措置により「消費税課税事業者選択届出書」を提出することなく登録申請手続を行うことが可能であり、

第3節　適格請求書等保存方式（インボイス制度）　*137*

登録日から課税事業者となります（平成28年改正消法附則44④、インボイス通達*5-1）。

> *「消費税の仕入税額控除制度における適格請求書等保存方式に関する取扱通達の制定について（法令解釈通達）」

3 インボイスの記載事項と具体例

インボイスには適格請求書と、それよりも記載事項が少ない簡易なインボイスである適格簡易請求書（消法57の4②）の2種類があります。

適格簡易請求書は不特定かつ多数の者を対象とした取引について交付することができ、交付できる事業が限定されています（消令70の11）。

なお、インボイスは実際の名称は問わず、レシート・領収書・納品書等であっても次の記載事項を満たしていればインボイスとなります（右の適格簡易請求書については、左の適格請求書⑥の記載を省略できます）。

［1］ インボイスの記載事項

＜適格請求書＞	＜適格簡易請求書＞
① 適格請求書発行事業者の氏名または名称及び登録番号 ② 取引年月日 ③ 取引内容（軽減税率の対象品目である旨） ④ 税率ごとに区分して合計した対価の額（税抜きまたは税込み）及び適用税率 ⑤ 税率ごとに区分した消費税額等* ⑥ 書類の交付を受ける事業者の氏名または名称	① 適格請求書発行事業者の氏名または名称及び登録番号 ② 取引年月日 ③ 取引内容（軽減税率の対象品目である旨） ④ 税率ごとに区分して合計した対価の額（税抜き又は税込み） ⑤ 税率ごとに区分した消費税額等*または適用税率

> *⑤の「税率ごとに区分した消費税額等」の端数処理は、一の適格請求書につき、税率ごとに1回ずつとなっています。
> （出：国税庁ホームページ「適格請求書等保存方式の概要—インボイス制度の理解のために」令和5年7月）

138　第3章　NPO法人の消費税

[2] インボイスの具体例

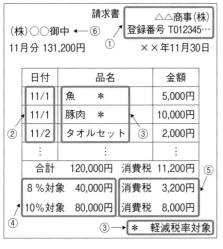

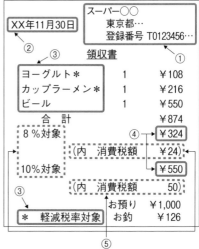

適用税率または消費税額等のどちらかを記載
＊両方記載することも可能

(出所：国税庁ホームページ「適格請求書等保存方式の概要―インボイス制度の理解のために」令和5年7月)

コラム

免税事業者も発行事業者になったほうがいいの？

「インボイスがないと仕入税額控除ができなくなるので、登録してもらえないか。」
　取引先からこのような指摘を受けたのですが、発行事業者になったほうがいいですか？　という質問が多くあります。
　このような悩みは、免税事業者が多いNPO法人だけの問題ではなく、個人事業主である声優や個人タクシー事業主にも大きな影響があるとの報道もされてきました。
　実際には、取引先のインボイスがないと、まったく仕入税額控除ができなくなるわけではなく、従来の請求書でも取引先が帳簿等の記載条件を満たすことによ

り、以下の期間それぞれの割合で仕入税額控除（取引先の納付消費税が計算上少なくなること）ができる経過措置が設けられています。

期　　間	控除できる割合
2023（令和 5 ）年 10 月 1 日から 2026（令和 8 ）年 9 月 30 日まで	仕入税額相当額の 80%
2026（令和 8 ）年 10 月 1 日から 2029（令和 11）年 9 月 30 日まで	仕入税額相当額の 50%

　冒頭の取引先の指摘については、インボイスがないと、"全額の仕入税額控除ができない" または "いずれ仕入税額控除ができなくなる" という表現が正しいのです。

　さらに、取引先がインボイス発行のため、①課税事業者にならなければ、取引価格を引き下げるとか、②それにも応じなければ取引を打ち切ることにするなどと、一方的に通告することは、独占禁止法上または下請法上、問題となるおそれがあります。とされています（公正取引委員会ほか「免税事業者及びその取引先のインボイス制度への対応に関する Q&A」令和 4 年 3 月 8 日）（傍点は筆者）。

　そこで、取引先が当面仕入税額控除できなくなる消費税の 20% 部分の負担について、話し合いを行った結果、発行事業者になることが避けられたこともありました。

　インボイスの発行事業者になることは、消費税の課税事業者になることを意味し、そのことでインボイスを必要としない一般消費者への課税取引分についても消費税の納税義務を負うことになります。

　法人の取引全体への影響も考慮し、その選択には慎重な判断が必要です。

第 **4** 節　実務 Q&A
―消費税の具体的取扱い

Q　3－1　受取会費

　当 NPO 法人は、子どもとその親が会員となって組織された演劇等の鑑賞団体です。会員からの受取会費を原資として、数か月ごとに催す人形劇や演劇の公演に係る公演料や会場費・宣伝費等の支払いをしています。また、その受取会費の中から団体事務所の家賃や専従職員の給与を支払っています。
　このような会費に、消費税はかかるのでしょうか？

A　受取会費であっても、公演の入場料に対応する部分は課税売上と考えます。

⊙ 解　説 ―――――――――――――――――――――――――――――

　貴団体の受取会費は、団体を運営するための会費部分と、人形劇等の鑑賞のための会費部分とに分けて考えることができます。後者は、会員に限定された入場券の売買と経済的には変わりありません。

　名目が会費とされている場合であっても、それが実質的に出版物の購読料、映画・演劇等の入場料、職員研修の受講料または施設の利用料等と認められるときは、その会費等は資産の譲渡等の対価に該当しますので、会費という名目であっても公演の入場料に対応する部分は課税売上と考えます。しかし両者が明確に区分されていない場合は、受取会費全額が課税売上として扱われることになりますので、リーフレット等で鑑賞会費、運営維持会費と区分して明示する必要があります。

第 4 節　実務 Q&A―消費税の具体的取扱い　*141*

資金調達の方法として寄付を重視する NPO 法人が増えていく中で、ファンドレイジングの手法もさまざまな工夫がされています。会員の入会や寄付の継続を促す仕組みとして、会員や寄付者に何らかの特典（サービス）を付与しているケースも多く、消費税の取扱いについては慎重に判定する必要があります。

■関係法令等…消基通5−5−3（注）2

Q 3−2 特定収入の特例計算の計算例

　課税売上割合が 95% 未満で、特定収入の特例計算が必要な場合の控除対象仕入税額について、教えてください。

A 以下の事例により算定してみましょう。

⊙ 解　説

1 事例

① 課税売上げ（税抜き）　　　　　　　　　　　　　248,000,000 円

② 非課税売上げ　　　　　　　　　　　　　　　　　103,000,000 円

③ 特定収入

・課税売上げにのみ要する課税仕入れにあてられる特定収入

　　　　　　　　　　　　　　　　　　　　　　　　40,000,000 円

・課税売上げと非課税売上げに共通して要する課税仕入れにあてられる

　特定収入　　　　　　　　　　　　　　　　　　　30,000,000 円

・使途不特定の特定収入　　　　　　　　　　　　　13,000,000 円

④ 特定収入以外の収入　　　　　　　　　　　　　　10,000,000 円

⑤ 課税仕入れ

・課税売上げのみに要する課税仕入れ　　　　　　101,000,000 円

・課税売上げと非課税売上げに共通して要する課税仕入れ　60,000,000 円

・非課税売上げにのみ要する課税仕入れ　　　　　　9,000,000 円

142　　第3章　NPO法人の消費税

⑥ 課税売上げ、課税仕入れともに標準税率（10%）*のみ

　＊食料品等には 8 ％の軽減税率が適用されますが、計算の便宜上、標準税率のみとします。また、インボイス発行事業者以外の者からの課税仕入れにあてられた特定収入はないものとします。

2 計算（単位：円）

(1) 課税売上割合

$$\frac{248,000,000}{248,000,000+103,000,000} = \frac{248,000,000}{351,000,000} \ （A）=70.65\%＜95\%$$

(2) 特定収入割合

$$\frac{83,000,000^*}{248,000,000+103,000,000+83,000,000^*} = \frac{83,000,000}{434,000,000}$$

$$=19.2\%（小数点第 4 位以下切上げ）＞ 5 \%$$

　＊特定収入の合計額：40,000,000＋30,000,000＋13,000,000＝83,000,000

　特定収入割合が5%超で、課税売上割合が95%未満となるため、個別対応方式または一括比例配分方式による課税仕入れ等に係る消費税額計算及び特定収入に係る消費税の特例計算を行います。

(3) 個別対応方式による計算

① 特例計算前の課税仕入れ等に係る消費税額

$$101,000,000×\frac{7.8}{110}+60,000,000×\frac{7.8}{110}×A＝10,167,654$$

② 特定収入に係る課税仕入れ等の税額

　イ．課税売上げにのみ要する課税仕入れ等に使途が特定されている特定収入に係る税額

$$40,000,000×\frac{7.8}{110}＝2,836,363$$

　ロ．課税売上げと非課税売上げに共通して要する課税仕入れ等に特定されている特定収入に係る税額

第 4 節　実務 Q&A―消費税の具体的取扱い　143

$$30,000,000 \times \frac{7.8}{110} \times A = 1,502,918$$

ハ．使途不特定の特定収入に係る税額

$$\{① - (②のイ + ロ)\} \times B = 208,156$$

$$調整割合 = \frac{13,000,000}{248,000,000 + 103,000,000 + 13,000,000} = \frac{13,000,000}{364,000,000} \ （B）$$

ニ．特定収入に係る課税仕入れ等の税額（調整税額）

$$イ + ロ + ハ = 4,547,437 \ 円$$

③ 控除対象仕入税額

$$① - ②ニ = 5,620,217$$

（4）一括比例配分方式による計算

① 特例計算前の課税仕入れ等に係る消費税額

$$\{101,000,000 + 60,000,000 + 9,000,000 \ （= 170,000,000）\} \times \frac{7.8}{110} \times A$$
$$= 8,516,536$$

② 特定収入に係る課税仕入れ等の税額

イ．課税仕入れ等のみに使用される特定収入の税額

$$\{40,000,000 + 30,000,000 \ （= 70,000,000）\} \times \frac{7.8}{110} \times A = 3,506,809$$

ロ．使途不特定の特定収入に係る税額

$$（① - ②イ）\times B = 178,918 \ 円$$

ハ．特定収入に係る課税仕入れ等の税額（調整税額）

$$イ + ロ = 3,685,727 \ 円$$

③ 控除対象仕入税額

$$① - ②ハ = 4,830,809 \ 円$$

（5）（3）＞（4）　よって、個別対応方式が有利。

Q 3−3 受取補助金等の使途―通勤費

当NPO法人では、先頃、県より補助金の交付を受けました。その使途については、交付要綱で人件費にあてる旨が明記されており、それに従い職員の給料及び通勤費として支払っています。

消費税の計算において、これらはどのような取扱いになるか教えてください。

A 補助金のうち通勤費の金額については、「特定収入」に該当するため、課税仕入れ等の税額から控除する特定収入に係る課税仕入れ等の税額の計算の対象となります。通勤費以外の金額については、特定収入に該当しないものとして取り扱ってかまいません。

⊙ 解 説

補助金等の使途が特定されているかどうかは、法令または補助金等を交付する者が作成する交付要綱等の定めによりますが、この交付要綱等には、補助金交付要綱等の附属書類である補助金等の積算内訳書や実績報告書も含まれることとされています。

給料として支払った金額と、通勤費として支払った金額を合理的な方法により区分して実績報告書等において明らかにしている場合には、給料として支払った金額に係る補助金は、特定支出のためのみに使用するものとなりますので、特定収入以外の収入として扱ってかまいません。

これに対し、課税仕入れである通勤費の支払いのために使われる補助金については、特定収入に該当するものとして、課税仕入れ等の税額から控除する特定収入に係る課税仕入れ等の税額の計算の対象となります。

■関係法令等…消令75①六イ、消基通16−2−2

第4節 実務Q&A―消費税の具体的取扱い **145**

Q 3−4 受取補助金等の使途―自治体の決算承認

当NPO法人には、自治体からの受取補助金があります。
この受取補助金は、毎月通園する乳幼児の実数を自治体に報告し、それに見合ったものが運営補助金として翌月末までに交付されます。しかし、この補助金の交付要綱には補助金の使途が記されていません。そこで自治体へは決算書を実績報告書として提出し、自治体の決算承認をもらい、その写しと決算書を確定申告書に添付して税務署長に提出しています。
この自治体の決算承認の写しと決算書で、補助金の使途を明らかにする書類とすることは可能でしょうか？

A 可能です。

解　説

　法令または交付要綱等により補助金等の使途が明らかにされている場合には、その受取補助金等の使途が特定されているものと考えます。この場合の交付要綱等には、補助金等を交付する者が作成した補助金等交付要綱、補助金等交付決定書のほか、これらの附属書類である補助金等の積算内訳書、実績報告書が含まれます。

　また要綱等とは別に、国または地方公共団体が合理的な方法により補助金等の使途を明らかにした文書には、法人が提出した決算書もしくは決算関係書類等にかかる自治体の決算承認の写しも含まれると解されます。

　したがって、その補助金のうち決算書において人件費として計上された金額に相当する部分は、消費税法施行令第75条第1項第6号ロの特定支出にのみ対応する収入と考えます。

■関係法令等…消基通16−2−2(2)ロ

Q 3—5 特定収入等の帳簿記載事項

　消費税法では、課税事業者に帳簿の備え付け・記録・保存を義務づけていますが、NPO法人が寄付金や会費を受けた場合には、どのような事項を帳簿に記録しなければならないか教えてください。

A 寄付金や会費のような特定収入及び特定収入以外の収入（特定収入等）を受けた場合には、通常の資産の譲渡等に関して記載すべき事項に加え、特定収入等に関する事項もあわせて記載しなければなりません。

⊙ 解　説

　課税事業者は、資産の譲渡等または課税仕入れ等もしくは課税貨物の保税地域からの引取りを行った場合には、帳簿を備え付け、その行った取引に関連する以下1〜4の事項を整然とかつ明瞭に記載し、この帳簿を閉鎖の日の属する課税期間の末日から2か月を経過した日から7年間、納税地等において保存しなければなりません。

＜記載すべき事項＞

1．取引の相手方の氏名または名称
2．取引年月日
3．取引の内容（軽減税率の対象品目である旨）
4．税率の異なるごとに区分した取引金額

　NPO法人において特定収入等を受けた場合には、上記に加え、さらに以下5〜9の事項をあわせて記載する必要があります。

5．特定収入等に係る相手方の氏名または名称
6．特定収入等を受けた年月日
7．特定収入等の内容
8．特定収入等の金額
9．特定収入等の使途

第4節　実務Q&A―消費税の具体的取扱い　*147*

なお、特定収入等に係る相手方が不特定多数の場合には、特定収入等の相手方の氏名または名称の記録を省略することができます。

■関係法令等…消法 58、消令 77、消規 31

Q 3−6　特定収入の調整割合が著しく変動した場合

　先頃、ある方から多額の寄付をいただきました。この寄付金については使途が特定されておらず、経費全般に使用する予定です。ただし前期に比べ特定収入の割合が大きくなるため、今期の消費税額への影響が懸念されます。
　このような場合、何か特別の計算がありますか？

A 課税仕入税額等から控除される 「特定収入に係る課税仕入れ等の税額」を計算するにあたって、課税期間の特定収入の調整割合が著しく変動した場合には、一定の調整計算を行います。

⊙ 解　説

　特定収入に係る課税仕入れ等の税額を計算するにあたり、その課税期間における特定収入の調整割合が、その課税期間における通算調整割合に比べ20％以上増減した場合には、特定収入に係る消費税額について次の①〜③のような調整を行います。ただし、過去2年間にこの調整を行っている場合を除きます。
　通算調整割合は、次のように計算します。

$$\frac{\text{通算課税期間}^*\text{における使途不特定の特定収入の合計額}}{\text{通算課税期間における〔課税売上高(税抜き)＋非課税売上高＋免税売上高＋国外売上高＋使途不特定の特定収入〕の合計額}}$$

＊通算課税期間とは、その課税期間の初日の2年前の前日の属する課税期間からその課税期間までの各課税期間、つまりその課税期間を含む3年間の各課税期間をいいます。

A．通算課税期間における各課税期間について、各課税期間の特定収入の調整割合を用いて計算した特例計算による特定収入に係る課税仕入れ等の税額の合計

148　第3章　NPO法人の消費税

額

B．通算課税期間における各課税期間について、特例計算による特定収入の調整割合に代えて、通算調整割合を用いて計算した各課税期間の特定収入に係る課税仕入れ等の税額の合計額

C．その課税期間の特例計算により計算した特定収入に係る課税仕入れ等の税額

① A＞B の場合の調整：C－（A－B）

② A＜B の場合の調整：C＋（B－A）

③ A＝B の場合：調整なし

■関係法令等…消令 75 ⑤⑥

Q 3－7 免税事業者がインボイスの発行事業者になる場合

当 NPO 法人は、民間企業と継続的な請負契約書を締結し、事業の受託をしています。現在は免税事業者ですが、取引の関係上、適格請求書発行事業者（インボイス発行事業者）になることを検討しています。

免税事業者がインボイスの発行事業者になる場合について教えてください。

A 免税事業者がインボイスの発行事業者になる場合には、発行事業者の登録が必要であり、そのためには消費税の課税事業者となることが必要になります。登録日が 2023（令和5）年 10 月 1 日から 2029（令和 11）年 9 月 30 日までの日の属する課税期間中である場合には、経過措置の適用があります。

⊙ **解　説**

NPO 法人の中には、民間企業と請負契約を結び、継続的に事業を受託している法人も多々あると思います。契約の相手方である民間企業が簡易課税の適用事業者、免税事業者、2 割特例の適用事業者であれば、インボイスの発行は不要となりますが、相手方が消費税の原則課税の適用事業者の場合には、インボイスの発行事業者になるという選択肢も出てきます。

第 4 節　実務 Q&A―消費税の具体的取扱い　**149**

また、免税事業者がインボイス発行事業者になるために課税事業者となっている場合には、小規模事業者の消費税負担を軽減するため、消費税の納税額を売上に係る消費税額の2割とする経過措置（いわゆる2割特例）が設けられています。

この2割特例は、事前の届出は不要であり、申告書にその旨を付記すればよく、簡易課税のような2年間継続適用の縛りはありません。よって課税期間ごとに申告時に選択することが可能となります。

なお、2割特例の適用を受けていたインボイス発行事業者が、2割特例が終了した翌課税期間から簡易課税を選択する場合には、翌課税期間中に簡易課税の適用を受ける旨の届出書を納税地の所轄税務署長に提出すれば、その提出した日の属する課税期間から簡易課税を適用することができます。

■関係法令等…平成28年改正消法附則51の2①、③、⑥

Q 3−8 インボイスの交付義務

> 物品販売及び事務所等の賃貸を行っているNPO法人です。今後、空き事務所等を利用し、各種のセミナーを開催していきたいとを考えています。2023（令和5）年10月1日よりインボイス制度が開始していますが、セミナーを開催する場合のインボイスの交付について教えてください。なお当NPO法人は、消費税の課税事業者に該当しています。

A インボイスは、消費税の課税事業者からその交付を求められた場合に、交付が必要となってきますが、明らかに一般消費者を対象としたセミナー等においてはインボイスの交付義務はありません。

⊙ 解 説 ─────────────

ご質問のNPO法人は、これから各種のセミナーの開催を考えているとのことですが、セミナーの参加費は会費という名目で徴収しても、実質的にセミナーに参加するための対価であり、消費税の課税取引となります。

150 第3章 NPO法人の消費税

課税取引であるため、基本的にはインボイスを交付することになりますが、インボイスの交付義務は、課税事業者から交付を求められたときに発生するものであり、一般消費者や免税事業者が相手方である場合には、インボイスの交付義務はありません。

　また不特定多数の者を対象としたセミナーや講習会については、適格簡易請求書の交付ができ、明らかに一般消費者を対象としている場合には、インボイス自体の交付義務がないため、従来どおりの領収書のみを交付しても差し支えありません。

■関係法令等…消法 57 の 4 ①

<参考文献>
・国税庁「国、地方公共団体や公共・公益法人等と消費税（令和 6 年 6 月）」2023 年
・国税庁ホームページ「質疑応答事例　消費税」
・岡部正義『公益法人・一般法人・NPO 法人等におけるインボイス制度の実務 Q&A』清文社、2023 年

第 4 章

NPO法人の法人税
（収益事業課税）

この章のポイント

　NPO法人は法人税法上公益法人等とみなされ、収益事業を行っている場合にのみ課税されます。この収益事業の法律上の規定は非常に曖昧で、収益事業の判断基準については税理士、公認会計士などの間でも様々な意見があります。

　この章では判断基準が難しい収益事業について、以下4つのテーマを取り上げ、第5節で判断基準を示しました。

① 収益事業たる「事業」の性質（収益性など）や規模（継続性や事業場を有すること）をどう考えるか

② 34業種の中の「請負業」の範囲をどこまで広げるか

③ 請負業以外の33業種の中で請負としての性格を持つ事業があるときにどう考えるか

④ 指定管理者制度を34業種の中でどう捉えるか

　なお、福祉サービス事業における収益事業課税の諸問題については、「第6章　福祉サービス事業の税務と会計」にまとめて解説していますので、そちらをご参照ください。

■内容

第1節　NPO法人の法人税の取扱い等
　　　　　　法人税法上のNPO法人の位置づけ

第2節　法人税法の収益事業の対象となる事業
　　　　　　NPO法人の事業と収益事業との関連性／収益事業の課税要件

第3節　法人税法の収益事業の対象とならない事業
　　　　　　無償の事業や非課税となる事業

第4節　NPO法人に特有の会費や補助金等の取扱い
　　　　　　法人税法における会費や補助金等の考え方

第5節　収益事業の判定にあたっての判断基準

第6節　実務Q&A—法人税の具体的取扱い

第 1 節	NPO法人の法人税の取扱い等

1 NPO法人の法人税の取扱い

　法人税法には「内国法人は、この法律により、法人税を納める義務がある。ただし、公益法人等又は人格のない社団等については、収益事業を行う場合（中略）に限る。」（法法4①）と規定されていますが、NPO法人は、法人税法上、どのように位置づけられているのでしょうか。

　法人税法の定義規定では、「公益法人等　別表第二に掲げる法人をいう。」（法法2六）と定められていますが、実はNPO法人は、この別表第二の法人に掲げられていません。

　しかし、NPO法に「特定非営利活動法人は、法人税法その他法人税に関する法令の規定の適用については、同法第2条第6号に規定する公益法人等とみなす。」（NPO法70①）と規定されていることから、NPO法人は、法人税法別表第二に掲げられた公益法人等としての取扱いを受けることになります。

2 法人税法別表第二の公益法人等とNPO法人

　別表第二の公益法人等には、その公益性から法人税の恩典が与えられていますが、NPO法人は、NPO法で一部の特例が準用されていないため、営利法人と同じ取扱いになっているものもあります（**図表4-1、4-2参照**）。

図表4－1　特例適用表（法人税法及び租税特別措置法）

内　容	別表二 （公益法人等）	NPO 法人	
		一般の NPO 法人	認定 NPO 法人
収益事業課税	適用あり*	適用あり	適用あり
軽減税率	一部適用あり	適用なし	適用なし
みなし寄附金	適用あり	適用なし	適用あり
寄附税制	特例あり	特例なし	特例あり
損益計算書等の提出	年間収入8,000万円超	年間収入8,000万円超	年間収入8,000万円超

＊公益社団（財団）法人のうち、公益目的事業は非課税（法令5②一）。

3 収益事業課税

　NPO 法人は、法人税法別表第二に掲げられた公益法人等とみなされ、収益事業を行う場合にのみ法人税が課税されます。

　法人税が課税される収益事業は、「販売業、製造業その他の政令で定める事業で、継続して事業場を設けて行われるものをいう。」（法法２十三）と定義されています。

　この課税対象となる収益事業（34業種）は、次のとおりです（法令5）。

1．物品販売業　2．不動産販売業　3．金銭貸付業　4．物品貸付業

5．不動産貸付業　6．製造業　7．通信業　8．運送業　9．倉庫業

10．請負業　11．印刷業　12．出版業　13．写真業　14．席貸業　15．旅館業

16．料理店業その他の飲食店業　17．周旋業　18．代理業　19．仲立業

20．問屋業　21．鉱業　22．土石採取業　23．浴場業　24．理容業　25．美容業

26．興行業　27．遊技所業　28．遊覧所業　29．医療保健業　30．技芸教授業

31．駐車場業　32．信用保証業　33．無体財産権の提供等を行う事業

34．労働者派遣業

---

4 法人税率の適用区分

　法人税法別表第二に掲げられた公益法人等の基本税率は、公益社団（財団）法人、一般社団（財団）法人の非営利型法人が 23.2%、学校法人、社会福祉法人、宗教法人などが 19% となっています。

　一方、NPO 法人は、営利法人と同じ税率が適用され、その基本税率は 23.2%です。

　なお、2012（平成24）年 4 月 1 日～2025（令和7）年 3 月 31 日開始事業年度の年 800 万円以下の所得金額分については、15% の軽減措置が講じられていますので、別表第二の公益法人等と NPO 法人は、同じ税率が適用されることになります（措法 42 の 3 の 2）。

5 みなし寄附金の適用

　法人税法別表第二に掲げられた公益法人等のうち、公益社団（財団）法人は自ら公益目的事業に支出した金額などが、また、その他の公益法人等は収益事業以外の事業に支出した金額などが、みなし寄附金として認められます。

　しかし、NPO 法人は認定 NPO 法人にならない限り、みなし寄附金の適用は認められていません。

6 寄附税制の特例

　公益法人等に対する寄付を促進するために、法人税法別表第二に掲げられた公益法人等に対する寄付をした場合には、寄附金控除等の対象となる寄付金の範囲や損金算入限度額計算について、特例が認められています。

　しかし、NPO 法人は、認定 NPO 法人にならない限り、寄附税制の特例の適用はありません。

第1節　NPO 法人の法人税の取扱い等　*157*

7 損益計算書等の提出

「公益法人等の損益計算書等提出制度」は、収益事業に該当する事業を行っているにもかかわらず、法人税等の確定申告書を提出していない法人を把握するために、設けられた制度です。

提出対象法人は、法人税法別表第二に掲げられた公益法人等と法人税法以外の法律によって、公益法人等とみなされる法人を基本としており、NPO法人も含まれています。

ただし、法人税の確定申告書を提出しているNPO法人及び年間の収入金額の合計額が、8,000万円以下のNPO法人は除かれます。

8 預貯金の利子等の所得税

預貯金の利子等の所得税については、所得税法に「別表第一に掲げる内国法人が支払を受ける第174条各号（内国法人に係る所得税の課税標準）に掲げる利子等、配当等、給付補てん金、利息、利金、差益及び利益の分配（中略）については、所得税を課さない。」（所法11）と規定されています。

しかし、NPO法人は、別表第一に掲げられていないので、営利法人と同じく、受け取る利子や配当などに源泉所得税が課税されます。

図表4－2　特例適用表（所得税法）

内　容	別表一 （公共法人等）	NPO法人	
		一般のNPO法人	認定NPO法人
利子等の非課税	適用あり	適用なし	適用なし

┌─ **要 点 整 理** ─────────────────────────┐

NPO法人は、法人税法上、別表第二の公益法人等としての取扱いを受けるが、すべての特例が適用されるわけではない。

└────────────────────────────────┘

第2節 法人税法の収益事業の対象となる事業

1 NPO法人の事業と収益事業との関連性

　NPO法人が行う事業には、NPO法に規定された20の活動（第1章第2節**5**（「特定非営利活動」とは）参照）と、その20の活動に支障がない場合に限り行うことができる特定非営利活動に係る事業以外の活動（＝その他の事業）があります。

　また、前述したとおり、法人税が課税されるのは、法人税法施行令に規定された34の収益事業です。

　NPO法上の2つの事業と法人税法上の収益事業は、それぞれの法律の目的に従って定義されているので、これらの事業には、まったく関連性がありません。

　したがって、特定非営利活動に係る事業であっても、収益事業に該当すれば法人税が課税されますし、その他の事業であっても、収益事業でなければ法人税は課税されないということになります（法基通15−1−1）。

（公益法人等の本来の事業が収益事業に該当する場合）

15−1−1　公益法人等（人格のない社団等を含む。以下15−1−8を除き、この節において同じ。）が令第5条第1項各号《収益事業の範囲》に掲げる事業のいずれかに該当する事業を行う場合には、たとえその行う事業が当該公益法人等の本来の目的たる事業であるときであっても、当該事業から生ずる所得については法人税が課されることに留意する。

第2節　法人税法の収益事業の対象となる事業　*159*

要点整理

＜特定非営利活動に係る事業と収益事業との関連性＞

		NPO法人の事業	
		特定非営利活動に係る事業	その他の事業
法人税法上の事業	収益事業	課税	課税
	収益事業以外の事業	課税されない	課税されない

2 収益事業の課税要件

法人税が課税される収益事業は、「販売業、製造業その他の政令で定める事業で、継続して事業場を設けて行われるものをいう。」（法法2十三）と定義されています。

したがって、NPO法人の活動が収益事業に該当するかどうかの要件は、以下になります。

① 収益事業課税の対象となる34の事業としての性質を有すること（事業としての性質＋34の特掲業種＝事業要件）

② 継続して行われる規模であること（規模要件①）

③ 事業場を設けて行われる規模であること（規模要件②）

[1]「販売業、製造業その他の政令で定める事業」の意義

NPO法人は、法人税法別表第二に掲げられた公益法人等とみなされ（NPO法70）、物品販売業をはじめとする34業種の収益事業を行う場合にのみ、法人税が課税されます（法令5）。

公益法人等は、その名が示すとおり、公益を目的としているため、戦前は公益事業、収益事業ともに、法人税が課されることはありませんでしたが、戦後において、基本的には同一事業を営む営利法人と競合関係にある事業は、課税の公平の維持などの観点から課税すべきであるという税法固有の判断基準によ

160 第4章 NPO法人の法人税（収益事業課税）

り収益事業課税が行われることになりました。

　そのためこの政令で定められた34業種は、限定列挙であり、租税法律主義の観点から、むやみに解釈を拡げることはできません。

　したがって、当初から無償で行う活動や採算を度外視した価格設定により経常的に赤字が見込まれる活動など、明らかに経済合理性のない活動は、営利法人と競合する関係になく、収益事業の範囲が拡がることは必ずしも法令の予定するところではないため、収益事業たる事業には該当せず、収益事業の課税要件から外れて当然と考えます。

　この考え方は、本書の編著者である認定NPO法人 NPO会計税務専門家ネットワークの初代理事長であった赤塚和俊（公認会計士・税理士）も「採算を度外視する事業は、収益事業ではない。」と指摘していました（『ここから始めるNPO会計・税務』ぎょうせい）。

　また、武田昌輔著『〔新訂版〕詳解　公益法人課税』（全国公益法人協会）には、収益事業となる要件として、①収益性、②人的・物的設備、③反復継続性、④政令による限定を掲げ、その〔収益性〕の中で「まず第一は、収益性が考慮されていること。したがって、収益が上がることが目的であるから、当初からそのような計画がなされていることである。」としています。

　収益事業に該当するか否かの判定にあたって、法人税法や法人税基本通達には、収益事業たる事業そのものの定義や解釈通達が存在しないので、商法の商人や商行為、所得税法の事業所得の概念及び収益事業課税の基礎となった旧営業税法（現在の事業税）の考え方などを総合的に判断して、事業としての性質があるかないかという判定を行い、もし、それが事業にあたる場合には、掲名された34の業種に該当するか否かという判定を行うべきと考えます。

<参考：所得税法の事業所得に関する判決>

（東京地方裁判所　昭和48年7月18日判決）
　「所得税法第27条第1項には、事業所得とは農業、製造業、卸売業、小売業、サービス業、その他の事業が同法施行令第63条に定めるものから生じる所得を

いうとされているが、いわゆる事業にあたるかどうかは、結局、社会通念によって決めるほかないが、これを決めるにあたっては、営利性・有償性の有無、継続性、反復性の有無、自己の危険と計算における企画遂行性の有無、その取引に費やした精神的あるいは肉体的労力の程度、人的・物的設備の有無、その取引の目的、その者の職歴・社会的地位・生活状況などの諸点が検討されるべきである」

（出所：国税庁「税務訴訟資料」第70号）

［２］「継続して行われるもの」の意義

　この規定は、営利法人と競合関係が成立する程度の規模を有する事業については、課税上の弊害を放置できないため課税するが、そうでないものについては、原則に戻って課税しないという考え方によるものです。

　「継続して行われるもの」とは、「各事業年度の全期間を通じて継続して事業活動を行うもの」と定められています（法基通15−1−5）。

　したがって、NPO法人が、事業性のある34業種の活動を、事業場を設けて行っていても、単発で継続性のないものは、収益事業課税されません。

　ただし、次の**3**で述べるような収益事業の付随行為に該当する場合は、単発のものでも収益事業に含まれますので注意してください。

　また、この通達には、事業活動が比較的短期間で終わるものであっても、**図表４−３**のような活動は、継続して行われる事業に該当するとしています。

図表４−３　継続して行われる事業

事業内容	具体例
通常一の事業計画に基づく事業の遂行に相当期間を要するもの	土地の造成及び分譲、全集または事典の出版等
通常相当期間にわたって継続して行われるものまたは定期的に、もしくは不定期に反復して行われるもの	海水浴場における席貸し等または縁日における物品販売

162　第４章　NPO法人の法人税（収益事業課税）

［3］「事業場を設けて行われるもの」の意義

　この規定も、営利法人と競合関係が成立する程度の規模を有する事業については、課税上の弊害を放置できないので、課税すべきとしたものです。

　「事業場を設けて行われるもの」とは、「常時店舗、事務所等事業活動の拠点となる一定の場所を設けてその事業を行うもののほか、必要に応じて随時その事業活動のための場所を設け、又は既存の施設を利用してその事業活動を行うものが含まれる。」と定められています（法基通15-1-4）。

　したがって、移動販売、移動演劇興行等のようにその事業活動を行う場所が転々と移動するものであっても、「事業場を設けて行われるもの」に該当するとしています。

　実務上、NPO法人の活動が継続して行われている限り、事業場は設けられている、という取扱いが原則になると思われます。

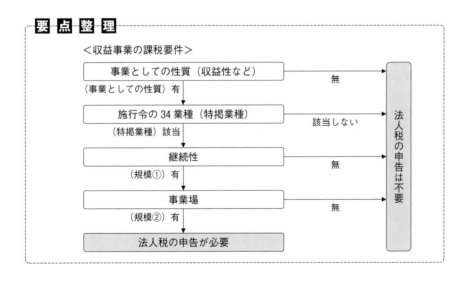

3 付随行為

法人税法施行令第5条（収益事業の範囲）には、収益事業の課税対象となる34業種が掲げられていますが、その条文のかっこ書きでは「その性質上その事業に付随して行われる行為を含む。」と規定しています。

この付随行為は、「例えば次に掲げる行為のように、通常その収益事業に係る事業活動の一環として、又はこれに関連して行われる行為をいう。」と定められています（法基通15-1-6、**図表4-4**参照）。

図表4-4　付随行為の内容

業　種	付随行為の内容
出版業	出版に係る業務に関係する講演会の開催 出版物に掲載する広告の引受け
技芸教授業	技芸の教授に係る教科書その他これに類する教材の販売及びバザーの開催
旅館業または料理店業その他の飲食店業	旅館等において行う会議等のための席貸し
興行業	放送会社に対しその興行に係る催し物の放送をすることを許諾する行為
運用益	収益事業から生じた所得を預金、有価証券等に運用する行為
売却益	収益事業に属する固定資産等を処分する行為（事業廃止の場合や相当期間所有していたものを除く）

なお、この付随行為の例示から、講演会の開催や広告の引受けは、付随行為に該当しなければ、請負業として単独で課税されることはないと考えることができます。

164　第4章　NPO法人の法人税（収益事業課税）

第3節 法人税法の収益事業の対象とならない事業

1 無償の事業

NPO法人は、特定非営利活動を行うことにより、不特定かつ多数のものの利益の増進に寄与することを目的としていることから、NPO法人の活動が無償で行われることもあります。

この無償で行う活動は、事業による収益を得ていないので、営利法人と競合関係になく、収益事業たる事業には、該当しません。

この考え方は、法人税基本通達15−2−9（低廉譲渡等）において、本来の目的たる事業の範囲内で行われる低廉譲渡等を、法人税法第37条で損金不算入となる寄附金の額に含めないとしていることからも判断できます。

（低廉譲渡等）

15−2−9　公益法人等又は人格のない社団等が通常の対価の額に満たない対価による資産の譲渡又は役務の提供を行った場合においても、その資産の譲渡等が当該公益法人等又は人格のない社団等の本来の目的たる事業の範囲内で行われるものである限り、その資産の譲渡等については法第37条第8項《低廉譲渡等》の規定の適用はないものとする。

第3節　法人税法の収益事業の対象とならない事業　*165*

2 障害者等が2分の1以上従事している事業

　法人税法施行令第5条（収益事業の範囲）第2項には、立法政策上、収益事業から除外されている事業が規定されています。

　その第2号には「その事業に従事する次に掲げる者がその事業に従事する者の総数の半数以上を占め、かつ、その事業がこれらの者の生活の保護に寄与しているもの」があります。

　以下[1]～[3]に、非課税要件をまとめてみました。

［1］「次に掲げる者」（特定従事者）とは

　特定従事者は、おおむね次の1～6のとおりです。

> 1．身体障害者福祉法に規定する身体障害者
> 2．生活保護法の規定により生活扶助を受ける者
> 3．児童相談所、知的障害者更生相談所、精神保健福祉センターまたは精神保健指定医により知的障害者として判定された者
> 4．精神保健及び精神障害者福祉に関する法律の規定により精神障害者保健福祉手帳の交付を受けている者
> 5．年齢65歳以上の者
> 6．配偶者と死別または離婚などした女子で未成年者を扶養している者又はかつて扶養していた者

［2］「従事する者の総数の半数以上を占め」とは

　特定従事者が総数の半数以上かどうかについては、法人全体で判断するのではなく、その事業に従事する者で判定します（「公益法人等が行う事業のうち収益事業に含まれないものの判定単位について」（平成23年4月5日　名古屋国税局文書回答事例））。

　また、その人数は延人員によるものとされ、特定従事者の勤務時間が一般の

166　第4章　NPO法人の法人税（収益事業課税）

従業員に比べて短い場合であっても、通常の勤務時間従事しているものとして、判定してもよいことになっています（法基通15-1-8）。

[3]「生活の保護に寄与しているもの」とは

「生活の保護に寄与しているもの」とは、「具体的には当該事業に係る収入金額又は収益金額の相当部分を身体障害者等に給与等として支給しているか否かによって判断すべきものと解される。」（平成元年8月28日裁決　裁決事例集38-135頁）とされていることから、単に支給する給与等の多寡よりも、収入（収益）金額に占める特定従事者への給与等の配分割合を重視し、その事業が公益性を有していることを条件として、非課税要件を満たすと判断できます。

3　実費弁償で行う事業

NPO法人の活動の中には、いわゆる実費弁償的にその活動に要する経費を賄う程度の報酬で行うものも少なくありません。

1で述べた無償の事業は、収益事業に該当しないとしましたが、この実費弁償的な活動も課税上の弊害が少ないことから、税務署長による実費弁償の確認を受けることにより、収益事業として取り扱われないこととされています（法基通15-1-28）。

（実費弁償による事務処理の受託等）
15-1-28　公益法人等が、事務処理の受託の性質を有する業務を行う場合においても、当該業務が法令の規定、行政官庁の指導又は当該業務に関する規則、規約若しくは契約に基づき実費弁償（その委託により委託者から受ける金額が当該業務のために必要な費用の額を超えないことをいう。）により行われるものであり、かつ、そのことにつきあらかじめ一定の期間（おおむね5年以内の期間とする。）を限って所轄税務署長（国税局の調査課所管法人にあっては、所轄国税局長。以下15-1-53において同じ。）の確認を受けたときは、その確認を受けた期間については、当該業務は、その委託者の計算に係るものとし

第3節　法人税法の収益事業の対象とならない事業　**167**

> て当該公益法人等の収益事業としないものとする。

　では、実費弁償と同じような採算を度外視した経済合理性のない活動も、税務署長の確認を受けなければ、収益事業課税の対象外にならないのでしょうか。

　過去の裁決事例では、実費弁償であることの判断を「無条件に公益法人等自身に委ねることは、課税上の不均衡を増幅させるおそれがあるなど課税の公平の観点から相当でないことから、あらかじめ税務署長の確認を受けることとした。」としています（平成17年10月28日東京国税不服審判所　裁決番号170054）。

　しかし、明らかに採算を度外視した活動であれば、収益性の面から、そもそも収益事業たる事業に該当しないわけですから、税務署長の確認がなくても、収益事業に該当しないと判定することに問題はないと考えます。

　ただし、税務署長による実費弁償の確認を受ければ、おおむね5年間は、課税当局との間に、収益事業に該当しないという合意が得られ、税務調査の回避などのメリットもあることから、有用な手段であるとも考えます。

4 事業廃止や相当期間保有していた固定資産の処分損益

　NPO法人が、収益事業に属する固定資産を譲渡、除却等をした場合の損益は、原則として、収益事業に係る損益となりますが、その固定資産が、長期（おおむね10年以上）にわたって保有されたものや収益事業の全部または一部を廃止したことによる譲渡、除却等である場合には、収益事業に係る損益には含めないことができるとされています（法基通15-2-10）。

> （収益事業に属する固定資産の処分損益）
> 15-2-10　公益法人等又は人格のない社団等が収益事業に属する固定資産につき譲渡、除却その他の処分をした場合におけるその処分をしたことによる損益は、原則として収益事業に係る損益となるのであるが、次に掲げる損益（当該事業年度において2以上の固定資産の処分があるときは、その全てに係る損益

とする。）については、これを収益事業に係る損益に含めないことができる。

(1)　相当期間にわたり固定資産として保有していた土地（借地権を含む。）、建物又は構築物につき譲渡（令第138条第1項《借地権の設定等により地価が著しく低下する場合の土地等の帳簿価額の一部の損金算入》の規定の適用がある借地権の設定を含む。）、除却その他の処分をした場合におけるその処分をしたことによる損益（15－1－12《不動産販売業の範囲》のただし書の適用がある部分を除く。）

(2)　(1)のほか、収益事業の全部又は一部を廃止してその廃止に係る事業に属する固定資産につき譲渡、除却その他の処分をした場合におけるその処分をしたことによる損益

第4節 NPO法人に特有の会費や補助金等の取扱い

1 会費

　NPO法人の会費（賛助会費を含む）は、一般的にNPO法人という団体への支援としての性格が強く、収益事業によって得たものではありませんから、収益事業の益金になることはありません。

　しかし、会員制の介護サービスやスポーツクラブのように、会費を支払うことで一定のサービスが受けられるような場合には、会費と提供されるサービスとの間に明白な対価関係があることから、この場合の受け取った会費は、事業収益の一部を構成していることになり、その事業が収益事業たる事業であれば、益金として取り扱われます。

2 寄付金や民間からの助成金

　NPO法人は、企業や個人から受ける寄付金や民間からの助成金により事業を行っている場合も多くあります。

　現行の収益事業課税のもとでは、反対給付を伴わない金銭等の資産の贈与やキャピタル・ゲインは、収益事業によって得たものではないので、原則収益事業の益金として取り扱われていません。

　また、NPO法人が他の者から受ける寄付金や助成金は、実質的な元入金のようなもので、株式会社の資本取引について課税しないということと同様とも

考えられています。

　したがって、NPO法人の設立の際に、母体となった任意団体から預金や現物資産などの寄付を受けた場合には、このNPO法人がそれらをたとえ収益事業の用に供したとしても、収益事業の益金としては取り扱われないこととされています。

　この取扱いについては、「一般財団法人が設立時に寄附を受けた場合の課税関係」（平成29年7月3日　広島国税局文書回答事例）として国税庁ホームページに公開されていますので、参考にしてください。

3 国、地方公共団体等からの補助金や助成金

　NPO法人が受け取る補助金も、収益事業によって得たものではなく、実質元入金のようなものですから、原則、収益事業の益金として取り扱われません。しかし、国や地方公共団体等から交付を受ける補助金や助成金等については、**図表4－5**のものが例外として収益事業の益金として取り扱われます（法基通15－2－12）。

図表4－5　補助金等の収入

通達	内　　容	算入区分
本文	補助金、助成金等の名目であっても資産の譲渡または役務の提供の対価としての実質を有するもの	益金算入
(1)	固定資産の取得または改良にあてるために交付を受ける補助金等 (注) 当該固定資産に係る償却限度額または譲渡損益等の計算の基礎となる取得価額は、実際の取得価額による。	たとえ固定資産が収益事業の用に供されるものであっても益金不算入
(2)	収益事業に係る収入または経費を補填するために交付を受ける補助金等	益金算入

　(1)の（注）にあるとおり、固定資産の取得・改良にあてるために交付された補助金等で取得した固定資産については、実際の取得価額をもとに減価償却等

第4節　NPO法人に特有の会費や補助金等の取扱い　*171*

を行うこととされているため、圧縮記帳は行いませんので注意してください。

　なお、助成財団など民間団体からの助成金については、この通達の適用はないものと考えます。あわせて「Q4-17　室内合奏団の公演の判定」を参照願います。

第 5 節 | 収益事業の判定に
あたっての判断基準

この節では、収益事業の判定を行うにあたって生じている問題点を、個別に解説していきます。

なお、福祉サービス事業における収益事業の判断基準については「第6章 福祉サービス事業の税務と会計」にまとめて解説していますので、そちらをご参照ください。

1 事業としての性質と規模の考え方

本章第2節**2**（収益事業の課税要件）で述べたとおり、収益事業に該当するには、収益事業たる事業としての性質（収益性など）と一定の規模（継続性と事業場を有すること）が必要であると考えます。

しかし、収益性に関して「非営利な無償ボランティア活動であり、実費を受領しているにすぎないことなどから、収益事業に該当しない」としたNPO法人の主張（移送サービスの事例）に対して、「単価の低廉性すなわち対価が実費の範囲内であるか否かや利益を上げることを目的としているか否かを直接にしんしゃくする法令等の規定がない以上、請求人の主張は採用することはできない」（平成21年11月20日大阪国税不服審判所、裁決番号 平210026）とする裁決事例も存在しています。

また、規模に関しては、武田昌輔著『〔新訂版〕詳解 公益法人課税』（全国公益法人協会）の中で、「単なる副業程度のものは、この収益事業には該当しないと解すべきである。例えば、空き地に2～3台の車を駐車せしめて、その対

第5節 収益事業の判定にあたっての判断基準 **173**

価を取得するがごときは、駐車場業たる収益事業に該当しないと見るべきである。」としているものもあります。

　税務署の指導の中には、収益性や規模をあまり考慮せず、単に34業種に該当するかしないかで収益事業の判定を行っているケースが見受けられますが、収益事業たる事業とは、「営利を目的とした収益性を有し、反復・継続して行われる一定規模以上の経済活動」が、基本であると考えます。

2　請負業の範囲の考え方

　公益法人全般に対して、収益事業課税が行われるようになったのは、シャウプ勧告を受けて行われた1950（昭和25）年の税制改正からですが、その際の収益事業は、29業種でした。

　当時の収益事業を規定した法人税法施行規則第1条の2第1項第9号に「請負業」の規定がありますが、その後の1963（昭和38）年改正で、「請負業」の範囲に「（事務処理の委託を受ける業を含む。）」と明文化されました。

　この「事務処理の委託」は、「他の者の委託に基づいて行う調査、研究、情報の収集及び提供、手形交換、為替業務、検査、検定等の事業（国等からの委託に基づいて行うこれらの事業を含み、同号イからニまでに掲げるものを除く。）は請負業に該当するが、農産物等の原産地証明書の交付等単に知っている事実を証明するだけの行為はこれに含まれない。」（法基通15-1-27）とされています。

　また、現在の請負業の範囲について、「ある仕事の完成を約して、その結果に対して報酬を得るという民法632条の請負契約に基づく事業だけでなく、第三者から民法643条の委任契約に基づく法律行為の委託又は民法656条の準委任契約に基づく法律行為以外の事務の委託を受けて対価を得る事業も含まれることを意味している。」とした裁決（平成17年10月28日東京国税不服審判所　裁決番号170054）や、国税庁の質疑応答事例「NPO法人が障害者総合支援法に規定する障害福祉サービスを行う場合の法人税の納税義務について」（巻末**資**

174　第4章　NPO法人の法人税（収益事業課税）

料5参照）では、障害者総合支援法に基づく障害福祉サービスは、基本的に「医療保健業」に該当するとした上で、実態として医療や保健といった要素がないサービスを提供しているようなケースがあったとしても、この場合は「請負業」に該当するとしており、いずれも課税される範囲が拡がっている傾向があります。

しかし、法律に規定された請負業の範囲は、あくまでも、民法第632条の請負契約に基づき報酬を得る業と、事務処理の委託を受ける業に限られ、拡大解釈をすべきではないと考えます。

なぜなら、サービスを提供するすべての活動が請負業となれば、34業種を限定列挙した意味がなくなってしまい、租税法律主義の意義である、納税者保護や予見可能性について重大な問題が生じることになります。

具体的には、法人税基本通達15－1－27に列記された調査、研究、情報の収集及び提供、手形交換、為替業務、検査、検定等の事業のほか、1963（昭和38）年に収益事業の範囲の明確化（「事務処理の委託を受ける業を含む。」の追加）がされた当時の解説記事にある土地の鑑定、帳簿監査を含めた事業と、法令等により、本来国や自治体等が行う事務を受託する事業に限定すべきと考えます。

なお、解説記事には「この改正は、従来の解釈を確認的に示したものであって、収益事業を追加したものではない。したがって、施行の期日も、収益事業を新たに追加した場合には従来からの慣習では、政令施行の日以後に開始する事業年度から適用することになっているのを、総括的に本年4月1日以後終了するものとしているのである。」との記述もあります（「Q4－12　請負業の判定―事務処理の委託を受ける業」も参照願います）。

コラム

行政からの受託や指定管理の事業に対する見解相違

筆者は、国や自治体からの事務の受託や指定管理による事業は、おおむね請負業（事務処理の委託を受ける業を含む）として収益事業に該当するという見解で

すが、行政からの委託事業であっても、法基通15-1-27に列記された調査、研究等以外に拡大すべきではないという見解もあります。

　具体的には、自主事業で実施する学童保育事業は34の事業のどれにも該当しないから収益事業ではないのに、行政から委託された学童保育事業は請負業（Q6-9　学童保育事業が受け取る委託料と利用料の判定）とするのは、実施している事業は変わらないのに判定が異なり不合理であるというものです。

　この点については、立法当時から公益法人等が国等に代わって行政事務を受託した場合、「請負業」（非課税規定の適用も含む）として判定していた経緯から、現在の「請負業（事務処理の委託を受ける業を含む。）」には、本来、国や自治体が行うべき事務（調達事務を除く）を委託する事業も含まれるのではないかという解釈をしています。

　しかし、上述のとおり2つの見解があることは事実であることから、行政からの事業委託や指定管理者制度の位置づけについても、法人税法施行令の改正によって明確化すべきものと考えます。

3　請負業と他の特掲事業との関係の考え方

　請負業には、民法上の請負契約に基づき報酬を得る事業が含まれていますが、印刷業や興行業など請負契約に基づく事業であっても34業種に掲げられているものがあります。

　この場合の収益事業の判定にあたり、これらの事業（請負業以外の事業で請負業的な性質を有しているもの）に非課税規定などがあるため、収益事業にならない場合に、再度請負業として課税対象にすることができるかという疑問が生じます。

　そこで、いずれかの収益事業に該当した場合は、再度、請負業としての判定をしないというルールが設けられています（法基通15-1-29）。

（請負業と他の特掲事業との関係）

15-1-29　公益法人等の行う事業が請負又は事務処理の受託としての性質を有
　　　するものである場合においても、その事業がその性質からみて令第5条第1項
　　　各号《収益事業の範囲》に掲げる事業のうち同項第10号以外の号に掲げるも
　　　の（以下15-1-29において「他の特掲事業」という。）に該当するかどうか
　　　により収益事業の判定をなすべきものであるとき又は他の特掲事業と一体不可
　　　分のものとして課税すべきものであると認められるときは、その事業は、同項
　　　第10号《請負業》の請負業には該当しないものとする。

　また、相談を受ける事例として、アフタースクールのサッカー教室など技芸
教授業にあたらない22の技芸以外の教授を、NPO法人が自治体から受託する
場合があります。

　この場合、NPO法人の行っている活動は、技芸教授業の22の技芸いずれに
もあたらないため技芸教授業としては課税されません。

　では、再度、自治体からの請負業（事務処理の委託を受ける業を含む）として
課税されるかどうかですが、考え方を整理するために、学校給食の外部委託に
ついて収益事業の判定をしてみることにします。

　この場合、委託事業（＝料理店業その他の飲食店業）で判定するのか、委託関
係（＝事務処理の委託を受ける業を含む請負業）で判定するのか、という点です
が、まず初めに、実際に行っている事業が事業の性質であるため、料理店業そ
の他の飲食店業の課税要件で判断すべきと考えます。

　そうすることで学校給食は、法人税基本通達15-1-43（飲食店業の範囲）
注書きの「学校給食法等の規定に基づいて行う学校給食の事業は、料理店業そ
の他の飲食業店業に該当しない。」旨の規定が適用でき、収益事業に該当しな
いことになります。

　このケースで、最初から自治体等の委託事業という理由で請負業と判定する、
または、一度学校給食ということで収益事業の対象外とした事業を再度、委託
事業という理由で請負業と判定するのであれば、学校給食を収益事業の対象外
とした政策的な意味がなくなってしまいます。

第5節　収益事業の判定にあたっての判断基準　*177*

したがって、前述のサッカー教室の受託例に戻れば、サッカー教室が技芸教授業にあたらないと課税上の限定を行った以上、再度委託関係をもって請負業とする判定をしてはならないと考えられます。
　なお、技芸教授業の詳細については、「Q4−9　パソコン教室の運営」を参照してください。

―要‐点‐整‐理―

＜委託事業における請負業と他の特掲事業との関係＞

委託された業務の内容が、いずれかの収益事業に該当する（技芸教授業の22以外の技芸に該当する場合を含む）。		委託関係を、請負業として再判定しない。
委託された業務の内容が、いずれの収益事業にも該当しない。		委託関係を請負業として判定できる。

コラム

NPO法人が経営する認可保育所事業の収益事業の判定は？

　私立の認可保育所は、実施責任者を市町村、設置者を民間事業者として運営され、入所の選考や利用料の決定、利用契約の締結は市町村が行い、民間事業者は、利用者に育児サービスを提供し、その財源として利用料と公費負担額の両方が、市町村から委託費として支払われることになっています。
　この場合の市町村と民間事業者の関係を、育児サービス業務の委託と判断すれば、請負業（事務処理の委託を受ける業を含む）として判定することになりますが、巻末資料1にもある「一定の水準を満たすものとして地方公共団体の証明を受けた認可外保育施設において公益法人等が行う育児サービス事業に係る収益事業の判定」（質疑応答事例）では、いわゆる認可保育所において公益法人等が行う育児サービス事業は、保育に必要な施設を有し、保育に関する専門性を有する職員が養護及び教育を一体的に行う事業であることから、34事業のいずれにも該当しないという見解で差し支えないと判定しています。
　この判断は、民間事業者が利用者に対して実施している保育を主体に収益事業

の判定を行っており、逆にいえば市町村との業務委託関係は考慮していないことになります。

この点は、民間事業者が設置者として保育に必要な施設の認可を受け、保育を直接実施している点を重視したことにより判断したものであろうと考えられます。

<認可保育所利用の仕組み>

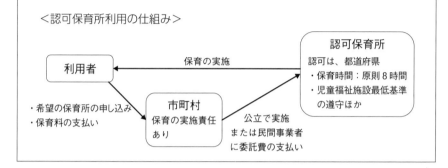

4 指定管理者制度に関する考え方

指定管理者制度は、地方自治体が設置する公の施設の管理運営について、民間企業やNPO法人等を含む団体に委ねることを可能とする地方自治法上の制度であり、2003（平成15）年6月の法改正により創設されました。

この改正により、従来は行政処分として自治体が行っていた使用許可権限等、施設に関する管理権限を指定管理者に委任できるようになりました。

指定管理者制度改正前は、管理委託制度があり、法的には委託契約により、具体的な事務や管理を委託していましたが、指定管理者制度においては、管理者を指定（行政処分）することで公の施設の管理運営を包括的に代行させることができるようになりました（**図表4－6**参照）。

収益事業課税される請負業（事務処理の委託を受ける業を含む）の判定において、行政処分による指定管理者制度による管理代行を、従来の委託契約に基づくものと同様に取り扱うかどうかですが、

図表 4 － 6　管理委託制度と指定管理者制度との相違点

	管理委託制度	指定管理者制度
管理運営の主体	・公共団体、公共的団体、地方自治体の出資法人に限定 ・相手方を条例で規定	・民間事業者を含む幅広い団体（法人格は不要。ただし個人は除く） ・議会の議決を経て指定
権限と業務の範囲	・施設の設置者である地方公共団体との契約に基づき、具体的な管理事務または業務執行を行う ・施設の管理権限及び責任は、地方自治体が引き続き有する（使用権限も付与できない）	・施設の管理権限を指定管理者に委任（使用許可権限を含む） ・地方自治体は、管理権限は行使せず、設置者としての責任を果たす立場から必要に応じて指示等を行う
条例で規定する内容	・委託の条件、相手方等	・指定の手続き、指定管理者が行う管理基準及び業務の範囲
法的性質	・委託（契約）	・指定（行政処分） ・管理運営の細目等については、協定により規定

（出所：大分県総務部行政企画課「指定管理者制度運用ガイドライン」）

①　法的性質は契約ではなく行政処分という形態だが、管理運営の細目等を取り決めた協定書により、具体的な指示が自治体から行われていること

②　指定管理者に管理権限を委任している場合であっても、自治体は公の施設の設置者としての責任を負うことから、実質は管理委託制度による事業委託と何ら変わりがないこと

③　同様の業務を従来の管理委託制度により委託した場合と、指定管理者制度による指定を行った場合とで、収益事業判定の結論が異なることに問題があること

という点から、指定管理者制度による管理代行や事務処理の受託も、従来の管理委託制度によるものが委託された業務内容から個別に収益事業の判定を行っていたのと同様に、その代行する業務の内容に従い、個別に収益事業の判定を行うべきと考えます（「Q4-18　指定管理者制度」もあわせて参照してください）。

なお、指定管理者制度の中には、前述の①～③にあてはまらず、指定管理者

自ら事業を行っていると認められる事例については、指定管理者の自主事業として収益事業の判定を行うべきという見解（「指定管理者制度に関する一考察－法人税上の収益事業判定を中心として」平成27年7月3日　税大論叢第82号）もあります。

　このようなケースは、管理委託制度の中でも、受託者の自主性を尊重する協働事業において想定できます。いずれも、事業の実態や協定・契約の内容をよく精査し、収益事業の判定を行ってください。

第 6 節 実務 Q&A
―法人税の具体的取扱い

Q 4−1 収益事業課税される根拠

NPO 法人が、法人税の収益事業課税される根拠条文や経緯について教えてください。

A 法人税法第4条第1項ただし書きは「公益法人等の法人税の納税義務は、収益事業を行う場合に限る」と規定し、NPO 法第70条は「NPO 法人を、法人税法上の公益法人等とみなす」と規定しているためです。

⊙ 解　説

　法人税法は、内国法人に対して、法人税を納める義務がある（法法4①）と規定し、逆に公共法人に対しては、法人税を納める義務がない（法法4②）と規定しています。また、公益法人等の法人税納税義務は「公益法人等又は人格のない社団等については、収益事業を行う場合（中略）に限る。」（法法4①ただし書き）と規定しています。

　そもそも、公益法人等はその名が示すとおり、公益を目的としているため、戦前は、現在の公共法人と同様に法人税が課されることはありませんでしたが、シャウプ日本税制使節団は公益法人等の実態を調査して「公益法人の認可に際して、税の見地が入らない仕組みになっているために、ある種の公益法人は、きわめて営利的な色彩が強い事業を営んで、法人税非課税による他との不公正な競争上の利益を与えられている実情にある」（大藏省主税局「シャウプ勧告書の詳解」『財政　別冊』大藏財務協會、1949 年 9 月）と指摘し、公益法人の免税資

182　第4章　NPO 法人の法人税（収益事業課税）

格を大蔵省が個々に審査した上で、免税資格を受けられない公益法人は、営利法人と同様に課税すべきと勧告（1949年）しました。

その勧告を受け、1950（昭和25）年に法人税法の改正が行われましたが、免税資格を個別に与える制度は採用されず、主として営利法人との競合関係にある事業（29業種）が規定され、これらの事業を行っている公益法人等に対して、法人税が課税されることになりました。

この課税対象となる29業種は、旧営業税法（現在の事業税）において、営業税を課していた事業とほぼ同様に規定され、現在は34業種まで増えています。

一方NPO法人は、1998（平成10）年3月にNPO法が成立して法人格が付与されたものです。そして、同法第70条には「特定非営利活動法人は、法人税法その他法人税に関する法令の規定の適用については、同法第2条第6号に規定する公益法人等とみなす。」という規定があります。

したがって、NPO法人は、法人税法上の公益法人等に含まれ、収益事業を行う場合に限り、法人税が課税されます。その収益事業に該当する事業がたとえNPO法人の本来の目的事業であっても、収益事業課税は公益性の判断を行わないことを前提に立法されたものであるため、課税されることになっています（**図表4－7**参照）。

図表4－7　非営利法人に対する法人税の課税対象

法人格	課税対象
公益社団法人・公益財団法人	収益事業課税（ただし、公益目的事業に該当するものは、収益事業であっても非課税）
学校法人・社会福祉法人・更生保護法人・その他の公益法人等	収益事業課税
認定NPO法人・NPO法人・非営利型の一般社団（財団）法人	収益事業課税
非営利型以外の一般社団（財団）法人	全所得課税

■関係法令等…法法4①、NPO法70、法基通15－1－1

第6節　実務Q&A―法人税の具体的取扱い　*183*

Q 4−2 税率と予定納税

NPO法人は法人税法上の公益法人等ということで、次の2点を確認いたします。
① 申告時期に、所轄の税務署から普通法人が使用する別表1（内国法人の分）を送付されて困惑しました。法人税申告書は別表1（公益法人等の分）を使うという認識で良いのでしょうか？
② なぜNPO法人は、中間申告がないのでしょうか？

A ① NPO法人に適用される税率は、営利法人と同じですから、別表1（内国法人の分）を使うことになります。
② 公益法人等が対象外とされている理由は、収益事業だけが課税対象であり、営利法人と異なることや、規模の問題も考慮されているようです。

⊙ 解 説

法人税法第2条第6号に、公益法人等の定義があり、それを受けて「別表第二」が定められていますが、NPO法人は、この「別表第二」の法人として掲げられていません。

あくまでも、NPO法第70条第1項により、公益法人等とみなされているのですが、準用規定の関係で、「別表第二」の公益法人等が受けられる優遇措置の一部が受けられなくなっています。

このため、収益事業課税や中間申告がないなどの点においては公益法人等と同じですが、軽減税率やみなし寄附金制度などの特例は除外されています。

また、法人税の中間申告対象については、「内国法人である普通法人（清算中のものは除く）」となっていますので、公益法人等であるNPO法人は中間申告不要とされています。理由は、上に記載のとおりです。

■関係法令等…法法2六、4①、71①、NPO法70①

184 第4章 NPO法人の法人税（収益事業課税）

Q 4−3　事業としての性質や規模─実費参加のイベント

> 収益事業に該当するかどうか悩んでいます。
> 　ある NPO 法人が、会員や地域の方々との交流会を開催しています。参加費として、参加者は、会場費と飲食代の実費程度を負担しています。
> 　交流会は年 4〜5 回開催しているので、収益事業の該当要件の 1 つである「継続して」というところには該当すると考えています。
> 　実際に交流会として利益は残りません。逆に赤字で、会から負担が出ているくらいです。なので、仮に収益事業となったとしても、法人税はかかりませんが、地方税均等割に影響するかが気になっています。ちなみに今は、地方税の均等割の免除を受けています。

A　事業としての性質（収益性など）や規模から判断したところ、収益事業たる事業には該当しません。また、仮に事業であったとしても、いずれの業種の収益事業にも該当しないと思われます。

⦿ 解　説

　公益法人等は、その名が示すとおり、公益を目的としているため、戦前は公益事業、収益事業ともに、法人税が課されることはありませんでしたが、戦後において、基本的には同一事業を営む営利法人と競合関係にある事業は、課税の公平の維持などの観点から課税すべきであるという税法固有の判断基準により収益事業課税が行われることになりました。

　したがって、当初から無償で行う活動や、採算を度外視した価格設定により経常的に赤字が見込まれる活動などの明らかに経済合理性のない活動は、営利法人と競合する関係にないため、事業にはあたらず、収益事業課税の範囲から外れると考えます。

　ご質問の事例は、実費相当の参加費しか徴収しておらず、逆に NPO 法人が赤字の補填を行っている状況ですので、収益事業たる事業としての性質や規模があるとは考えられません。

　また、収益事業の 34 業種は、もともと旧営業税法の課税対象であった業種

第 6 節　実務 Q&A─法人税の具体的取扱い　*185*

を踏襲して、限定列挙されたものですから、会員同士の懇親会のような事業とはいえないものが、34業種に該当するという考え方もないと思われます。

■関係法令等…法法4①、法令5①

Q 4－4 事業としての性質や規模―子ども食堂

子ども食堂に関して質問させてください。事業の内容は、週1回、多世代交流や地域づくり・まちづくりを目的として会食形式で食事を提供しています。食材は、地域の農家の方の寄付やフードバンクを利用させていただき、子どもは無料ですが大人からは500円の食事代をいただいています。

食事は、ボランティアを中心に調理を行っており、運営資金は、食事代のほか社会福祉協議会の助成金や一般の方からの寄付によってなんとか運営しています。このような事業は、法人税法上の収益事業になるのでしょうか？

A ご質問のような子ども食堂事業は、事業としての性質（収益性など）から判断したところ、収益事業たる事業に該当しないと思われます。

⊙ 解 説

一般的な解釈として、不特定または多数の者を対象として飲食を提供し、料金を徴収していることから収益事業の業種は、「料理店業その他の飲食店業」に該当すると思われます。

しかし、ご質問者の活動は、地域の農家の方やボランティアの方々の支援に支えられ、通常支払われるべき食材費や最低賃金の支払いを行わない状況下での食事の提供ですから、収益事業たる事業としての性質（収益性など）がある活動とはいえないという解釈が成り立ちます。

ご質問の子ども食堂は、利用者のために子どもは無料という、寄付やボランティアを前提に採算を度外視した事業計画が立てられており、仮に少額の余剰金が生じたとしても、それは本来支払われるべき金額に充当すべき金額や寄付（助成金を含む）の未使用分と考えられることから、収益事業たる事業としての

186　第4章　NPO法人の法人税（収益事業課税）

性格はないと思われます。

■関係法令…法法4①、法令5①

Q 4−5 事業としての性質や規模—チャリティバザー

　　NPO法人の事業は1年に1回、2日間のチャリティーバザーの開催ですが、かなり大きな規模です。バザーはフリーマーケット型の産業リサイクルイベントで、企業の倉庫に眠っている不良在庫やB級品が販売されます。

　　また、一般市民による出店も受け付けています。主催者は、出店者から出店料を徴収し、また入場者からも100円の入場料を徴収します。事業単体で見れば黒字ですが、理事の視察旅行なども行っており、結果的には収支がほぼ同額といったところです。

　　自ら物品の販売をしていないので、物品販売業でなく興行業や仲立業の類でしょうか？

A 事業としての性質（収益性など）や規模（年に1回で2日間）から判断したところ、収益事業たる事業には該当しないと思われます。

⊙ 解　説

　かなり大きな規模とのことですが、理事の視察旅行が適切な費用として認識できるのであれば、収支均衡なので事業としての性質（収益性など）から、収益事業たる事業に該当しないと思われます。

　また、準備にどの程度の時間がかかっているか不明ですが、年に1回2日のバザーという点では、法人税基本通達15−1−10に規定された継続性を有しない程度の開催頻度です。したがって、法人税の申告は必要ないと判断されても差し支えないと考えます。

第6節　実務Q&A—法人税の具体的取扱い　*187*

（宗教法人、学校法人等の物品販売）

15－1－10　宗教法人、学校法人等が行う物品の販売が令第5条第1項第1号《物品販売業》の物品販売業に該当するかどうかについては、次に掲げる場合には、それぞれ次による。

(1)～(4)　（中略）

(5)　学校法人等が行うバザーで年1、2回開催される程度のもの（15－1－6の(2)に該当するものを除く。）は、物品販売業に該当しないものとする。

　次に、業種についてご質問されているので、あわせてお答えいたします。

　仮に収益事業に該当するとなれば、席貸業と思われます。

　一般的に、席貸しとは、席料等を徴収して、客室、集会場等の施設を随時、時間等を区切って利用させることをいいます。NPO法人が展示会を企画し、出展料を受け取っている場合は、席貸業に該当するとされています。入場料については判定が難しいのですが、遊覧所業というより、席貸業の収益である出店料の一部を入場者にも負担してもらっているという考え方が妥当かと思われます。

　ご質問者のお考えのとおり、自らまたは委託でも物品販売を行っていませんので、物品販売業には該当しないと思われます。また、単に場所を貸しているだけですから、興行業や仲立業にもならないでしょう。

　なお、貸席業に該当すると判定した場合には、法人が主たる目的とする業務に関連して行う貸席業で、当該法人の会員その他これに準ずる者の用に供するためのもののうちその利用の対価の額が実費の範囲を超えないものは収益事業には該当しない、という非課税規定があります（法令5①十四ロ(4)）。

　出店者には、一般市民が含まれており、この非課税規定をそのまま適用することは難しいとは思いますが、出店料等が実費の範囲を超えなければ、収益事業に該当しないとされていますので、その考え方は参考になると思います。

■関係法令等…法法4①、法令5①一、十四、法基通15－1－6(2)、15－1－10

Q 4－6 物品販売の一部寄付

　「販売価格のうち、一部が寄付されます。」という文言があった場合の取扱いについて教えてください。

　例えば、NPO 法人で 100 円の商品を販売する際「そのうち 30 円を寄付にあてさせていただきます。」という文言があった場合、70 円を事業収益（収益事業）、30 円を受取寄付金（収益事業以外の収入）とすることは可能でしょうか？

　内容や実情は、次のとおりです。

　① 寄付にあてるのは、利益の部分で、原価は 70 円です。

　② 購入者のうち、寄付を拒否した人はいません。

　③ 仮に、70 円で売ってほしいと言われた場合は販売しません。

A 寄付に任意性がない以上、事業収益と受取寄付金とに分けることはできないと考えます。

⊙ 解　説 ────────────────────────────

　寄付金として収益を認識するためには、購入者の任意の拠出であることが前提です。ご質問のように、「70 円では販売しない」ということでは、寄付に任意性があるとは思えません。

　仮に、第三者に寄付することを前提として、「販売価額 70 円。ただし、70 円以上いただければ、その差額分については、○○基金に寄付いたします。」などの表示があれば、物品販売については、利益が生じないことから、収益事業としての性質（収益性など）はないと判断しても差し支えないと考えます。

　この場合の差額は「預り金」として処理し、後日、外部に対して寄付することも可能と思われます。なお、寄付の任意性を担保する同様の表示を行うことができれば、自己の NPO 法人自身に対する寄付金であっても、収益事業とはならず、差額を受取寄付金にすることも可能と思われます。

■関係法令等…法法 4 ①、法令 5 ①一

第 6 節　実務 Q&A―法人税の具体的取扱い　　*189*

Q 4−7　使用済み切手の買取り

　使用済み切手の寄付を募り、NPO法人で整理した上で、市場価値のある
ものをバイヤーに買い取ってもらい、NPO法人の活動資金の一部にあてて
います。
　使用済み切手の募集をする際には、「当NPO法人で換金の上、その資金
は、当NPO法人の活動資金として、大切に使わせていただきます。」とい
う趣旨の表示を行っています。
　また、寄付を受けた商品券や未使用の切手などは、金券ショップで換金(売
買) しています。
　このような場合でも、物品販売業にあたるのでしょうか?

A　一連の行為は、換金性の高いものを寄付として受け付けて、寄付者の
意向 (他人の計算) に沿って換金しているのであれば、収益事業たる事
業には該当しないと考えます。

⦿ 解　説

　物品販売業に該当するかどうかですが、まずは、事業としての性質 (収益性
など) の有無について判断することになります。

　未使用の切手等を金券ショップで換金する行為も、使用済み切手をバイヤー
に買い取ってもらう行為も、物品の売買であることに変わりはないのですが、
これらの行為には、収益事業たる事業としての判断要素の1つである、自己の
危険と計算における企画遂行性 (161ページ<参考:所得税法の事業所得に関する
判決>参照) がなく、NPO法人は、単に寄付者の意向に沿って寄付を実現して
いるだけと思われることから、収益事業たる事業には該当しないと考えます。

　なお、NPO法人会計基準の実務指針である「実務担当者のためのガイドラ
イン Q&A 13−7」に換金型の現物寄付の例として「寄付者が切手や使い損じ
ハガキをNPO法人に送り、その換金をNPO法人に依頼し、換金金額はNPO
法人に寄付する場合」が示されています。こちらも収益事業判定の参考にして
ください。

190　第4章　NPO法人の法人税 (収益事業課税)

■関係法令等…法法４①、法令５①一、商法４①

Q 4−8 寄付物品の販売

　寄付でいただいた物品を販売した場合の法人税の扱いについて、ご意見を聞かせてください。

　相談を受けているNPO法人は、市民から寄附された衣類（古着）や雑貨を法人のショップで販売し、その収益金を主にアジア地域の人々との生活向上を支援する活動に寄付をしています。

　今までは、寄付物品を販売していますから、売上原価０円で、売上＝売上総利益、もちろん経費はありますが、利益は当然出て、法人税を支払って、残りを寄付活動にあてているという状況です。

　この売上は、収益事業として全額課税対象になるでしょうか？

A　ご質問の活動は、衣類や雑貨をショップで継続的に販売しているので、収益事業のうちの物品販売業に該当します。

　なお、物品販売業の利益については、寄付していただいた物品の公正な評価額がいくらになるかという評価（＝事実認定）の問題になります。

⊙ 解　説

　ショップがあり、古着等を継続して販売しているということなので、収益事業のうちの物品販売業を営んでいると考えます。

　そこで、古着等の寄付を受け付けて販売するまでをNPO法人会計基準によって経理処理を行うと、以下のようになります。

①　古着等の寄付としての受入れ（古着等を評価し、資産受贈益を認識）

　（借）棚 卸 資 産　×××／（貸）資 産 受 贈 益　×××

　　　　　　　　　　　　　　　　　　　　　　　　　（公正な評価額）

第6節　実務Q&A─法人税の具体的取扱い　**191**

＜NPO 法人会計基準＞

> （現物寄付の取扱い）
>
> 24. 受贈等によって取得した資産の取得価額は、取得時における公正な評価額とする。

② 古着等の販売（売上と売上原価を認識）

（借）現　預　金　×××／（貸）売　　　　上　×××
（販売金額）

（借）売　上　原　価　×××／（貸）棚　卸　資　産　×××
（受入時の金額）

　この一連の経理処理で問題となるのは、寄付していただいた古着等を棚卸資産として、いくらで評価するかという問題です。

　ご質問者は、現物寄付について評価をされていませんが、果たして古着（雑貨）の公正な評価額は 0 円なのでしょうか？　もし、この古着や雑貨を他のリサイクルショップに持って行き、それなりの金額で売れるとなれば、0 円が公正な評価額とはいえないでしょう。また一方、ショップで販売できた価額をその古着の評価額とすれば、利益は、常に 0 円になってしまいます。

　これでは、ショップが利益を上乗せしていないことになり、ショップの営業実態とかけ離れてしまうかもしれません。寄付を受けた衣類等の評価額によって、物品販売業の売上原価が左右されるわけですから、重要なポイントになります。結局、この問題は、寄付を受けた資産の時価をいくらにするのか？　という評価の問題に集約できます。

　この点については、NPO 法人会計基準の実務指針である「実務担当者のためのガイドライン Q&A24-1」（評価額と売却額がたまたま一致している例）や次の点などを参考にして、棚卸資産の公正な評価を行っていただくことになります。

・買取りを実施している他のリサイクルショップの買取り価格

・販売価額から、NPO法人が想定した適正利益を控除した金額

＜NPO法人会計基準「実務担当者のためのガイドライン Q&A24−1」（抜粋）＞

24−1　寄付してもらった資産は公正な評価額で計上すると記載されていますが、公正な評価額とは具体的にどのようなものですか？

A　公正な評価額とは、公正な取引に基づいて成立した価額で、その資産を現金で購入すれば支払うであろう価額をいいます。

　　資産に応じて公正な評価額は、以下のようなものが想定されます。

1　什器備品（中略）

2　棚卸資産…正常品については定価、処分品や型落ち品については処分予定価額や使用予定価額などにより公正な評価額を算定します。

　　アパレルメーカーから型落ちした衣料品の寄付を受け、それをバザーで販売し活動資金を獲得しているNPO法人を想定した場合の受入時の仕訳を示すと以下のようになります。公正な評価額は、売却予定価額の10万円とします。

　　　（借）棚卸資産　　　　100,000　（貸）衣料品受贈益　　100,000

　　バザーで予定通り10万円で販売した際は以下のような仕訳になります。

　　　（借）現　　　　　　金　100,000　（貸）バ ザ ー 売 上　　100,000

　　　（借）バザー売上原価　100,000　（貸）棚 卸 資 産　　100,000

3　土地（中略）

4　建物（中略）

■関係法令等…法法4①、法令5①一、NPO法人会計基準Ⅶ.24（現物寄付の取扱い）

Q 4-9 パソコン教室の運営

NPO法人が、自主事業として行っている次のパソコン教室は、収益事業に該当しますか？
① ワード・エクセルの講座
② パソコン会計の指導講座
③ パソコンによるデザイン講座
（注）デザイン講座の補足説明
　デザインをできる人が、今後はパソコンでデザインをしていきたいという単にパソコン操作の勉強をするのではなく、デザインそのものを勉強する手段としてパソコン操作を勉強するということでした。
①②は非収益事業、③の場合は、法人税法施行令第5条第1項第30号の「デザイン」教室に該当し収益事業に含まれると思いますが、いかがでしょうか？

A ①ワード・エクセルの講座、②パソコン会計の指導講座は、いずれの収益事業にも該当しないと思われます。しかし、③パソコンによるデザイン講座は、収益事業のうちの技芸教授業におけるデザインの教授に該当すると思われます。

⊙ 解　説

　法人税法施行令第5条第1項第30号に規定された技芸教授業は、1957（昭和32）年に収益事業として追加されましたが、その後の改正において、技芸の種類は増えていますが、すべての技芸の教授が収益事業の対象となるのではなく、現在は、洋裁から小型船舶の操縦までの22の技芸が定められています。

＜技芸教授業における技芸（法令5①三十）＞

1．洋裁	2．和裁	3．着物の着付け	4．編物	5．手芸
6．料理	7．理容	8．美容	9．茶道	10．生花	11．演劇
12．演芸	13．舞踊	14．舞踏	15．音楽	16．絵画	17．書道
18．写真	19．工芸	20．デザイン（レタリングを含む）		

194　第4章　NPO法人の法人税（収益事業課税）

| 21. 自動車の操縦 | 22. 小型船舶の操縦 |

これらの技芸の教授を行えば、技芸教授業として、収益事業課税の対象となりますが、例えば、英会話教室やそろばん塾など掲げられた技芸にあたらない場合は、技芸教授業には該当しません。

ご質問にある①ワード・エクセルの講座と②パソコン会計の指導講座は、アプリケーションソフトの操作法や会計の基本的知識などを教授するものであり、22の技芸にはあたらないと考えます。

しかし、デザイン講座については、ご質問者の補足説明にもあるとおり、パソコンの操作法よりも、デザインそのものを教授（専門的な知識を体系的に教え授ける）が目的であれば、技芸教授業におけるデザインの教授に該当し、収益事業のうちの技芸教授業として判定せざるを得ないでしょう。

■関係法令等…法法４①、法令５①三十

Q 4—10 セミナーテキストの販売

NPO法人で、技芸教授業の課税対象にならないセミナーを行っています。セミナーの受講料はテキスト代込みで、このテキストは別売りしていなかったので、今まで法人税の申告をしていませんでした。

今回、テキストの大幅改訂を行い、これにより過去の受講者からテキストを販売してほしい旨の要望が出てきました。そこで、テキストを販売した場合、販売した分については法人税の申告をしています。

セミナーの受講料表示は現状通りテキスト代込みにしても、セミナー受講者にテキストを販売したと考えて、セミナー受講者のテキスト代も法人税の申告をせざるを得ないでしょうか？

A セミナー受講時にテキストを販売する行為は、研修の一環であるため、収益事業のうちの出版業には該当しません。また、過去の受講者にテキストを販売する行為も同様と思われますので、いずれの場合も法人税の申告は必要ありません。

第6節 実務Q&A—法人税の具体的取扱い　195

⊙ 解　説

　セミナーのテキストを過去の受講者に販売しているので出版業にあたるのではないか、というご質問ですが、そのテキストが一般教養的なもので、受講生以外にも広く流通するのであれば、事業としての性質（収益性など）や規模から、出版業に該当することも考えられますが、NPO法人で実施されているセミナーの教材であれば、過去の受講者に販売する行為も含めて、研修の一環として判断して差し支えないと思います。

　その上で、テキストを用いて行われるセミナーが22の技芸以外であれば、技芸教授業にも該当しないので、法人税の申告は必要ないと思われます。

■関係法令等…法法4①、法令5①十二、三十、法基通15−1−6

Q ┃ 4−11 ┃ **請負業の判定─請負契約とは**

　収益事業のうちの請負業は、建設業など民法の請負契約に基づいた事業が該当すると思っていますが、請負契約とは、どのような契約をいうのでしょうか？

A　請負契約とは、当事者の一方（請負人）が相手方に対し、仕事の完成を約し、他方（注文者）が仕事の完成に対する報酬を支払うことを約する契約（民法第632条）です。

⊙ 解　説

　日本産業分類には、請負業という分類はありませんが、一般的には建設業が、その代表的なものです。

　工事請負契約書など請負契約の成立を証明するために作成された契約書等は、印紙税法別表第一の課税物件表に掲げられた請負に関する契約書（第2号文書）に該当し、収入印紙の貼付が必要とされています。

　この印紙税法の請負に関する契約書の請負と、民法第632条の請負は、同じ意味であることから、課税当局おいて請負契約とは何かを判断する材料になる

196　第4章　NPO法人の法人税（収益事業課税）

と考えられます（印基通別表第1 第2号文書1）。

そこで、国税庁ホームページに掲載されている印紙税法の質疑応答事例「請負の意義」の文章をご紹介します。

＜国税庁の質疑応答事例＞

> この「請負」は、完成された仕事の結果を目的とする点に特質があり、仕事が完成されるならば、下請負に出してもよく、その仕事を完成させなければ、債務不履行責任を負うような契約です。
>
> （中略）
>
> 請負の目的物には、家屋の建築、道路の建設、橋りょうの架設、洋服の仕立て、船舶の建造、車両及び機械の製作、機械の修理のような有形なもののほか、シナリオの作成、音楽の演奏、舞台への出演、講演、機械の保守、建物の清掃のような無形のものも含まれます。
>
> また、請負とは仕事の完成と報酬の支払とが対価関係にあることが必要ですから、仕事の完成の有無にかかわらず報酬が支払われるものは請負契約にはならないものが多く、また、報酬が全く支払われないようなものは請負には該当しません（おおむね委任に該当します。）。

ここで重要なことは、仕事の完成と報酬の支払いとが対価関係にあることが必要ということです。逆にいえば、請負人の都合で仕事の完成に至らなかった場合は、損害賠償責任を負わされるという厳しい関係が存在するわけです。

したがって、教育、介護、保育、医療行為、不動産仲介、コンサルタント、研究委託や法律（税務）顧問などは、仕事の完成と報酬の支払いという対価関係が希薄なため、これらの業務に関して契約書を作成しても、一部の例外を除いて、請負契約書としては課税されていません。

これらは、おおむね民法の準委任契約（相手を信頼して一定の事務を依頼する契約）に該当し、消費税導入前は「委任に関する契約書」（旧第17号文書）として課税されていました。

したがって、報酬を得てサービスを提供する活動がすべて、民法第632条の請負契約に基づくものであるということにはならないと思われます。

第6節 実務Q&A─法人税の具体的取扱い　**197**

なお、次の Q4-12 において、請負業に含まれる事務処理の委託を受ける業について解説しています。

■関係法令等…法法 4 ①、法令 5 ①十、印基通別表第 1 第 2 号文書 1、民 632、643、656

Q 4-12 請負業の判定―事務処理の委託を受ける業

請負業に含まれる「事務処理の委託を受ける業」とは、どのような事業を指しているのでしょうか？

A 「事務処理の委託を受ける業」は、他の者の委託に基づいて行う調査、研究、情報の収集及び提供、手形交換、為替業務、検査、検定、鑑定、帳簿監査などの事業と、法令等により本来国や自治体等が行うべき事務を受託する事業に限定して解釈する必要があります。

⊙ 解　説

現在の収益事業課税が始まった 1950（昭和 25）年から、請負業が規定されていましたが、請負業に「（事務処理の委託を受ける業を含む。）」と追加されたのは、1963（昭和 38）年からです。

当時の改正経緯には、「請負業の範囲については、疑義がないともいえなかった。すなわち、法令に基づいて行われない検査、検定等の請負業が、民法上の純粋の請負業であるともいい難く、解釈上問題が生ずるおそれもあるので、請負業の範囲に「（事務処理の委託を受ける業を含む。）」こととされたのである。」（一部筆者要約）と書かれています。

これは、請負業の範囲の明確化であり、公益法人の多くはその目的として、国や自治体が行うべき事務を代行していたことから、本来国等が行う事務の委託を広く請負業と解釈しても問題にならないようにしたものと考えられます。

そのため、現在の法人税基本通達には、当時明確化された事業（行政代行類似事業）が例示されています。

198　第 4 章　NPO 法人の法人税（収益事業課税）

（請負業の範囲）

15-1-27　令第5条第1項第10号《請負業》の請負業には、事務処理の委託を
　　　受ける業が含まれるから、他の者の委託に基づいて行う調査、研究、情報の収
　　　集及び提供、手形交換、為替業務、検査、検定等の事業（国等からの委託に基
　　　づいて行うこれらの事業を含み、同号イからニまでに掲げるものを除く。）は
　　　請負業に該当するが、農産物等の原産地証明書の交付等単に知っている事実を
　　　証明するだけの行為はこれに含まれない。

　しかし、この通達の解釈をもっと拡大した東京国税不服審判所の裁決事例が
あり、サービスを提供する事業全般が請負業に該当するとしています。

＜東京国税不服審判所の裁決事例（平成17年10月28日裁決要旨）＞

　　民法第656条の準委任契約における「事務」には、委託に基づき第三者のため
に行う行為全般が含まれ、法人税法施行令第5条第1項第10号に規定する「事
務処理」もこれと同様に解されるから、同号に規定する請負業には、第三者から
の委託により一定の役務又はサービスを提供して対価を得る事業全般が含まれる
ことになり、同号の除外規定に該当しない限り、その範囲は極めて広いものと解
される。

　しかし、このような解釈が成り立てば、保育や教育など従来から収益事業課
税の対象でなかった事業も、請負業に含まれてしまい、収益事業を34業種に
限定した意味がなくなってしまいます。

　前述のとおり、「事務処理の委託を受ける業」とは、従来の解釈を確認的に
示したものであって、収益事業を新たに追加したものではないことから、行政
代行類似事業である他の者の委託に基づいて行う調査・研究等の事業と、法令
等により本来国や自治体等が行う事務を受託する事業に限定した解釈を行うべ
きものと考えます。

　なお、詳しい考え方について本章第5節**2**（請負業の範囲の考え方）も参考
にしてください。

■関係法令等…法法4①、法令5①十、法基通15-1-27

第6節　実務Q&A―法人税の具体的取扱い　　*199*

Q 4―13 請負業の判定―就職カウンセリング

　知り合いのNPO法人から次の事業について、収益事業に該当するかどうかの質問を受けました。

　相談の事業は、大学の就職支援課が常設の就職カウンセリング業務を委託するので、NPO法人の職員（キャリアカウンセラー）が、学生に履歴書の書き方指導や就職カウンセリングを実施してほしい。ついては、業務委託契約を交わしたいというものです。

　具体的には、指定時間の間、相談員として相談を受けられる状態にして、学生の相談を受けることだけが決まっており、どのような指導をして欲しいということは特にありません。

　この相談業務は、請負業に該当するのでしょうか？

A いずれの収益事業にも該当しないと思われます。

⦿ 解　説

　受託する事業は、学生の就職に関してNPO職員のスキルをもって学生の個別の課題について相談対応を行うものであり、法人税基本通達15－1－27（請負業の範囲）の例示にある「他の者の委託に基づいて行う情報の提供」とは異なるものと考えます。

　また、履歴書の書き方などの指導は、22の技芸教授にも該当しないことから、いずれの収益事業にも該当しないと思われます。

　なお、委託関係を請負業と判定するかについてですが、委託する業務はカウンセリング業務のための職員の常駐であり、仕事を完成させる、または、調査・研究等の事務処理を委託するという請負業の範囲にはあたらないと考えます。

■関係法令等…法法4①、法令5①十、三十、法基通15－1－27

200　第4章　NPO法人の法人税（収益事業課税）

Q 4—14 請負業と他の特掲事業の判定―アフタースクール事業

　学校の部活動が地域クラブへ移行するため、NPO法人の設立または既存のNPO法人での業務受託を考えています。

　仮に、自治体または教育委員会から、サッカーなどのスポーツの指導を受託した場合、この事業は、収益事業の中の技芸教授業に該当しないと理解していますが、自治体等の委託事業であるため、請負業として課税されるのでしょうか？

A いずれの収益事業にも該当しないと思われます。

⊙ **解　説** ─────────────────────

　ご質問にもあるとおり、受託するサッカーなどのスポーツ指導は、収益事業の対象である22の技芸教授のいずれにも該当しません。

　また、請負業と他の特掲事業との関係から一度、請負業以外の収益事業判定において、他の事業の非課税判定や課税上の限定（本質問の場合が該当）を行った場合には、再度、請負業とする判定を行いませんから、いずれの収益事業にも該当しないことになります。

　なお、詳しい考え方については本章第5節**3**（請負業と他の特掲事業との関係の考え方）を参照願います。

■関係法令等…法法4①、法令5三十、法基通15-1-29

第6節　実務Q&A―法人税の具体的取扱い　**201**

Q 4—15 法人後見の受任

　私たちの NPO 法人は、親なきあとのための無料相談会や一般市民を対象とした後見制度の実務セミナーなどを開催していますが、家庭裁判所から2件ほど知的障害のある方の成年後見制度に基づく後見事務を受任しています。
　セミナーなどは無料で行っているため、法人税の対象にはならないと考えていますが、後見人としての報酬を受領していますので、法人税の申告が必要となるのでしょうか？

A 法定後見人の報酬は、いずれの収益事業にも該当しないと思われます。

⊙ **解　説**

　法定後見制度は、認知症や障害などによって、判断する能力が欠けていることが通常と認められる方（本人）について、申立てによって、家庭裁判所が「後見開始の審判」をして、本人を援助する人（成年後見人等）を選任する制度です。

　選任される後見人等は、ご本人の親族や専門職後見だけでなく、法人も受任することができるとされています。

　法定後見人の業務は、裁判所や法定後見監督人から監督を受けますが、国等が行うべき事業を代行しているものではなく、あくまでも、被後見人等の意思決定を支援し、本人の心身の状態や生活状況に配慮しながら、必要な代理行為を行うこととされており、報酬も被後見人等の財産から支出されることになっています。

　後見人の業務は、あくまでもご本人の意思決定支援であり、財産管理が主目的ではないことから、行政代行類似事業である、他の者の委託に基づいて行う調査、研究等の事業（法基通 15 − 1 − 27）にも該当しないと思われます。

　また、報酬は報酬付与の審判により事後的に裁判所が決定するものであり、本来の請負業としての性格（仕事の完成と報酬とが対価関係にあることが必要）

202　第4章　NPO法人の法人税（収益事業課税）

も有していないと考えられることから、いずれの収益事業にも該当しないと思われます。

■関係法令等…法法4①、法令5①十、法基通15−1−27

Q 4−16 こども将棋大会の判定

「こども将棋まつり」と称して、将棋大会を以前より開催しています。事業自体は赤字でしたが、本年度より企業・個人から協賛広告を募り、広告料収入が発生しています。
<まつり単独の収支計算（概算）>
　①　参加者は200名
　②　収入：参加費20万円、寄付金20万円、広告料収入80万円
　　　　　　計120万円
　③　支出：直接事業費　75万円
　④　利益：②−③＝差額45万円
　NPO法人全体の収支（損益）は約12万円の赤字です。当事者が税務署に相談したところ、「40万円を超える剰余金が生じているので慈善興行業等に該当せず、34事業の興行業に該当する。協賛広告料収入だけでなく、寄付金を含めて収支差額が法人税の対象となる」という見解だったようです。
　こども将棋まつりは「まつり」という表現をしていますが、プロによる将棋教室や指導将棋も行われており、むしろ将棋の普及活動や体験活動という性質ではないでしょうか？
　興行業という範疇には入らないとすると、「技芸教授業」の範疇ではないか、と考えています。

A 将棋大会は、いずれの収益事業にも該当しないと思われます。

⊙ 解　説

　税務署に相談された際は興行業として判定されたようですが、一般的に興行業とは、映画、演劇、演芸、舞踊、舞踏、音楽、スポーツ、見世物等を催し、

第6節　実務Q&A—法人税の具体的取扱い　　**203**

不特定または多数の者に観覧させる事業をいいます。

　将棋大会は、参加者が参加費を支払い自らトーナメントに参加するものであり、見せ物などの興行に該当しないので、興行業にはあたりません。

　また、将棋大会が対戦を通して行われる将棋の教授として、判定してはどうかとのご質問ですが、対戦のほかプロによる将棋教室や指導将棋が含まれているので、その部分においては、22の技芸にあたらない技芸の教授ということも可能だと考えます。

　さらに、協賛広告料の取扱いですが、広告を引き受ける行為は、収益事業の付随行為として掲げられているので、もとになる収益事業がなければ、単独で課税されることはありません（法基通15-1-6）。

（付随行為）

15-1-6　令第5条第1項《収益事業の範囲》に規定する「その性質上その事業に付随して行われる行為」とは、例えば次に掲げる行為のように、通常その収益事業に係る事業活動の一環として、又はこれに関連して行われる行為をいう。

　⑴　出版業を行う公益法人等が行うその出版に係る業務に関係する講演会の開催又は当該業務に係る出版物に掲載する広告の引受け

　⑵　技芸教授業を行う公益法人等が行うその技芸の教授に係る教科書その他これに類する教材の販売及びバザーの開催（中略）

　⑶　旅館業又は料理店業を行う公益法人等がその旅館等において行う会議等のための席貸し

　⑷　興行業を行う公益法人等が放送会社に対しその興行に係る催し物の放送をすることを許諾する行為

（以下略）

　したがって、ご質問の将棋大会は、いずれの収益事業にも該当しないと思われます。

■関係法令等…法法4①、法令5①二十六、三十、法基通15-1-6

Q 4−17 室内合奏団の公演の判定

　合奏団の経理を依頼されましたが、収益事業の区分について確信が持てないので質問します。
　①チケットを自ら売る自主公演と、②地域のためのコンサートとして民間の団体からの助成金を得て公演を行うもの、また、③中学校等への出張公演などを行っています。
　いずれの場合も、出演者には出演料の支払いがあります。

A　どの程度の利益が生じている公演なのかや公演回数など、ご質問からは判断できないのですが、一般的には、
　　①　チケットを自ら売る自主公演は、収益事業のうちの興行業に該当する
　　②　助成金を得て行う音楽コンサートは、助成金を除いた損益が、経常的に赤字となる活動であれば、収益事業たる事業には該当しない
　　③　中学校などへの出張公演は、演奏を行うことの対価として、学校などから出演料を得るのであれば、収益事業のうちの請負業に該当する
　　と思われます。

⊙ 解　説

①　チケットを自ら売る自主公演とは、自らが興行主となって、利益を得る目的で音楽の興行をするわけですから、収益事業のうちの興行業に該当すると思われます。

②　民間からの助成金の取扱いは、反対給付のない寄付金と同様であることから、収益事業課税の原則に従い、興行業の益金には含まれないと考えます。
　　したがって、民間の団体からの助成金を得て行う公演は、入場料が無料の場合はもちろん、有料の場合でも、助成金を除いた公演の損益は、おそらく赤字になるでしょうから、収益事業たる事業には該当しないと思われます。

③　中学校等への出張公演は、出演料が学校から支払われるのであれば、演

第6節　実務Q&A―法人税の具体的取扱い　**205**

奏という仕事の完成に対して、報酬が支払われる請負契約が成立していますので、請負業に該当すると思われます。

なお、「収益事業に係る収入又は経費を補填するために交付を受ける補助金等の額は、収益事業に係る益金の額に算入する。」（法基通15－2－12⑵）と定められていますが、この取扱いは、国、地方公共団体及び国、地方公共団体に準じた公的機関からの補助金や助成金等に関する取扱いであり、他人から贈与を受けた寄付金と同等の関係にある民間団体からの助成金については、この通達の適用はないものと考えます。

（補助金等の収入）

15－2－12　収益事業を行う公益法人等又は人格のない社団等が国、地方公共団体等から交付を受ける補助金、助成金等（資産の譲渡又は役務の提供の対価としての実質を有するものを除く。以下15－2－12において「補助金等」という。）の額の取扱いについては、次の区分に応じ、それぞれ次による。

⑴　固定資産の取得又は改良に充てるために交付を受ける補助金等の額は、たとえ当該固定資産が収益事業の用に供されるものである場合であっても、収益事業に係る益金の額に算入しない。

⑵　収益事業に係る収入又は経費を補填するために交付を受ける補助金等の額は、収益事業に係る益金の額に算入する。

（注）⑴に掲げる補助金等をもって収益事業の用に供する固定資産の取得又は改良をした場合であっても、当該固定資産に係る償却限度額又は譲渡損益等の計算の基礎となる取得価額は、実際の取得価額による。

■関係法令等…法法4①、法令5①十、二十六、法基通15－2－12

Q 4—18 指定管理者制度

指定管理者制度は、地方自治体が設置する「公の施設」の管理運営を民間企業やNPO法人などの団体に委ねることを可能とする地方自治法上の制度であり、2003年6月の法改正により創設されました。

従来からの管理委託制度の委託料は、請負業として収益事業課税されるケースが多かったと思いますが、指定管理者制度で自治体から交付される管理費も、請負業として収益事業課税されるのでしょうか？

A NPO法人が実施している業務内容から、収益事業の判定を行うことになりますが、実施している事業が収益事業にあたらない場合でも、国や自治体の事務を委託された事業は、請負業と判定され、収益事業課税される場合が多いと思われます。

⊙ 解　説

指定管理者制度による管理者の指定は、議会の議決が必要とされる行政処分であり、従来の管理委託制度とは法的性質が異なりますが、地方自治体は、管理運営の細目等を「協定書」により指示しているため、その協定書の内容に従って実施している業務内容から、収益事業の判定を行うことになります。

一般的に指定管理者制度は、「公の施設」の管理全般を一括して委ねることが多いので、施設の清掃やエレベーターの機械保守など、施設の維持管理に対して管理費が支払われることになると思われます（**図表4−8**参照）。

したがって、清掃や機械保守は、請負契約の類型ですから、請負業に該当する可能性が高くなるのではないでしょうか。

また、施設の維持管理だけでなく、管理者が市民に対して一定のサービスを提供するために、国や自治体の事務を代行することが多いので、この場合も、請負業に含まれる事務処理の委託を受ける業に該当することになります（本章第5節**4**（指定管理者制度に関する考え方）も参照願います）。

なお、指定管理者制度に基づいて行われる事業が、利益が生じない、または

図表４－８　指定管理者制度が適用される公の施設

分　類	公の施設
スポーツ関係	プール、体育館、市民球場、テニスコート等
公園関係	一般の公園、霊園、植物園、動物園、水族館等
文化関連	図書館、郷土資料館、博物館、美術館、ホール等
医療関係	公立病院、（リハビリテーションなどの）特定機能病院等
福祉関係	高齢者施設、障害者施設、保育所、児童館、保養所、福祉作業所等
生活関係	下水道、斎場、駐車場、駐輪場等
教育関係	林間学校、生涯学習センター等

少額な利益しか生じない仕組みになっているのであれば、事業としての性質（収益性など）から収益事業たる事業にはあたらないと考えることもできます。

　この場合、必要があれば、税務署長による実費弁償の確認を受けることも考えてはいかがでしょうか。

■関係法令等…法法４①、法令５①十、法基通 15－1－28

Q ｜ 4－19 ｜ **固定資産の取得にあてられる民間助成金**

　　介護保険サービスを提供している NPO 法人ですが、デイサービス事業において利用者の送迎に使用する車両を、民間の財団からの助成金を利用し買い替えることにしました。介護保険のデイサービス事業は、収益事業のうち医療保健業に該当するものとして、法人税の申告をしています。
　　収益事業の経費補填のために受け取る助成金なので、益金に算入することになるのでしょうか？

A　民間団体からの助成金も、一般の寄付金と同様に、益金に算入する必要はなく、減価償却も、実際の取得価額を基準に行って差し支えありません。

⊙ 解　説

　一般に、NPO法人が受け取る補助金、助成金、寄付金等の反対給付を伴わない金銭等の資産の贈与は、収益事業によって得たものではないので、収益事業の益金として取り扱われないことになっています。

　NPO法人が他から受ける補助金等の収益は、実質、元入金のような性格ですから、これらについて課税しないという原則は、営利法人の資本等取引について課税しないという立場と同様です。

　したがって、ご質問の助成金も、デイサービス事業のために使われるものであっても、一般原則通り収益事業の益金としては取り扱われません。

　また、営利法人において、払込みを受けた資本金によって購入した固定資産は、実際の取得価額を基礎として、減価償却することになりますから、ご質問の場合も、実際の取得価額での減価償却が認められています。

　なお、公益法人等が国、地方公共団体等から固定資産の取得または改良にあてるために交付される補助金等の額は、たとえその固定資産が収益事業の用に供されているものである場合であっても、収益事業に係る益金の額に算入しないとした通達（法基通15－2－12）がありますので、参考にしてください。

■関係法令等…法法4①、法基通15－2－12

Ｑ 4－20 実費弁償による事務処理の受託等 ―基本的なスタンス

　税務署長による実費弁償の確認について、関与先から問い合わせがありました。考え方の基本的なスタンスについて教えてください。

A　税務署長による実費弁償の確認を受けなくても、収益事業にならない事業があることを説明した上で、関与先が実費弁償の確認を受けておくことが必要と判断した場合には、確認を受けられるよう検討を進めていく必要があります。

第6節　実務Q&A―法人税の具体的取扱い　**209**

⊙ 解　説

　収益事業の判定にあたっては、採算を度外視した活動など事業としての性質（収益性など）や規模から収益事業たる事業に該当しないものも多く存在しています。

　それらすべてについて、実費弁償の確認を受ける必要はないと考えます。

　なぜなら、税務署長による実費弁償の確認は、税務署の担当者に、利益が生じない仕組みであることを認識してもらえないと確認が受けられませんので、単年度の赤字が想定されていても、さらに5年以内の期間において一定額以上の利益が生じない仕組みであることを、客観的に証明できなければ確認してもらえないのが実情です。

　税務署長による実費弁償の確認は、収益事業に該当しないという課税当局とNPO法人の合意事項です。関与先にとっても、事前に合意が得られれば、事業計画も安心して立てられるなどのメリットも多いのですが、合意がなくても収益事業に該当しない事業は、課税されることはないので、その点も踏まえて、関与先の意向を十分に把握していただく必要があると考えます。

　なお、税務署長による実費弁償の確認は、NPO法人の事業全般に対して行われるのではなく、申請のあった事業に対してのみ、実費弁償による事務処理の受託等に該当するかどうかの確認が行われます。

■関係法令等…法法4①、法令5①十、法基通15-1-28

Ｑ 4-21　実費弁償による事務処理の受託等—確認対象事業

　法人税法基本通達15-1-28の実費弁償規定は、同通達「第11款　請負業」の解釈通達です。したがって、請負業のうちの事務処理の受託の性質を有する事業についてのみ、確認の対象になるのでしょうか？

Ａ　請負業以外の事業（例えば、物品販売業や物品貸付業、金銭貸付業、興行業等）についても、この通達の適用対象となります。

⊙ 解　説

　通達等に明記はされていませんが、もともと利益が生ずる余地のない事業は、課税上の弊害がないという考え方から、請負業以外の収益事業であっても、実費弁償による事務処理の受託等の要件に該当する場合には、税務署長による確認が行われます。

　したがって、必ずしも法令の規定等によるものであることを要件としていないのですが、単に赤字が続いていることだけでは、税務署長による実費弁償の確認は受けられません。

　具体的には、実費弁償による事務処理の受託等が、

①　常に利益が出ない仕組みとなっていること（この場合において、管理部門の費用を配賦しても問題はない）

②　利益が生じても剰余金の返還や価格改定等が行われ、結果的に利益が生じない仕組みになっていること

③　利益が生じても、その業務の遂行上通常必要と認められる経費のおおむね１か月分を賄える程度の累積剰余金しか存在しない仕組みになっていること

のいずれかであることが正しく説明できれば、請負業以外の収益事業でも税務署長による実費弁償の確認が受けられると思われます。

■関係法令等…法法４①、法令５①十、法基通15－1－28

第6節　実務Q&A―法人税の具体的取扱い　**211**

Q 4—22 実費弁償による事務処理の受託等
—確認を受けやすい契約条項

　自治体から、障害者施設の運営を委託契約により受託することになりました。

　自治体との契約書にどのような文言を入れたら、実費弁償の事務処理の受託等に該当するものとして、収益事業にならないようになるのでしょうか？

A 契約書の委託料に関する条項に、次の1～4のような文言が記載されていることにより、剰余金が生じない、または剰余金が生じても返還することが明らかな場合であれば、税務署長による確認が受けられると思われます。

1．（委託金額は）業務の実施に要した実支出額と委託料の限度額のいずれか低い額とする。
2．委託業務に要した経費が委託料に満たないときは、精算額をもって委託料とする。
3．交付を受けた委託料に剰余金が生じたときは、これを返納しなければならない。
4．実支出額が委託料の額に達しないときは、委託料を減額することができる。

⊙ **解　説**

　実務上、税務署長による実費弁償の確認が受けられるのは、自治体との管理委託制度や指定管理者制度によるものが、ほとんどだと思われます。

　税務署長による実費弁償の確認を受けるためには、回答例を参考にして、契約締結前に、自治体や税務署の担当者と契約内容を詰めていく必要があります。

■関係法令等…法法4①、法令5①十、法基通15−1−28

212　第4章　NPO法人の法人税（収益事業課税）

Q 4—23 実費弁償による事務処理の受託等
　　　　　—申請書類と提出時期

　税務署長による実費弁償の確認を受けたいときの申請書類は、どこにありますか？　また、申請書の提出時期についても教えてください。

A 　税務署長による実費弁償の確認を受けるときの様式については、法令や通達に定めがないため、記載例（図表4−9参照）を参考にして、適宜、作成する必要があります。
　提出時期については、確認を受けたい事業を開始する日より前に税務署長の確認を受けておくことが望ましいことから、業務委託契約書を作成する場合は、契約書の記載内容を含め、事前によく相談しておくことが必要です。

⊙ 解　説

　4月から始まる事業年度について確認を受けたい場合は、年明けの早い時期から税務署で相談を始め、資料のやり取りをしながら税務署の担当者に事業の内容や事業による利益が生じない仕組み等であることをよく理解してもらう必要があります。

　作成する資料や年分については、税務署の担当者とよく打ち合わせを行ってください。

　ぎりぎりの確認申請では、担当者の理解に時間を要し、事業年度が始まってから結論が出る場合がありますので注意してください。

　なお、税務署長による実費弁償の確認を受けた事業については、収益事業に該当しないとされていることから、法人住民税の均等割が免除される場合があります。

　具体的な取扱いについては、それぞれの自治体にお問い合わせください。

■関係法令等…法法4①、法令5①十、法基通15−1−28

第6節　実務Q&A—法人税の具体的取扱い　**213**

図表 4 - 9　記載例

令和○○年○○月○○日

○○税務署長　　殿

特定非営利活動法人○○○

理事長　　○○○○　　印

実費弁償による事務処理の受託等の確認申請について

　標題のことについて、当特定非営利活動法人○○○が行う「○○○○事業」は、法人税法基本通達 15－1－28（実費弁償による事務処理の受託等）に該当すると認められますので、ご確認いただきたく申請します。

　なお、関係書類として下記の資料を添付します。

記

　　資料1　特定非営利活動法人○○○の概要

　　資料2　「○○○○事業」の概要

　　資料3　「○○○○事業」に関する契約書

　　資料4　令和○、○及び○事業年度の活動計算書

以　　上

Q 4—24 実費弁償による事務処理の受託等
―業務のために必要な費用の額を超えないこと

　実費弁償による事務処理の受託等の要件である「実費弁償（その委託により委託者から受ける金額が当該業務のために必要な費用の額を超えないことをいう。）」とは、具体的にはどのような場合を指しているのですか？

A 確認を受けたい事業の対価の額が、事業を行うために必要な額を超えないことが原則ですが、その業務の遂行上、通常必要と認められる費用のおおむね1か月分を賄える程度の累積剰余金が存在する場合であっても、税務署長による実費弁償の確認が受けられることになっています。

⊙ 解　説

　税務署長は、個々のNPO法人の業務の内容、収益と費用等を勘案して実費弁償による事務処理の受託等の判定をすることとされています。

　この場合、委託者から受ける金額が、その事業を行うために必要な額を超えないことが原則ですが、継続して業務を行うために必要な最低限の運転資金の存在は認められており、具体的には、費用のおおむね1か月程度の累積剰余金とされています。

　また、費用の額の算定には、管理部門の人件費等や事務所の賃借料など間接費の配賦額も、事業を行うために必要な額に含めることが認められています。なお、費用の額の算定は、税務計算に基づいて行われ、法人税法上認められていない役員退職給与引当金や建物修繕引当金などの任意積立金の繰入額は、費用の額に含めることはできませんので注意してください。

■関係法令等…法法4①、法令5①十、法基通15-1-28、国税庁質疑応答事例「実費弁償方式の判定における退職給与積立預金等の取扱い」

第6節　実務Q&A―法人税の具体的取扱い　215

Q 4─25 　実費弁償による事務処理の受託等─確認通知

　税務署長による実費弁償の確認を受けた場合、どのような形で通知される
のでしょうか？

A 　税務署長による実費弁償の確認を受けた場合は、記載例（図表4─10
　　参照）のような通知が行われます。

⦿ 解　説 ─────────────────────────────

　税務署長による実費弁償の確認を受けた場合には、文書による通知がされま
す。

　通知書には、確認を受けた事業が収益事業に該当しない期間（確認対象事業
年度のことで最長5年の期間）が記載されているはずです。

　また、確認対象事業年度後の事業年度においても、税務署長による実費弁償
の確認を受けるためには、記載例でいえば、令和11年3月31日までに、今回
の確認対象事業年度の決算書類や定款諸規定ならびに事業内容や、対価の精算
方法等を記載した資料を提出し、再確認を受ける必要があります。

　なお、税務署長の確認を受けた日以後に、確認を受けた事業内容を変更した
り、また、確認と異なるかたちで運営した場合には、この確認が取り消され、
法人税の申告義務が生じる場合がありますので、注意してください。

■関係法令等…法法4①、法令5①十、法基通15-1-28

216　第4章　NPO法人の法人税（収益事業課税）

図表 4 － 10　記載例

　　　　　　　　　　　　　　　　　　　　　　　　○○○第○○号
　　　　　　　　　　　　　　　　　　　　　　　令和○○年○○月○○日

特定非営利活動法人○○○
　理事長　　○○○○　殿

　　　　　　　　　　　　　　　　　　○○税務署長　　○○○○　印

　　　　　　実費弁償による事務処理の受託等の確認について
　　　　　　　（令和○○年○月○日付の申請に対する通知）

　標題のことについては、下記のとおり取扱います。

　　　　　　　　　　　　　　　　記

　貴法人から申請のあった事業は、法人税法基本通達15－1－28（実費弁償による事務処理の受託等）に該当するものであることを確認します。
　したがって、次に記載した確認対象事業年度においては、当該事業に係る法人税の申告は要しません。
　なお、確認対象事業年度後の各事業年度においても、この取扱いを受ける場合には、確認対象事業年度の最終事業年度終了の日までに再確認を受けなければなりません。
　また、この確認を受けた日以後、当該事業の内容が異なることとなり、又は、確認と異なる形で運営されることとなったため、「実費弁償による事務処理の受託等」に該当しないこととなった場合には、この確認を取り消すことになりますのでご注意ください。

確認対象 事業年度	自　令和 6 年 4 月 1 日 至　令和 11 年 3 月 31 日	の間の各事業年度

第 6 節　実務 Q&A―法人税の具体的取扱い　　*217*

Q 4−26 収益事業だけを行っている法人の運用益

当NPO法人は介護保険事業所のため、わずかな会費や寄付金以外、収入のほとんどが収益事業によるものです。
収益事業からの運用益は付随事業として法人税の課税対象となることは理解していますが、事業収益のすべてが収益事業の場合は、将来的にも運用益全額が申告対象になるということでしょうか？

A 余裕資金を区分して資産運用している場合には、収益事業しか行っていない場合でも、収益事業に付随して行われる行為に含めないことができます。

● 解　説

収益事業から生じた所得を、預金、有価証券等に運用する行為は、収益事業の性質上、その事業に付随して行われる行為に含まれることとされているので、受取利息等は益金に算入することになります。

しかし、収益事業から生じた所得のうち、その事業の運営のために通常必要と認められる金額以外の余裕資金を、貸借対照表や財産目録で区分表示し、別口座で管理運用している場合には、法人税法基本通達15−1−7の規定により、収益事業に付随して行われる行為に含めないとすることが可能です。

> （収益事業の所得の運用）
> 15−1−7　公益法人等が、収益事業から生じた所得を預金、有価証券等に運用する場合においても、当該預金、有価証券等のうち当該収益事業の運営のために通常必要と認められる金額に見合うもの以外のものにつき収益事業以外の事業に属する資産として区分経理をしたときは、その区分経理に係る資産を運用する行為は、15−1−6にかかわらず、収益事業に付随して行われる行為に含めないことができる。

ご質問者は、収益事業しか行っていない場合にも適用があるかを心配されていますが、資産の運用益自体は、そもそも収益事業の収益ではなく、収益事

の付随行為に該当する場合にのみ課税されることになっており、また、極めて少額でも収益事業以外の事業を行っている場合との不均衡から、余裕資金を完全に区分すれば、その運用益は課税対象とならないと考えます。

■関係法令等…法法4①、法令5①、法基通15−1−6、15−1−7

Q 4−27 収益事業開始届出等

NPO法人を設立し、事業年度の途中から、収益事業を開始する場合の法人税の提出書類について教えてください。

A NPO法人を設立した際には、「法人設立届出書」を提出する必要はありませんが、収益事業を開始する場合には、次の書類等を提出することになります。
　　・収益事業開始届出書
　　・青色申告の承認申請書
　　・棚卸資産の評価方法の届出書
　　・減価償却資産の償却方法の届出書

⊙ **解　説**

　NPO法人が新たに収益事業を開始した場合には、収益事業を開始したことにより、その収益事業に係る所得に対して法人税が課されることになります。

　NPO法人が新たに収益事業を開始した場合には、一般的には以下①〜③の届出・申請を行うことになります。

①　収益事業を開始した日以後2か月以内に提出する書類…「収益事業開始届出書」

＜添付書類＞

　イ．収益事業の概要を記載した書類

　ロ．収益事業開始の日における収益事業についての貸借対照表

　ハ．定款、寄附行為、規則もしくは規約その他これらに準ずるものの写し

第6節　実務Q&A─法人税の具体的取扱い　*219*

なお、収益事業を開始した日からその事業年度終了の日までの期間がみなし事業年度となります。

② 収益事業開始の日以後3か月を経過した日と事業年度終了の日とのいずれか早い日の前日までに提出する書類…「青色申告の承認申請書」

③ 収益事業開始した事業年度の確定申告期限までに提出する書類

イ．棚卸資産の評価方法の届出書

⇒棚卸資産の評価方法を選定する場合に限ります。

ロ．減価償却資産の償却方法の届出書

⇒減価償却資産の償却方法を選定する場合に限ります。

また、収益事業の開始の有無にかかわらず、役員報酬や職員（パート・アルバイトを含む）の給料支払いが見込まれる場合には、源泉所得税の納付が必要となるため、「給与支払事務所等の開設届出書」や「源泉所得税の納期の特例の承認に関する申請書」（給与の支給人員が常時10人未満の特例）の提出が必要になってきます。

■関係法令等…法法122、150、法令29②、51②、所法230、216

Q 4-28 誤って提出した収益事業開始届出書

NPO法人に関与することになり、その活動内容について検討したところ、同様の事業を行っている他のNPO法人は、法人税の申告をしておらず、NPO法人の担当者が、収益事業に該当するとして提出した収益事業開始届出書が間違って提出されたものと判断しました。

このような場合は、どのように対処したらいいでしょうか？

A 錯誤による無効を理由に、収益事業開始届出書の「取下書」を提出します。

● 解　説

民法第95条は、錯誤無効の要件として「法律行為の要素に錯誤があったと

図表4−11 「収益事業開始届出書の取下書」記載例

令和○○年○○月○○日

○○税務署長　　殿

特定非営利活動法人○○○

理事長　○○○○　印

取　下　書

　標題のことについて、○年○月○日に提出した「収益事業開始届出書」は、当初、法人税法の収益事業（○○業）に該当すると判定し、提出しましたが、事業内容を詳細に検討した結果、事業開始当初から収益事業には該当しないと判断しましたので、この書面をもちまして取下げさせていただきます。

　参考として、当初提出した収益事業開始届出書の控の写を添付いたしました。

以　上

き」と規定しており、要素の錯誤が無効主張の要件となっています。

　要素の錯誤とは、具体的には「錯誤がなければ法律行為をしなかったであろうと考えられる場合」（因果関係の側面）で、かつ、「取引通念に照らして錯誤がなければ意思表示をしなかったであろう場合」（重要性の側面）を指すと解されています。

　ご質問の場合、担当者が収益事業に該当する事業と判断したため、収益事業開始届出書を提出したのであって、当初から収益事業に該当しないことが判明していれば、当然、収益事業開始届出書は提出しなかったであろうと主張できます。

　したがって、錯誤の規定を援用することにより、届出自体が無効になるので、記載例（**図表4−11**参照）を参考にして取下書を作成し、税務署に提出すればいいでしょう。

　なお、すでに税務署に提出した収益事業開始申告書は、公文書になっていることから、取下書を提出しても現物が戻ってくることはありません。

また、税務署が収益事業開始届出書の取下書を受理したことと、その事業が収益事業にならないと判断することとは、まったく別物ですから、仮に税務署側で、やはり収益事業に該当すると判断した場合には、法人税の確定申告期限以後の税務調査により是正されることが想定されます。

なお、法人税の確定申告書を提出してしまった事業年度について、税額還付を受けたい場合には、申告書の取下書ではなく、法人税の更正の請求や更正の申出手続で対応することになります。

この場合には、還付税額等が発生するため、事実確認のために税務署等からの問い合わせや調査があると思われますので、請求の理由の基礎となった関係書類等を、準備しておく必要があります。

■関係法令等…民法 95、通法 23

Q 4−29 損益計算書等の提出制度

収益事業を行っていない NPO 法人ですが、法人税に関して税務署に何か届け出る必要はあるのでしょうか？

A 特に必要はありませんが、年間の収入金額の合計額が 8,000 万円を超える場合には、その事業年分の損益計算書または収支計算書を、事業年度終了の日の翌日から 4 か月以内に、主たる事務所の所在地の所轄税務署に提出する必要があります。

⊙ **解 説**

「公益法人等の損益計算書等提出制度」は、収益事業に該当する事業を行っているにもかかわらず、確定申告書を提出していない公益法人等を把握するために設けられた、租税特別措置法に規定された制度です。

提出法人は、法人税法別表第二に掲げられた公益法人等と NPO 法人など法人税法以外の法律によって、公益法人等とみなされる法人が対象となっているため、NPO 法人は活動計算書を提出することになります。

ただし、法人税の確定申告書を提出している NPO 法人と年間の収入金額の合計額が、8,000 万円以下の法人は、除かれています。

また、年間の収入金額には、事業収入のほか、会費や寄附金、補助金なども含みますが、土地や建物などの資産の売却により、臨時に発生する収入や借入金や積立金の取崩しなど、実収入にならないものは含まないとされています。

なお、損益計算書等を提出する事業年度が 1 年に満たない場合には、8,000 万円にその事業年度の月数（1 か月に満たない月数は 1 か月として計算）を乗じて、これを 12 で除して得た金額により判定しますので、注意してください。

■関係法令等…措法 68 の 6、措令 39 の 37、措規 22 の 22

＜参考文献＞
・武田昌輔『〔新訂版〕詳解 公益法人課税』全国公益法人協会、2000 年
・若林孝三『実例問答式 公益法人の税務（令和元年版）』大蔵財務協会、2019 年
・田中義幸『公益法人等における 収益事業の判定実務』新日本法規出版、2010 年
・佐藤友一郎『法人税基本通達逐条解説（九訂版）』税務研究会出版局、2019 年
・都井清史『新公益法人の制度・税務・会計』学陽書房、2008 年
・松原明ほか『ここからはじめる NPO 会計・税務』ぎょうせい、2008 年
・熊谷則一ほか『詳解 NPO 法人実務必携』中央経済社、2006 年
・馬場英朗ほか『完全マスター 基礎からわかる NPO 会計』合同出版、2006 年
・特定非営利活動法人 NPO 会計税務専門家ネットワーク「福祉サービスに関する法人税課税問題研究報告書」2020 年
・『税経通信 Vol.18、1963.5 臨時増刊号』税務経理協会、1963 年
・竹本英孝『指定管理者制度に関する一考察―法人税上の収益事業判定を中心として』税大論叢第 82 号、2015 年

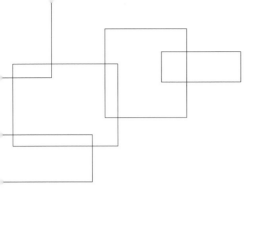

第5章

その他の税金

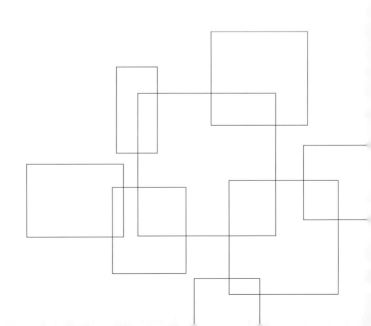

この章のポイント

　NPO法人が収益事業を行っている場合は、法人税の申告が必要になります。この章では、その際に必要となる収益事業の損益計算書と貸借対照表の作成方法を掲載しています。

　また、役員に支払われる報酬の法人税法上の取扱いとNPO法上の取扱いの違いや、認定NPO法人の税制上の優遇措置である、みなし寄附金の実務についても見ていきます。

　このほか、法人税以外の税金で株式会社などの営利法人とは異なるNPO法人特有の扱いをするものとして、国税については、印紙税、登録免許税を、地方税については、法人住民税、法人事業税、不動産取得税・自動車取得税、固定資産税を取り上げます。

■内容
第1節　法人税の申告納税手続
　　　　法人税の申告期限／確定申告書への添付書類／電子帳簿等保存制度
第2節　収益事業と収益事業以外の事業に共通する経費の取扱い
第3節　みなし寄附金
第4節　役員給与の取扱い
第5節　その他の税金
第6節　実務Q&A─法人税の申告納税手続の具体的取扱い
第7節　実務Q&A─役員に対して支給される金銭等の具体的取扱い
第8節　実務Q&A─その他の税金の具体的取扱い

第1節 法人税の申告納税手続

1 法人税の申告期限

　収益事業を営む NPO 法人は、その収益事業から生じた所得についてのみ法人税が課されることから、営利法人と同様に各事業年度終了の日の翌日から2か月以内に、税務署長に対し、確定した決算に基づき、当該事業年度の課税標準である所得の金額または欠損金額、その所得の金額につき税額の計算の規定を適用して計算した法人税の額などを記載した申告書を提出しなければなりません（法法74①）。それとともに、申告書に納付すべき法人税額がある場合には、当該申告書の提出期限までに、当該金額に相当する法人税を国に納付しなければなりません（法法77）。

　ただし、申告書を提出すべき内国法人が、災害その他やむを得ない理由により決算が確定しないため、当該申告書を上記の提出期限までに提出することができないと認められる場合には、納税地の所轄税務署長は、その内国法人の申請に基づき、期日を指定してその提出期限を延長することができるとされています（法法75の2①）。

　このやむを得ない理由には、「定時株主総会の招集時期を事業年度終了の日の翌日から3月以内である旨の定めをしている法人」（法基通17－1－4⑵）ということも含まれています。NPO 法人は事業報告書等の提出が事業年度終了の日から3か月以内とされていることから、提出期限の延長を申請することが可能です。

なお、この場合には法定申告期限を延長した日から延長された期限までの期間に応じた利子税を、法人税に合わせて納付する必要があります。

要点整理

　NPO法人は収益事業から生じた所得にのみ課税される。
　申告期限は営利法人と同じ各事業年度終了の日の翌日から2か月以内。ただし、提出期限の延長を申請することも可能。

2　確定申告書への添付書類

　NPO法人が提出する確定申告書には、当該事業年度の貸借対照表、損益計算書その他の財務省令で定める書類を添付しなければならないとされています。これも他の一般の法人と同様です。

　その他の財務省令で定める書類とは、次の①～③に掲げるもの（以下に掲げるものが電磁的記録で作成され、またはこれらの作成に代えて以下に掲げるものに記載すべき情報を記録した電磁的記録の作成がされている場合には、これらの電磁的記録に記録された情報の内容を記載した書類）とされています（法規35）。

①　当該事業年度の貸借対照表及び損益計算書
②　上記貸借対照表及び損益計算書に係る勘定科目内訳明細書
③　当該NPO法人の事業等の概況に関する書類

　上記①の書類には、NPO法人が行う収益事業以外の事業に係るこれらの書類が含まれるとされており（法基通15-2-14）、収益事業に係る貸借対照表や損益計算書だけではなく、法人全体の貸借対照表や損益計算書を提出する必要があります。

　なお、法人全体の損益計算書や貸借対照表は、所轄庁に提出する活動計算書と貸借対照表を提出すれば足りるので、あらためて作成する必要はありません。

　法人税法上、収益事業から生じた所得にのみ法人税が課税されるため、適切にその金額を算定する必要があることから、収益事業に属する経理と収益事業

図表5－1　申告書と財務諸表の関係図

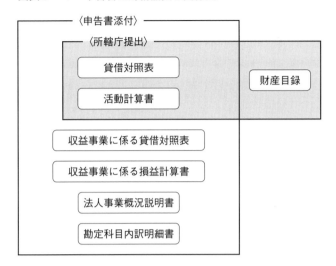

以外の経理を区分することが求められています（法令6）。この区分は単に収益及び費用だけでなく資産及び負債に関する経理についても区分することとされているため（法基通15－2－1）、収益事業だけの財務諸表の作成が必要になります。

3　電子帳簿等保存制度

　改正電子帳簿保存法は、2022（令和4）年1月から施行されましたが、準備に間に合わないこと等により電子取引のデータ保存義務については、2年間の宥恕措置が設けられました。

　電子帳簿等保存制度は、税法上保存が必要な「帳簿」や「領収書・請求書・決算書など(国税関係書類)」を、紙ではなく電子データで保存する制度をいい、次の3つに区分されています。

　①　電子帳簿・書類のデータ保存
　②　書類のスキャナ保存

③　電子取引データの保存

このうち、①電子帳簿・書類のデータ保存、②書類のスキャナ保存について
は、希望者のみが対応すればよいとされています。

しかし、電子取引データの保存については、法人税に関して帳簿・書類の保
存義務が課されている者は、注文書・契約書・送り状・領収書・見積書・請求
書などに相当する電子データをやりとりした場合には、その電子データ（電子
取引データ）を保存しなければならないとされ、収益事業を行い法人税の申告
をしている NPO 法人には影響が生じています。

電子取引とは、具体的には、EDI 取引、インターネット等による取引、電子
メールにより取引情報を授受する取引（添付ファイルによる場合を含みます）、
インターネット上にサイトを設け、当該サイトを通じて取引情報を授受する取
引等が該当します。

電子取引データの保存にあたっては、真実性や可視性を満たす必要があり、
具体的には、次のような Q&A があります（国税庁「電子帳簿保存法一問一答（電
子取引関係）令和 5 年 6 月」問 27）。

問 27　請求書や領収書等を電子的に（データで）受け取ったり送付した場合、
　　どのように保存すればよいですか。

【回答】

　電子的に受け取ったり送付した請求書や領収書等については、データのまま保
存しなければならないこととされており（法 7）、その真実性を確保する観点か
ら、以下のいずれかの条件を満たす必要があります（規則 4 ①）。

⑴　タイムスタンプが付与されたデータを受領（規則 4 ①一）

⑵　速やかに（又はその業務の処理に係る通常の期間を経過した後、速やかに）
　タイムスタンプを付す（規則 4 ①二）

　　※　括弧書の取扱いは、取引情報の授受から当該記録事項にタイムスタンプを
　　　付すまでの各事項に処理に関する規程を定めている場合に限る。

⑶　データの訂正削除を行った場合にその記録が残るシステム又は訂正削除がで
　きないシステムを利用して、授受及び保存を行う（規則 4 ①三）

(4) 訂正削除の防止に関する事務処理規程を策定、運用、備付け（規則４①四）

また、事後的な確認のため、検索できるような状態で保存すること（規則２⑥五）や、ディスプレイ等の備付け（規則２②一イ、ロ）も必要となります。

なお、上記の条件を具備し、その他の要件も充足した形で適切に電子取引データを保存しているのであれば、自己の管理の便宜のために書面に出力したり、データ喪失時に備えて念のため書面に出力したものを併せて保存しておくといった対応をすることは、特段禁止されていません。

このように原則的な取扱いでは、データにタイムスタンプを付すなどシステムを見直すことや保存したデータを検索できるファイル管理等を行わなければならなくなっていますが、基準期間（２課税年度前）における売上高が5,000万円以下の保存義務者については、次の条件を満たせば、原則的なルールでの保存義務がなくなりました。

① 保存時に満たすべき要件に従って電子取引データを保存することができなかったことについて、所轄税務署長が相当の理由があると認める場合

② 税務調査等の際に、電子取引データのダウンロードの求め及びその電子取引データをプリントアウトした書面の提示・提出の求めにそれぞれ応じることができるようにしている場合

この①の「相当の理由があると認める場合」とは、システム等の整備が間に合わない場合など、原則的なルールに従って電子取引データの保存を行うための環境が整っていない事情も含まれています（事前申請等は不要）。

また、ECサイトで物品を購入したときやインターネットバンキングを利用した振込などの電子取引データについても、ECや銀行のサイト上でこれらのデータが随時確認できる状態であれば、必ずしも電子取引データをダウンロードして保存する必要がないこととされました（国税庁ホームページ「お問合せの多いご質問（令和６年３月）」）。

したがって、改正電子帳簿保存法により電子取引データの保存が義務化されましたが、規模がそれほど大きくないNPO法人で、一般の消費者と同じような電子取引を行っている場合には、大きな影響はないものと考えられます。

要点整理

　法人税の申告義務のない NPO 法人や消費税の申告のみをしている NPO 法人については、改正電子帳簿保存法の対象外です。

　規模の大きくない保存義務者については、保存要件が緩和されているので、従来どおり書面の出力と、メールや添付データを破棄せず保存することでの対応が可能となっています。

第2節 収益事業と収益事業以外の事業に共通する経費の取扱い

　NPO法人が収益事業と収益事業以外の事業とを行っている場合における費用または損失の額の区分経理については、次の①②によります（法基通15-2-5、**図表5-2**参照）。

① 収益事業について直接要した費用の額または収益事業について直接生じた損失の額は、収益事業に係る費用または損失の額として経理する。

② 収益事業と収益事業以外の事業とに共通する費用または損失の額は、継続的に、資産の使用割合、従業員の従事割合、資産の帳簿価額の比、収入金額の比その他当該費用または損失の性質に応ずる合理的な基準により収益事業と収益事業以外の事業とに配賦し、これに基づいて経理する。

図表5-2　経費の配賦

収益事業にのみ要することが明らかな費用	収益事業以外の事業にのみ要することが明らかな費用	どちらに要するか明らかでないもの、あるいは両者に共通して要するもの
収益事業の損益計算書の費用とする	収益事業の損益計算書に関係させない	収益事業割合分を収益事業の費用とする
		収益事業割合は ・勘定科目ごとに設定することができる ・合理的な基準であれば認められる ・その基準は継続しなければならない

また、NPO 法人が収益事業と収益事業以外の事業とに金銭その他の資産を区分し、収益事業以外の事業に属する金銭その他の資産を収益事業のために使用した場合に、収益事業から収益事業以外の事業へ賃借料、支払利子等を支払うこととしていたとしても、その額を収益事業に係る費用または損失として経理することはできないことに留意する必要があります。

　つまり、内部経費は経費とは認められず、外部への支払いがある経費、例えば賃貸物件の事務所の賃借料であるとか、外部から借り入れた借入金に対する支払利息のみが認められます。これらが収益事業と収益事業以外の事業の両方に係る経費であれば共通経費として扱い、適切な基準を用いて経費を配賦していくことになります。

第3節 みなし寄附金

　認定 NPO 法人には寄付金に関する税制優遇措置が設けられています。いわゆる「みなし寄附金」といわれる制度です。これは認定 NPO 法人がその収益事業に属する資産のうちから、その収益事業以外の事業で特定非営利活動に係る事業に該当するもののために支出した金額を、その収益事業に係る寄付金の額とみなして損金（経費）に算入することを認める制度です（法法 37 ⑤、措法 66 の 11 の 3）。

　本来、1 つの法人内での資金の移動は内部取引にすぎないため経費として認められませんが、認定 NPO 法人は、収益事業で獲得した資金を使って公益性の高い事業を行っていると考え、このような税制優遇措置が認められています。ただし、その金額は認定 NPO 法人の場合には、所得金額の 50％ あるいは 200 万円のいずれか大きい金額が限度となります。

　なお、みなし寄附金制度は認定 NPO 法人にのみ認められた税制優遇措置ですので、特例認定 NPO 法人には認められていません。

　また、この規定の適用を受けた法人の認定が取り消された場合には、取消しの基因となった事実が生じた日を含む事業年度からその取消しの日を含む事業年度の前事業年度までの各事業年度（その取消しの日を含む事業年度終了の日前 7 年以内に終了した各事業年度に限る）において損金の額に算入されたみなし寄附金の合計額は、取消しの日を含む事業年度において行う収益事業から生じた収益の額とみなされます。

第3節　みなし寄附金　235

要点整理

　認定NPO法人にはみなし寄附金が認められている。

　内部取引でも損金として認められる経費である。

　みなし寄附金の支出先は、収益事業以外の特定非営利活動に係る事業に限られる。

　認定が取り消されると、過去に損金算入されたみなし寄附金は益金になる。

第4節 役員給与の取扱い

1 NPO法における取扱い

　NPO法では、利益の分配を防止する目的から、報酬を支給することができる役員（理事及び監事）の数を役員の3分の1以下でなければならないとしています（NPO法2）。そのため、役員全員に役員報酬を支給することはできません。

　ただし理事が職員を兼務し、その労働の対価としての給与を支払っている場合には、その給与部分については役員報酬とされません。一方で、その給与の金額が適正な基準を大幅に上回るものであるような場合においては、実質、役員報酬とみなされる可能性もあります。

┌─ 要 点 整 理 ────────────────────────────
│
│　NPO法では、役員報酬を支給できる役員の数は役員総数の3分の1以下でなければならない。
│　この場合の役員報酬には、理事が職員を兼務している場合の労働の対価部分は含まれない。
│
└──────────────────────────────────────

2 法人税法における取扱い

　法人税法では、定期同額給与、事前確定届出給与等に該当しない役員給与は、損金不算入となります。ただし、使用人兼務役員の使用人給与部分については、役員給与に該当しないこととされています（法法34①）。

　この使用人兼務役員とされない役員は、以下のように定められています（法令71、下線は筆者による）。

> 一　代表取締役、代表執行役、<u>代表理事及び清算人</u>
> 二　<u>副社長、専務、常務</u>その他これらに準ずる職制上の地位を有する役員
> 三　合名会社、合資会社及び合同会社の業務を執行する社員
> 四　取締役（委員会設置会社の取締役に限る。）、会計参与及び監査役並びに<u>監事</u>

　したがって、NPO法人の場合、代表理事や定款等に基づいて就任している副理事長、専務理事、常務理事等、監事は使用人兼務役員になれません。

　例えば老人介護サービスを実施しているNPO法人で、理事も介護ヘルパーをしているような法人の場合、理事でも他の職員と同様に時給や日給で給与を支給していることがあります。このときこの理事が理事長、副理事長などの使用人兼務役員になれない理事の場合は、変動した部分の給与は損金不算入となります。

　一方で年に1回支給する理事や監事への報酬のように、定期給与の支給をしない役員に対し、所定の時期に確定額を支給する旨の定めに基づいて支給される給与については事前に届出をしなくても、損金算入ができることになっています（法基通9−2−12（注））。

　また、副理事長、専務理事、常務理事等については、定款や総会、理事会等の決議で付与された地位でなければ、使用人兼務役員として扱える場合もあります（法基通9−2−4、9−2−6）。

238　第5章　その他の税金

要点整理

　法人税法上の役員給与については、定期同額給与、事前確定給与に該当しない場合には損金不算入になる。

　定款等で定められている代表理事や副理事長、専務理事、常務理事等、監事は、使用人兼務役員になれない。

コラム

NPO 法人会計基準との関係

　NPO 法人は、外部への情報公開により不適正な法人運営のチェックを期待する制度であることから、NPO 法人会計基準においても役員報酬の額を財務諸表から容易に知ることができるような工夫がされています。

　これにより、総会の決議を経ずに、お手盛りで役員の人件費が決定されることを防いでいます。

　具体的には、以下のような区分に従い活動計算書に表示されます。

活動計算書の勘定科目	① ②以外の役員への支払い	② 使用人兼務役員への使用人分の支払い（監事や代表権を有する理事には該当部分はない）	③ 使用人への支払い
事業費	役員報酬	給料手当	給料手当
管理費	役員報酬	給料手当	給料手当

　NPO 法第 2 条の「役員のうち報酬を受ける者の数が、役員総数の 3 分の 1 以下でなければならない」という規定に該当する役員報酬とは、①の管理費に計上された役員報酬を受ける役員です。

　また、①に該当するものでも指定管理等の事業を実施する際に、役員報酬という勘定科目が使用できないという理由等により、給料手当という勘定科目で計上している場合や、②の使用人兼務役員の使用人分給与は、下記のように財務諸表の注記でその旨を記載することになります。このとき、人ごと、勘定科目ごとに年間の合計金額が 100 万円以下のものについては重要性が低いので、記載する必要はありません。

第 4 節　役員給与の取扱い　239

なお、法人税法上の役員給与の判定においては、会計上の勘定科目にかかわらず役員給与（使用人兼務役員の使用人分給与を除く）として取り扱われます。

　また、勘定科目内訳明細書の「役員報酬手当等及び人件費の内訳書」では、注記のような金額の要件はありませんので、100万円以下のものについても記載することになります。

【役員及びその近親者との取引の内容】　　　　　　　　　　　　　　　　（単位：円）

科目	財務諸表に計上された金額	内、役員との取引	内、近親者及び支配法人等との取引
（活動計算書） 給料手当（事業費） 給料手当（管理費）	10,000,000 5,500,000	3,000,000 2,000,000	2,000,000 1,500,000
活動計算書　計	15,500,000	5,000,000	3,500,000

| 第 5 節 | その他の税金 |

1 印紙税

印紙税は、日常の経済取引に伴い作成される特定の文書に課税される税金です。課税文書に該当するかどうかは、記載された内容をもとに判断する必要があります。

法人税においては、NPO 法人は法人税法上の収益事業を行っている場合にのみ課税されますが、印紙税法においては収益事業を行っているかどうかにかかわらず、基本的には営利法人と同様に取り扱われます。

ただし、「金銭又は有価証券の受取書」(17 号文書) については、営業に関しない受取書は非課税となっているため、NPO 法人が発行する領収書はたとえ収益事業に関するものであっても、印紙を貼付する必要はありません。

このほかに NPO 法人が作成する文書のうち、「請負に関する契約書」(2 号文書) は営利法人と同様に課税されますが、「継続的取引の基本となる契約書」(7 号文書) のうち営業者*の間において作成される契約書については、NPO 法人は営業者に該当しないため、課税関係は生じないことになります。

また、「定款」(6 号文書) についても、会社 (株式会社等) の設立のときに作成される定款の原本に限られていますので、NPO 法人は課税されません。

＊営業者とは、営利を目的として商行為を反復継続する者をいいます。NPO 法人は印紙税法上、会社及び公益法人以外の私法人で、営利を目的とせず、利益金または剰余金の配当または分配を行わないことから、営業者に該当しません。

第 5 節 その他の税金　　*241*

> **要点整理**
>
> NPO 法人に関して、印紙が不要となる文書例
> ① 金銭又は有価証券の受取書（17 号文書）
> ② 定款（6 号文書）
> ③ 継続的取引の基本となる契約書（7 号文書）の一部

2 登録免許税

　登録免許税は、不動産、会社、人の資格などについての登記、登録、特許、免許、許可、認可、認定、指定及び技能証明について課税される税金です。

　NPO 法人は、法人登記（設立、登記事項変更等）に関する登録免許税は免除されますが、不動産登記の場合には課税されます。

3 法人住民税

　法人住民税は、都道府県及び市町村に支払う税金で、法人税割と均等割があります。

　法人税割は、NPO 法人が法人税法上の収益事業を行っている場合にのみ申告義務があります（地法 24 ⑤、294 ⑦）。法人税割の課税標準は、法人税法で課税される法人税額です。このため、赤字の法人は課税されません。

　均等割は、収益事業を行っているかどうかにかかわらず申告、納付の義務があります（地法 52 ①、53、312 ①、321 の 8 ①）。収益事業を行っている法人の申告期限は、法人税の申告期限と同じですが、収益事業を行っていない法人は前年 4 月 1 日から 3 月 31 日までの期間の均等割につき、毎年 4 月 30 日までに申告、納付をする義務があります。

　ただし、収益事業を行っていない NPO 法人は、減免申請書を法人の事務所等の所在地を管轄する都道府県税事務所及び市区町村役場に提出すれば、均等割が減免されます。

減免の手続きは毎年 4 月 30 日までに行う必要がありますが、期限までに申請書等を提出しない場合は、減免されない場合もありますので注意してください。

また、均等割の減免の内容や手続き、申請の期限は、各自治体で異なるため個別に確認をする必要があります。

4　法人事業税

法人事業税は、法人税法上の収益事業を行っている場合にのみ課税されます。複数の都道府県に事業所を設けて収益事業を行っている法人の場合は、所得金額を都道府県ごとの従事員数で按分した金額が課税標準となります。

ただし、一定の要件に該当すれば減免となる場合がありますので、法人の事務所の所在する各都道府県税事務所で確認してください。

5　不動産取得税、自動車取得税

不動産取得税は、土地、建物等を取得したときに取得した者に対して課税される税金です。自動車取得税は、自動車を買ったり、もらったりしたときに課税される税金です。

ただし、収益事業を行っていない NPO 法人がその活動を行うための不動産、自動車の取得に対しては、不動産取得税・自動車取得税の課税を減免する自治体や、収益事業を行っている NPO 法人がその活動を行うための不動産、自動車を無償で取得した場合には、設立から 1 年以内に所有権移転登記された場合等に限り、不動産取得税・自動車取得税の課税を減免する自治体もありますので、法人の事務所の所在する各都道府県税事務所で確認してください。

6 固定資産税、都市計画税

　固定資産税は、毎年1月1日時点において、土地、家屋、償却資産を所有している者に対し、その固定資産の価格をもとに課税される税金です。固定資産の価格は、総務大臣が定めた固定資産評価基準により評価されます。

　ただし、土地、家屋、償却資産について、固定資産の価格の合計額が同一市町村内で次の金額に満たない場合には、固定資産税は課税されません（地法351）。

土地：30万円　　家屋：20万円　　償却資産：150万円

　都市計画税は、毎年1月1日時点において、「都市計画区域内」に土地、家屋を所有している者に対し、その固定資産の価格をもとに固定資産税と同時に課税される税金です。

　ただし、NPO法人が運営する児童福祉施設用、老人福祉施設用、障害者支援施設用、包括的支援事業用、及び一定の社会福祉事業用に供する固定資産等（償却資産を含む）については、非課税となるものもあります（地法348②十の四、十の五、十の六、十の七、十の九、十の十、702の2）。

　また、各市区町村において、NPO法人が公益のために直接専用する固定資産に対して固定資産税、都市計画税の減免を行う自治体もありますから、法人の事務所の所在する各市区町村に減免の有無を確認してください。

図表 5 − 3　NPO 法人に関する法人税、消費税以外の主な税金（まとめ）

① 国税

税　目	営利法人	NPO 法人
印紙税	課税	領収書、定款、継続的取引の基本となる契約書の一部は課税されない
登録免許税	課税	法人登記に関するものは非課税

② 地方税

税　目	営利法人	NPO 法人
法人住民税	課税	原則収益事業課税。収益事業を行わない等の場合は均等割の減免制度あり
法人事業税	課税	原則収益事業課税。一部自治体で減免制度あり
不動産取得税・自動車取得税	課税	一部の自治体で減免制度あり
固定資産税・都市計画税	課税	一定の社会福祉事業に供する固定資産等は非課税。自治体により減免制度あり

第**6**節 実務 Q&A
―法人税の申告納税手続の
具体的取扱い

Q 5－1 収益事業の損益計算書

収益事業の損益計算書は、具体的にどのように作成すればよいでしょうか？

A 法人税法上、収益事業から生じた所得にのみ法人税が課税されるため、収益事業だけの損益計算書の作成が必要になります。ここでは「法人税法上の損益計算のための配賦計算表」から収益事業の損益計算書を作成する方法を示します。

⊙ 解 説

具体的な作成方法は法令等では示されていないため、実務上さまざまな方法が用いられています。ここでは事例を用いて、1つのパターンを紹介します。

［事例］

「NPO 法人○○○」は子育て支援事業を行っており、事業区分としては、生活支援事業、学習支援事業、相談事業の3つがあり、生活支援事業と学習支援事業では、書籍を継続的に出版販売している。

収益事業としてはこの出版事業があり、ほかはすべて収益事業以外の事業である。当期の活動計算書と事業別損益の状況は次の表のとおりである。なお、収益事業の前期繰越損益金は 1,000 千円である。

246 第 5 章 その他の税金

<事業内容>

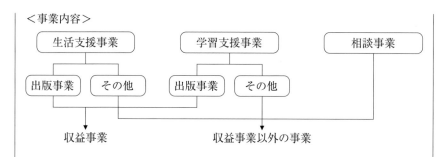

<活動計算書>

NPO法人 ○○○

活　動　計　算　書
令和○年4月1日から令和○年3月31日まで　　　（単位：千円）

科　　　目	金　　　額	
Ⅰ経常収益		
1.受取会費	6,000	
2.受取寄付金	15,000	
3.事業収益	6,500	
経常収益計		27,500
Ⅱ経常費用		
1.事業費		
(1)人件費		
給料手当	18,000	
人件費計	18,000	
(2)その他経費		
売上原価	2,000	
地代家賃	600	
諸謝金	500	
租税公課	50	
減価償却費	1,000	
その他経費計	4,150	
事業費計		22,150
2.管理費		
(1)人件費		
給料手当	3,000	
人件費計	3,000	
(2)その他経費		
支払手数料	450	
その他経費計	450	

管理費計		3,450	
経常費用計			25,600
税引前当期正味財産増減額			1,900
法人税、住民税及び事業税			500
当期正味財産増減額			1,400
前期繰越正味財産額			1,200
次期繰越正味財産額			2,600

＜事業別損益の内訳＞

(単位：千円)

科　目	生活支援事業	学習支援事業	相談事業	事業部門計	管理部門	合計
Ⅰ経常収益						
1.受取会費					6,000	6,000
2.受取寄付金					15,000	15,000
3.事業収益	3,500	2,500	500	6,500		6,500
経常収益計	3,500	2,500	500	6,500	21,000	27,500
Ⅱ経常費用						
(1)人件費						
給料手当	7,000	6,000	5,000	18,000	3,000	21,000
人件費計	7,000	6,000	5,000	18,000	3,000	21,000
(2)その他経費						
売上原価	1,100	900		2,000		2,000
地代家賃	350	250		600		600
諸謝金		100	400	500		500
租税公課	30	20		50		50
減価償却費	600	400		1,000		1,000
支払手数料					450	450
その他経費計	2,080	1,670	400	4,150	450	4,600
経常費用計	9,080	7,670	5,400	22,150	3,450	25,600
当期経常増減額	△5,580	△5,170	△4,900	△15,650	17,550	1,900

＜参考：生活支援事業と学習支援事業の税法上の収益事業の金額＞

(単位：千円)

科　目	生活支援事業			学習支援事業			合計
	合計	収益事業	収益事業以外	合計	収益事業	収益事業以外	収益事業
収益の部							
【経常収益】							
事業収益	3,500	3,200	300	2,500	2,300	200	5,500
経常収益計	3,500	3,200	300	2,500	2,300	200	5,500
費用の部							
【事業費】							
給料手当	7,000	800	6,200	6,000	200	5,800	1,000
売上原価	1,100	1,100	—	900	900	—	2,000
地代家賃	350	—	350	250	—	250	—
諸謝金	—	—	—	100	100	—	100
租税公課	30	—	30	20	—	20	—
減価償却費	600	—	600	400	—	400	—
経常費用計	9,080	1,900	7,180	7,670	1,200	6,470	3,100

(注) 地代家賃、租税公課、減価償却費は、収益事業と収益事業以外の事業に共通して
　　かかる経費である。上記の表では、収益事業以外の事業の区分に含めてある。

　以上の条件をもとに、収益事業の損益計算書を作成するための表を以下①～
⑥の手順で作成します。

① まず、集計した活動計算書の金額を**図表5－4**の「法人税法上の損益計算のための配賦計算表」（以下「配賦計算表」という）の一番左に記載していきます。

図表5－4　法人税法上の損益計算のための配賦計算表①

NPO法人　○○○

令和○年4月1日から令和○年3月31日まで　　　　　　（単位：千円）

内訳	活動計算書 A＝B＋C＋D	非収益 B	共通 C	収益 D	共通の内、収益 E＝C×配賦率	収益事業の 損益計算書 F＝D＋E
収益の部						
【経常収益】						
受取会費	6,000	6,000				
受取寄付金	15,000	15,000				
事業収益	6,500	1,000		5,500		
収益合計	27,500	22,000		5,500		
費用の部						
【事業費】						
給料手当	18,000	17,000		1,000		
売上原価	2,000			2,000		
地代家賃	600		600			
諸謝金	500	400		100		
租税公課	50		50			
減価償却費	1,000		1,000			
【管理費】						
給料手当	3,000		3,000			
支払手数料	450		450			
費用合計	25,600	17,400	5,100	3,100		
差引	1,900					
法人税等	500					
税引後	1,400					

250　第5章　その他の税金

② 日常の会計処理の中で区分しておいた「収益」「収益事業以外」（この配賦表では「非収益」という）のそれぞれの事業に該当する収益及び費用を対応する欄に記載していきます。両者に共通する事業費が存在する場合には、「共通」の欄に記載します。

　ここでは、事業収益の中に収益事業から発生したものと、収益事業以外の事業から発生したものとが混在していますが、もし事業収益の全額が収益事業である場合には、通常、事業費は収益事業に直接かかった費用ですので、事業収益に対応する事業費の費用はすべて「収益」の欄に分類することになります。

　また、管理費については、会費を集めるための郵送代など、明らかに収益事業以外の事業に係るものは「非収益」に分類し、それ以外の「収益」と「非収益」に共通する経費は「共通」に分類します。ここでは、すべて「共通」の経費として分類しています。

③ 共通経費を、収益事業と収益事業以外の事業に配賦します。共通経費の按分に使用する基準は、資産の使用割合、従業員の従事割合、資産の帳簿価額の比、収入金額の比などが考えられます。なお、採用した基準は正当な理由がない限り継続して使用することに注意してください。ここでは、従業員の従事割合の比を使用して按分していきます。

　従業員の従事割合の比の算出方法は、次のとおりです。

$$\frac{収益事業の従業員の従事時間}{全従業員の従事時間} = 配賦率$$

収益事業の従業員の従事時間は 128 h、全従業員の従事時間は 640 h だった場合、ここでの配賦率を算出すると、

$$\frac{128h}{640h} = 20\%$$

となります。この配賦率を使って、共通経費を按分していきます。

④　按分した結果を、配賦計算表に記載していきます。そして収益事業の金額と共通経費のうち、収益事業に配賦した金額の合計額を一番右の欄に記載します。その結果が**図表５－５**になります。

図表５－５　法人税法上の損益計算のための配賦計算表②

NPO法人　○○○

令和○年４月１日から令和○年３月31日まで　　　（単位：千円）

内訳	活動計算書 A=B+C+D	非収益 B	共通 C	収益 D	共通の内、収益 E=C×配賦率	収益事業の損益計算書 F=D+E
収益の部						
【経常収益】						
受取会費	6,000	6,000				
受取寄付金	15,000	15,000				
事業収益	6,500	1,000		5,500		5,500
収益合計	27,500	22,000		5,500		5,500
費用の部						
【事業費】						
給料手当	18,000	17,000		1,000		1,000
売上原価	2,000			2,000		2,000
地代家賃	600		600		120	120
諸謝金	500	400		100		100
租税公課	50		50		10	10
減価償却費	1,000		1,000		200	200
【管理費】						
給料手当	3,000		3,000		600	600
支払手数料	450		450		90	90
費用合計	25,600	17,400	5,100	3,100	1,020	4,120
差引	1,900					1,380
法人税等	500					500
税引後	1,400					**880**

別表４へ

⑤　この一番右の欄が、「収益事業の損益計算書」になります。税引き後の金額を別表4の一番上に転記し、申告書を作成していきます（**図表5-6**参照）。

図表5-6　別表4の記載例

所得の金額の計算に関する明細書（簡易様式）

区　　分			総額	処分	
				留保	社外流出
			①	②	③
当期利益又は当期欠損の額		1	880,000	880,000	配当
					その他
加算	損金経理をした法人税（附帯税を除く）	2			
	損金経理をした道府県民税（利子割額を除く。）及び市町村民税	3			
	損金経理をした道府県民税利子割額	4			
	損金経理をした納税充当金	5	500,000	500,000	
	損金経理をした附帯税（利子税を除く。）加算金、延滞金（延納分を除く。）及び過怠税	6			その他
	減価償却の償却超過額	7			
	役員給与の損金不算入額	8			その他
	交際費等の損金不算入額	9			その他
		10			
	小　　計	11	500,000	500,000	
減算	減価償却超過額の当期認容額	12			
	納税充当金から支出した事業税等の金額	13			
	……				
	小　　計	21	0	0	
仮　　計		22	1,380,000	1,380,000	
……					

事業年度　○・4・1　○・3・31　法人名　NPO法人○○○

（注）ほかの調整項目は無視している。

⑥ 別表5⑴の繰越損益金には、収益事業の損益計算書の当期利益880,000
円に、前期繰越損益金の1,000,000円をプラスした1,880,000円を記載し
ます（**図表5－7**参照）。

図表5－7　別表5⑴の記載例

利益積立金額及び資本金等の額の計算に関する明細書		事業年度	○・4・1　○・3・31	法人名	NPO法人○○○

I 利益積立金額の計算に関する明細書					
区　　分		期首現在利益積立金額	当期の増減		差引翌期首現在利益積立金額
			減	増	
		①	②	③	④
利　益　準　備　金	1				
積　立　金	2				
	3				
······					
繰越損益金（損は赤）	26	1,000,000	1,000,000	1,880,000	1,880,000
納　税　充　当　金	27	400,000	400,000	500,000	500,000
未納法人税等　未　納　法　人　税	28				
未　納　道　府　県　民　税	29				
未　納　市　町　村　民　税	30				
差　引　合　計　額	31				

254　第5章　その他の税金

Q 5-2 事業を収益事業と収益事業以外の事業に集計する方法

決算時に、法人税法上の損益計算のための配賦計算表を用いて収益事業の損益計算書を作成する場合、収益事業と収益事業以外の事業に区分する上で、気をつけることはありますか？

A 日常の会計処理の段階から区分経理をし、配賦計算表での集計をしやすくしておく工夫が必要です。

⊙ 解 説

収益事業の規模が大きく、種類が多い場合は、日常の処理の中で区分しておくほうが効率的です。そのためには、部門等を用いて収益事業に関する部分を区分します。

会計ソフト等を利用している場合、部門設定の機能を利用することになりますが、NPO 法人会計基準では複数事業を行っている場合には、事業費の内訳または事業別損益の状況の開示が望まれることから、税務申告目的のためだけでなく、開示についても視野に入れて部門設定するようにしてください。

先の事例では、事業別損益の状況は、生活支援事業、学習支援事業、相談事業の３つの区分で表示しています。ですが配賦計算表を作成する際には、生活支援事業と学習支援事業に含まれる税法上の収益事業に該当する部分と収益事業以外の事業に該当する部分、さらには収益事業・収益事業以外の事業に共通する部分に区分しておくと便利です。したがって、会計ソフトなどの部門設定は注記用の区分をさらに細分化して、収益事業と収益事業以外の事業とに区分しておくとよいでしょう。

部門設定の例としては、**図表 5 − 8** となります。

第 6 節　実務 Q&A―法人税の申告納税手続の具体的取扱い　**255**

図表5-8 部門設定の例示

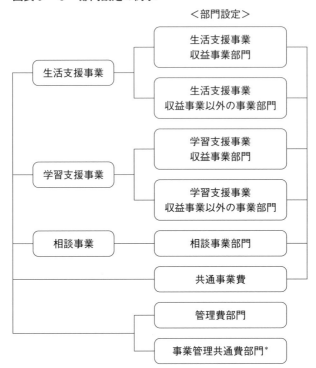

＊事業費と管理費に共通する経費を集計する部門

Q 5−3 共通経費の取扱い

収益事業と収益事業以外の事業に共通する経費については、どのように扱えばよいでしょうか？

A 収益事業と収益事業以外の事業の両方に共通する経費が発生した場合、合理的な基準により、収益事業と収益事業以外の事業とに按分します。

⊙ 解 説

具体的には、資産の使用割合、従業員の従事割合、資産の帳簿価額の比、収入金額の比その他当該費用または損失の性質に応ずる合理的な基準により収益事業と収益事業以外の事業とに配賦し、これに基づいて経理します。これらの基準は毎期継続的に適用していきます。

先の事例で用いた基準は、従業員の従事割合の比です。収入金額の比が従事時間の比など他の割合とほとんど変わらない場合には、実務上の観点から収入金額の比で按分することが多いようです。一方で、収入金額は少ないが、従事割合が高い事業などがある場合には、収入金額の比で按分すると、各事業の事業費の金額が実態とかけ離れたものになる場合があります。このような場合には、従事時間の比などで按分するとよいでしょう。

また、会費や寄付など一般的にコストがあまりかからない課税されない収益が多い場合、収入金額の比で按分すると収益事業以外の事業へ配賦する金額が大きくなり税金対策上は不利となる場合もありますので、そのような場合にも、従事時間など他の比で按分するほうが望ましいでしょう。

按分の考え方については、NPO法人会計基準で事業費と管理費に共通する経費の取扱いについて定めている箇所があります。詳しくは、「Q2−8　共通経費の按分」、「Q2−9　共通経費の按分計算—具体例」で共通経費の按分について説明していますので、そちらを参考にしてください。その際、事業費と管理費という箇所を、収益事業と収益事業以外の事業に読み替えてください。

第6節　実務Q&A—法人税の申告納税手続の具体的取扱い　**257**

Q 5—4 簡便的な収益事業の損益計算書

収益事業をごく小規模に行っています。収益事業の損益計算書を簡便的に作成する方法はありませんか？

A 収益事業の規模がごく小規模である場合には会計処理を特別に分けることはせず、収益事業の損益計算書を作成する際に活動計算書に集計された金額の中から、収益事業に関する収益及び費用を抜き出して法人税の申告を行う方法がとられることがあります。

⊙ 解　説

　決算時に収益事業に関する収益及び費用を抜き出す方法です。日常の会計処理では一切税務申告用の視点での区分を行わないため、会計処理が煩雑になりません。

　ただし、この方法は収益事業の規模や法人全体の規模があまり大きくない場合に適用するのがよいでしょう。

258　第5章　その他の税金

Q 5-5 貸借対照表を区分している場合の収益事業の損益計算書

収益事業の規模が大きくなり、事業ごとに収益や費用だけではなく、資産や負債も分けて管理しています。このような場合の収益事業の損益計算書の作り方を教えてください。

A 収益事業と収益事業以外の事業の会計処理を完全に区分し、収益事業の損益計算書と貸借対照表を作成します。

⊙ 解 説

　法人税法上の収益事業の規模が大きい場合や収益事業を完全に切り離せるような場合には、会計処理を完全に区分し、収益事業と収益事業以外の事業の損益計算書と貸借対照表をそれぞれ作成します。

　もっとも正確な結果がもたらされる方法ではありますが、実務が煩雑になることもあり、実際に適用している法人は一部だと思われます。

Q 5-6 収益事業に固有の資産がない場合の貸借対照表

収益事業に固有の資産がない場合や現金預金についても特段区分して管理していない場合には、収益事業に係る貸借対照表はどのように作成すればよいでしょうか？

A 収益事業に固有の資産がない場合や現金預金についても特段区別して管理していない場合は、収益事業の貸借対照表を添付せず、法人全体の貸借対照表だけを添付するという方法が、実務ではよく行われています。

⊙ 解 説

　法人税法上、収益事業から生じた所得にのみ法人税が課税されるため、適切

第6節　実務 Q&A―法人税の申告納税手続の具体的取扱い　**259**

にその金額を算定する必要があることから、収益事業に属する経理と収益事業以外の経理を区分することが求められています（法令6）。この区分は単に収益及び費用だけでなく資産及び負債に関する経理についても区分することとされています（法基通15－2－1）。

　しかし、実際は収益事業に固有の資産がない場合や、現金預金を区分していない法人もあると思います。そのような場合、税額の計算上支障がないため、収益事業に係る損益計算書と法人全体の貸借対照表を提出するという方法が実務ではよく行われています。

　これとは別に、収益事業の貸借対照表の金額をすべてゼロとして作成し、これに対応したかたちで収益事業に係る損益計算書を作成する方法もあります（日本公認会計士協会東京会『公益法人会計のQ&A』による方法）。

　先の事例を用いて、説明します。

　収益及び費用については区分経理を日常より行い、各事業に直接係る収益及び事業費と共通経費の扱いについては先に紹介した方法と同様です。異なるところは、「収益事業以外の事業への寄付金」という項目が出てくるところです。

　具体的に数字を示すと、**図表5－9**のようになります。

　収益事業の損益計算書で計算した税引き後の利益880千円（1,380千円－500千円）を「収益事業以外の事業への寄附金」として計上します。

　この金額は、収益事業以外の事業への「みなし寄附」として取り扱われます。

図表 5 － 9　法人税法上の損益計算のための配賦計算表③

NPO 法人　○○○

令和○年 4 月 1 日から令和○年 3 月 31 日まで　　　（単位：千円）

内訳	活動計算書 A＝B＋C＋D	非収益 B	共通 C	収益 D	共通の内、収益 E＝C×配賦率	収益事業の 損益計算書 F＝D＋E
収益の部						
【経常収益】						
受取会費	6,000	6,000				
受取寄付金	15,000	15,000				
事業収益	6,500	1,000		5,500		5,500
収益合計	27,500	22,000		5,500		5,500
費用の部						
【事業費】						
給料手当	18,000	17,000		1,000		1,000
売上原価	2,000			2,000		2,000
地代家賃	600		600		120	120
諸謝金	500	400		100		100
租税公課	50		50		10	10
減価償却費	1,000		1,000		200	200
【管理費】						
給料手当	3,000		3,000		600	600
支払手数料	450		450		90	90
費用合計	25,600	17,400	5,100	3,100	1,020	4,120
差引	1,900					1,380
収益事業以外の 事業への寄付金						880
法人税等	500					500
税引後	1,400					0

⇩

別表 4 へ

第 6 節　実務 Q&A─法人税の申告納税手続の具体的取扱い　**261**

認定を受けていない NPO 法人の場合は、「みなし寄附」は損金不算入ですから別表4で加算することになります（**図表5－10**参照）。その結果、最初に紹介した収益事業の損益計算書を用いて算出した税額計算と同一となります。

図表5－10　別表4の記載例

所得の金額の計算に関する明細書（簡易様式）		事業年度	○・4・1 ○・3・31	法人名	NPO法人 ○○○

区　　　分			総額	処分		
				留保	社外流出	
				②	③	
当期利益又は当期欠損の額		1	0	0	配当	
					その他	
加算	損金経理をした法人税（附帯税を除く）	2				
	損金経理をした道府県民税（利子割額を除く。）及び市町村民税	3				
	損金経理をした道府県民税利子割額	4				
	損金経理をした納税充当金	5	500,000	500,000		
	損金経理をした附帯税（利子税を除く。）加算金、延滞金（延納分を除く。）及び過怠税	6			その他	
	減価償却の償却超過額	7				
	役員給与の損金不算入額	8			その他	
	交際費等の損金不算入額	9			その他	
		10				
	小　　計	11	500,000	500,000		
減算	減価償却超過額の当期認容額	12				
	納税充当金から支出した事業税等の金額	13				
	……					
	小　　計	21				
仮　　　計		22				
……						
寄附金の損金不算入額		26	880,000		その他	880,000
……						
合　　　計		34	1,380,000	500,000		880,000

（注）ほかの調整項目は無視している。

262　第5章　その他の税金

Q 5−7 **収益事業の貸借対照表の作成方法**

　日常の会計処理においては、収益及び費用項目については部門を設定し区分しています。収益事業に固有の資産及び負債も存在しますが、貸借対照表項目については区分していません。その場合、どのように収益事業の貸借対照表を作成すればよいでしょうか？

A 日常より区分経理していない場合は、棚卸法で貸借対照表を作ることができます。損益計算書によって求められる収益事業の正味財産増減額との差額は、元入金として処理する方法を紹介します。

⊙ **解　説**

　法人税法上、収益事業から生じた所得にのみ法人税が課税されるため、その金額を正確に算定する必要があることから、収益事業に属する経理と収益事業以外の経理を区分することが求められており（法令6）、この区分は単に収益及び費用だけでなく資産・負債に関する経理についても区分することとされています（法基通15−2−1）。

　そのため、税務上は、日常の会計処理において資産・負債に関しても区分経理をしておくことを求めているようにも読めます。

　しかし、現預金を収益事業用の現預金と非収益事業用の現預金に分けていないケースも多く、固定資産なども収益事業と非収益事業に共通して使用されているケースも多いため、期中は区分経理をできないケースも多いのではないかと思います。

　その場合には、期末における収益事業に係る固有の資産・負債を集計し、それを基に貸借対照表を作成する方法（以下「棚卸法」という）により収益事業の貸借対照表を作ることができます。

　先の例を用いて説明すれば、収益事業の損益計算書は次のとおりです。

第6節　実務Q&A─法人税の申告納税手続の具体的取扱い　*263*

法人税法上の損益計算のための配賦計算表

NPO 法人 ○○○

令和○年4月1日〜令和○年3月31日　　　　　　　　（単位：千円）

内訳	活動計算書	非収益	共通	収益	共通の内、収益	収益事業の損益計算書
収益の部						
【経常収益】						
受取会費	6,000	6,000				
受取寄付金	15,000	15,000				
事業収益	6,500	1,000		5,500		5,500
合　　計	27,500	22,000		5,500		5,500
費用の部						
【事業費】						
給料手当	18,000	17,000		1,000		1,000
売上原価	2,000			2,000		2,000
地代家賃	600		600		120	120
諸謝金	500	400		100		100
租税公課	50		50		10	10
減価償却費	1,000		1,000		200	200
【管理費】						
給与手当	3,000		3,000		600	600
支払手数料	450		450		90	90
費用合計	25,600	17,400	5,100	3,100	1,020	4,120
差引	1,900					1,380
法人税等	500					500
税引後	1,400					880
前期繰越正味財産額	5,000					1,000
次期繰越正味財産額	6,400					1,880

　また、期末における収益事業に係る固有の資産・負債は次のとおりであったとします。

264　　第5章　その他の税金

区分	預金	売掛金	棚卸資産	未払金	未払法人税
当期末残高	2,590	460	80	300	500

　これに基づいて貸借対照表を作成すると、以下のようになります。

(単位：千円)

	貸借対照表	収益事業貸借対照表
資産の部		
流動資産		
現金預金	7,360	2,590
売掛金	460	460
棚卸資産	80	80
資産合計	7,900	3,130
負債の部		
流動負債		
未払金	1,000	300
未払法人税等	500	500
固定負債		
元入金（非収益事業からの借入金）	―	450
負債合計	1,500	1,250
正味財産の部		
前期繰越正味財産額	5,000	1,000
当期正味財産増減額	1,400	880
正味財産合計	6,400	1,880
負債及び正味財産合計	7,900	3,130

第6節　実務Q&A—法人税の申告納税手続の具体的取扱い　**265**

元入金とは、収益事業を開始したときに収益事業以外の事業から貸付けられた資金等に相当するものです。その後、その資金を返還した場合のほかに、収益事業の経費を収益事業以外の事業の資産で支払った（元入金の増加）、あるいは収益事業以外の事業の経費を収益事業の資産で支払った（元入金の返還）場合に変動します。

　日常の会計処理で貸借対照表の項目を区分経理していない場合の元入金の額（450千円）は、「期末の収益事業に属する資産（3,130千円）－収益事業に属する負債（800千円）－繰越利益（1,880千円）」から計算することになります。

　この繰越利益（1,880千円）は、別表五（一）の繰越損益金に記載される金額になります。

　なお、1つの資産が収益事業と非収益事業とに共用されている場合、それぞれの事業に専用されている部分が明らかな場合を除き、その資産については、収益事業に属する資産についての区分経理はしないで、その償却費その他の費用の額のうち収益事業に係る部分の金額を、収益事業に係る費用として経理します（法基通15－2－1）。

　この場合、収益事業に振り替えられた減価償却費の額だけ元入金が増加することになります。

266　第5章　その他の税金

Q 5−8 申告書の添付書類

確定申告書に添付する貸借対照表や損益計算書は、収益事業に係る部分だけで十分でしょうか？

A NPO 法人が提出する貸借対照表や損益計算書等の書類には、当該 NPO 法人が行う収益事業以外の事業に係るこれらの書類が含まれるとされており（法基通 15−2−14）、収益事業に属する貸借対照表や損益計算書等だけでなく、法人全体の貸借対照表や損益計算書等も添付することに留意しておく必要があります。

⊙ 解 説

収益事業から生じた所得にのみ課税される仕組みであることから、その根拠となる収益事業の貸借対照表や損益計算書を提出すれば済むと考えがちですが、法人全体の貸借対照表や損益計算書の提出も必要とされています。

これは法人全体の金額を把握することにより、収益事業の配分が適切であるかを確認するためと考えられます。

また、法人全体の損益計算書は活動計算書を提出すれば足りるので、あらためて作成する必要はありません。

なお、他の添付書類については本章第 1 節**2**（確定申告への添付書類）を参考にしてください。

第 6 節　実務 Q&A─法人税の申告納税手続の具体的取扱い　**267**

Q 5-9 収益事業を行っている場合の電子データの保存範囲

収益事業を行っている NPO 法人ですが、規模が大きく仮に電子帳簿保存法に基づく電子データの保存が必要な場合、収益事業に係る申告に必要な範囲で記録、保存するという理解で問題ないでしょうか？　なお、法人税の申告に際しては青色申告を行っています。

A 法人税法における取引書類の保存義務により、青色申告法人である NPO 法人は収益事業を含むすべての事業の取引に関する帳簿書類を保存しなければならないとされています。

⊙ 解 説

NPO 法人を含む公益法人等が青色申告法人である場合、書類の保存について、「収益事業に係る取引に関して」とされておらず、収益事業を含むすべての事業の取引に関する書類を保存しなければならないこととされています（法法 126 ①、法規 59 ①）。

また改正電子帳簿保存法においては、電子取引（「取引情報」（取引に関して受領し、または交付する注文書、契約書、送り状、領収書、見積書その他これらに準ずる書類に通常記載される事項）の授受を電磁的方法により行う取引）を行った場合については、電子データの保存が必要とされていますが、この「取引情報」について収益事業に係る事項は定められていません。

したがって、電子取引データの保存義務に関しては、所得税法や法人税法などの国税に関する帳簿書類等を電子取引データとして保存するものであり、青色申告法人である公益法人等の場合、収益事業を含むすべて事業の取引に関する帳簿書類等を保存しなければならないこととなります。

なお、収益事業を行っている青色申告法人以外の公益法人等の場合は、収益事業に係る取引に限定した条文が存在するので、電子データの保存範囲が異なります。

■**関係法令等**…電子帳簿保存法 7、法法 126 ①、150 の 2 ①、法規 59 ①、66 ①、67 ①、②、
「収益事業を行う青色申告法人である公益法人等の電子取引情報に係る電磁
的記録の保存について」（令和 6 年 3 月 19 日　大阪国税局文書回答事例）

第7節

実務 Q&A
―役員に対して支給される金銭等の具体的取扱い

Q 5—10 実費経費の精算

　無給の理事が日常的に事務所に出てきて仕事をしています。また自宅でも電話やメールを使って法人の業務をしていますので、実費くらいは支払いたいのですがどうしたらよいでしょうか？

A 通常認められる程度の金額を毎月支給することは可能です。

⊙ 解　説

　無給の理事に対する交通費や通信費の実費精算は、法人の経費となりますし、本人の所得にもなりません。

　経費の算出方法としては、本来ならば出勤簿や電話の通信記録等により実費であることを証明する必要がありますが、実務上煩雑であれば、使用頻度などを用いて経費を算定し、支払うことになります。

Q 5—11 給与か請負か

　理事に NPO 法人のホームページを作成してもらいました。この理事に対する作成料の支払いは、どのような扱いになるでしょうか？

A 有給の理事か無給の理事かで、扱いが異なります。

⊙ 解　説

　常勤または非常勤で有給の理事であれば、業務の一部として役員給与となります。使用人兼務役員になれない理事の場合は、損金不算入となる可能性があります。無給の理事の場合は、正当な金額であれば一般的な請負契約となり、外注費となります（デザイン料等に該当する場合は、源泉徴収をする必要があります）。

　なお、このように法人と理事との間で取引を行う場合は、NPO 法で禁止されている「利益相反取引」に該当する場合がありますので、契約内容や作成料の金額等については理事会での承認決議が必要です。なお、この決議には当事者である理事が加わることはできません。

Q 5—12 講師料の支払い

　理事に当 NPO 法人主催のセミナーの講師をしてもらいました。この理事に対する講師料の支払いは、どのような扱いになるでしょうか？

A 外部の講師と同じ基準か、それ以下の金額を支払うのであれば問題ありません。

⊙ 解　説

　ただし、有給の理事の場合は、それは業務の一部ですから手当と解釈され役員給与となります。使用人兼務役員になれない理事の場合は、損金不算入とな

第7節　実務 Q&A―役員に対して支給される金銭等の具体的取扱い　271

る可能性があります。無給の理事の場合は、通常の報酬源泉税を徴収(10.21％)する必要があります。

なお、利益相反取引の承認決議を講師依頼のたびに行うのは大変ですから、内部講師に関する規程を設けておくのがよいでしょう。

Q 5—13 みなし寄附金の会計処理

認定 NPO 法人が法人税の確定申告で、みなし寄附金の適用を受けるためには、期末までに現預金を収益事業から非収益事業のために支出する必要がありますか？

A 現実に支出していなくても、確定した決算により、収益事業から非収益事業へ区分経理（振替処理）を行った場合には、みなし寄附金の適用が受けられると考えます。

⦿ **解 説**

みなし寄附金は、公益法人等がその収益事業に属する資産のうちからその収益事業以外の事業のために支出した金額は、その収益事業に係る寄附金の額とみなして、 寄附金の損金不算入の規定を適用する(法法37⑤)とあることから、期末までに現預金の支出がないと適用がないとも考えられます。

しかし、たまたま当期中に支出した場合には適用があり、支出が翌期になった場合には適用がないということでは、同項の規定の適用がいかにも偶然に支配される結果となって不合理で安定しない面があるので、公益法人等が自らその確定した決算において区分経理をすれば、その区分経理をもって非収益事業のための支出がされたものとみなして、みなし寄附金の規定が適用されます。

この区分経理には次の2つの方法が考えられます。

① 活動計算書において収益事業の剰余金を他勘定振替額で処理する

② 収益事業に係る資産を非収益事業に係る資産に振り替え、支払寄付金として処理する

この処理は決算時のみではなく、例えば収益事業で一括して支払った家賃を、非収益事業へ合理的な基準により配賦した際に、内部取引科目で振替処理した金額なども、みなし寄附金として扱うことができると考えます。

　①②のどちらの方法も税務申告上の処理なので、内部取引として相殺され外部報告用の活動計算書上には表れませんので、注意してください。

　公益法人等が収益事業から生じた所得を預金、有価証券等に運用する行為は収益事業の付随行為とされていますが、当該収益事業の運営のために通常必要と認められる資産以外の余裕資産を非収益事業へ区分経理をしたときは付随行為に含めず、さらにその区分経理をした金額については、みなし寄附金の規定の適用があります。

　この場合、収益事業のみを行っている法人であっても、預金や有価証券などに運用する行為それ自体を独立した非収益事業として扱い、みなし寄附金の規定が適用できます。

　ただし、収益事業の金銭その他の資産を非収益事業に属するものとして区分経理をしても、その一方で非収益事業から収益事業へその金銭等の額に見合う金額の元入れがあったものとして経理するなど、実質的に金銭等の支出がなかったと認められるときには、みなし寄附金の規定の適用は受けられません。例えば、収益事業のために行った借入金の返済額が収益事業の当期正味財産の増加額では賄いきれず、非収益事業の資金により補塡する状態が経常的に行われている場合などが該当するでしょう。

■関係法令等…法基通15-1-6、15-1-7、15-2-1、15-2-3、15-2-4、15-2-5

第 **8** 節　実務 Q&A
—その他の税金の具体的取扱い

Q 5—14　領収書に貼る印紙

　NPO 法人が作成する領収書の印紙税の取扱いは、どうなるのでしょうか？

A　NPO 法人が作成する領収書は、収益事業に関して作成するものであっても、すべて営業に関しない受取書として非課税となります。

⊙ 解　説

　領収書は「金銭又は有価証券の受取書」（17 号文書）に該当しますが、このうち営業に関しない受取書は非課税になっています。NPO 法人は、事業で得た利益を分配することができないとされているので、営業には該当しません。

　したがって、営業者に該当しない NPO 法人が作成する領収書は非課税となります。

■**関係法令等**…印法 5、印法別表第一「課税物件表」、印基通別表第 1 第 17 号文書 22

Q 5—15 契約書に貼る印紙—行政機関との契約

行政機関と請負契約書を交わす場合に、印紙は必要でしょうか？

A 請負契約書（2号文書）に該当すれば、行政機関が保管するものに印紙を貼付する必要があります。

⊙ 解　説

契約書は、通常の場合契約当事者の数だけ作成し、それぞれに署名押印した上、各自1通ずつ持ち合います。行政機関とNPO法人が共同で契約書を作成する場合、行政機関が保管する契約書はNPO法人が作成したものとされ、NPO法人が保管する契約書は行政機関が作成したものとされます。

この場合、行政機関が作成する文書は印紙税法上非課税となりますので、NPO法人が保管する契約書には、印紙を必要としません。一方、行政機関が保管するものはNPO法人が作成した文書となりますので、印紙を要することになります。

したがって、NPO法人が国や自治体から業務を請負った場合、契約書を2通作成し各自保管する場合には、行政機関が保管するものにのみNPO法人が印紙を貼付する必要がありますので、注意してください。

なお、行政からの委託契約のうち、請負に関する契約書に該当しない委任に関する契約書の場合には、そもそも印紙を貼付する必要のない文書（不課税文書）となっています。

■関係法令等…印法4⑤

第8節　実務Q&A—その他の税金の具体的取扱い　**275**

Q 5—16 契約書に貼る印紙―継続的取引の基本契約

営利法人と継続的取引の基本となる契約書を交わす場合に、印紙は必要でしょうか？

A NPO法人は営業者にあたりませんので、「継続的取引の基本となる契約書」（7号文書）の一部に関しては、課税関係は生じません。印紙の貼付は不要です。

⦿ 解　説 ─────────────────────────

「継続的取引の基本となる契約書」（7号文書）は、印紙税法施行令第26条に契約書の範囲が定められており、第1号から第5号の文書が規定されています。

そのうちの第1号に規定された文書は「特約店契約書その他名称のいかんを問わず、営業者（法別表第一第17号の非課税物件の欄に規定する営業を行う者をいう。）の間において、売買、売買の委託、運送、運送取扱い又は請負に関する2以上の取引を継続して行うため作成される契約書で、当該2以上の取引に共通して適用される取引条件のうち目的物の種類、取扱数量、単価、対価の支払方法、債務不履行の場合の損害賠償の方法又は再販売価格を定めるもの（電気又はガスの供給に関するものを除く。）」とされています。

NPO法人については、「Q5-14　領収書に貼る印紙」で説明したとおり、営業者に該当しませんので、印紙税法施行令第26条第1号の文書には、課税されません。

なお、同第2号から第5号までの文書（代理店契約書、業務委託契約書、銀行取引約定書、信用取引口座設定約諾書、保険特約書等）には、営業者間という規定がありませんので、営利法人と同じ取扱いとなります。

■関係法令等…印法5、印法令26一、印法別表第一「課税物件表」17号文書非課税物件欄2

Q 5—17 契約書に貼る印紙—指定管理者の協定

指定管理者の協定書には、印紙が必要でしょうか？

A 「指定管理者協定書」に記載された契約内容により判断することになります。その内容が委任契約を証するものであれば印紙税は課税されないため、印紙の貼付は不要です。

⊙ 解　説

　NPO法人は、行政などとの間で契約書を結ぶ場合がありますが、その契約書が請負契約書に該当すれば、印紙税が課税されます。しかし、その契約が「請負契約」ではなく、「委任契約」であれば、印紙税法別表第一に規定されている1号文書から20号文書のいずれにも該当しないので、印紙税は課税されません。

　指定管理に関する協定書を「請負に関する契約書」とみなすかどうかが問題となります。

　『月刊 地方自治』第740号の「最近の地方研修会等における質疑応答について」によると、「公の施設の管理権限は、指定管理者に委ねられることとされているが、これは民法第632条において『請負は、当事者の一方がある仕事を完成することを約し、相手方がその仕事の結果に対して報酬を与うることを約するによってその効力を生ずる。』と規定される『請負』とは、性格を異にするものと考えられる。したがって、管理権限の範囲内における業務の詳細事項を定める『協定書』については、一般的には請負契約に該当するような仕事の完成を約しているとは認められないことから、印紙税法上の『請負に関する契約書』には該当しないと解される。」とありますので、「指定管理者協定書」に記載された契約内容が委任契約を証するものであれば、印紙の貼付は不要と解釈されます。

■関係法令等…地方自治法244の2、民法632

第8節　実務Q&A—その他の税金の具体的取扱い　277

Q 5—18 法人住民税均等割の減免申請

NPO 法人には、法人住民税が課税されますか？

A NPO 法人は収益事業を行っている場合には、法人住民税（法人税割、均等割）の申告納付義務が発生します。ただし、収益事業を行っていないNPO 法人については、申請に基づき、その均等割の全額が減免されます。

⊙ 解　説

　減免の申請は、法人の事務所の所在する都道府県税事務所と市町村役場に「均等割減免申請書」を提出しますが、このほか「均等割申告書」の添付が必要な自治体や、申請時にいったん均等割額を納付し後日還付を受ける自治体など、各自治体の条例により手続きが異なりますので事前に確認してください。

　また、収益事業を行っていても所得金額が一定の金額以下の場合（40 万円未満など）や所得金額がマイナスの場合、設立から 3 年以内に終了する事業年度に係る均等割については、法人住民税の申告の際に申請を行うことにより減免を受けることができる自治体もありますので、法人の事務所の所在する各都道府県税事務所及び各市区町村役場において確認してください。

Q 5—19 法人住民税均等割の減免申請の提出期限

　収益事業を行っていない 12 月決算の NPO 法人です。当法人の場合の法人住民税の減免申請書は、いつまでに提出すればよいのでしょうか？

A 決算期にかかわらず、収益事業を行っていない場合は、毎年 4 月 30 日までに減免申請書等を提出してください。

⊙ 解　説

　法人住民税の減免措置を受ける場合は、法人の事業年度（会計年度）に関係なく、毎年4月1日から4月30日までに、法人の事務所の所在する各都道府県税事務所と各市町村役場に「均等割減免申請書」を提出する必要があります。

　なお、4月30日までに減免申請書等を提出しない場合は、減免されない場合もありますので注意が必要です。また、市町村によっては、減免申請の提出期限を4月30日前7日までとしているところもあります。この期限についても、都道府県及び市区町村によって取扱いが異なりますので確認してください。

　ただし、収益事業を行っている場合には、均等割の申告は他の法人住民税と同様に原則決算終了後2か月以内に行います。

　また、原則として収益事業を行った結果赤字であったとしても、法人税の収益事業を行っていれば減免申請はできません。

Q 5—20 固定資産税が非課税となる固定資産

　NPO法人が運営する事業で、どのような固定資産が非課税となりますか？

A 地方税法第348条において非課税の規定があり、それに該当すればすべての市町村で非課税となります。ただし、地方税法第348条第2項各号に該当する団体であるという都道府県知事の証明を受ける必要があります。

⊙ 解　説

非課税となる固定資産は以下①〜⑫のとおりです。

① 　助産施設、乳児院、母子生活支援施設、保育所、児童厚生施設、児童養護施設、障害児入所施設、児童発達支援センター、情緒障害児短期治療施設、児童自立支援施設及び児童家庭支援センターの事業用に供する固定資産

② 　児童福祉法が規定する小規模保育事業用に供する固定資産

第8節　実務Q&A―その他の税金の具体的取扱い　279

③　老人デイサービスセンター、老人短期入所施設、養護老人ホーム、特別養護老人ホーム、軽費老人ホーム、老人福祉センター及び老人介護支援センターの事業用に供する固定資産

④　市町村から委託を受けた地域包括支援センターの事業用に供する固定資産

⑤　総務省令で定められた小規模住居型児童養育事業用に供する固定資産

⑥　児童自立生活援助事業用に供する固定資産

⑦　総務省令で定められた介助犬訓練事業、聴導犬訓練事業用に供する固定資産

⑧　総務省令で定められた放課後児童健全育成事業用、子育て短期支援事業用、一時預かり事業用、乳児家庭全戸訪問事業用、養育支援訪問事業用、地域子育て支援拠点事業用に供する固定資産

⑨　総務省令で定められた児童の福祉増進について相談に応ずる事業用、障害者の日常生活及び社会生活を総合的に支援するための相談支援事業用、身体障害者の厚生相談に応ずる事業用、知的障害者の厚生相談に応ずる事業用に供する固定資産に供する固定資産

⑩　総務省令で定められた障害福祉サービス事業、移動支援事業及び地域活動支援センターを経営する事業用に供する固定資産

⑪　総務省令で定められた身体障害者生活訓練等事業及び手話通訳事業用に供する固定資産

⑫　総務省令で定められた福祉サービス利用援助事業用に供する固定資産

■関係法令等…地法348②十の二、十の三、十の五、十の六、地令49の12①三、②三、49の13②四、49の15①四、六、②二、八、九

＜参考文献＞

・松原明ほか『ここからはじめる NPO 会計・税務』ぎょうせい、2012 年

・羽田野了策『NPO 法人の会計・税務マニュアル―基礎から申告まで』中央経済社、2011 年

・NPO 法人会計基準協議会『NPO 法人会計基準（完全収録版 第 3 版）』八月書館、2018 年

・新日本有限責任監査法人公会計部公益法人部『実務解説 公益法人・一般法人の会計・税務（平成 29 年 2 月改訂）』清文社、2017 年

・都井清史『三訂版 公益法人の税務と会計』税務研究会出版局、2008 年

・若林孝三『実例問答式 公益法人の税務』大蔵税務協会、2019 年

・高下淳子『図解 やさしい法人税申告入門（令和 6 年申告用）』中央経済社、2024 年

・日本公認会計士協会東京会『公益法人会計の Q&A』1992 年

・TKC 全国会公益法人経営研究会『公益法人等の税務申告』2017 年

・松尾公二『法人税基本通達逐条解説 十一訂版』税務研究会出版局、2023 年

・出塚清治『公益法人・一般法人の税務実務 第 2 版』公益財団法人 公益法人協会、2017 年

・工藤学「最近の地方研修会等における質疑応答について」『月刊 地方自治』第 740 号、2009 年

・橋本俊也「印紙税における委任契約・請負契約の判断基準」『非営利法人』第 40 巻第 7 号、2004 年

第 6 章

福祉サービス事業の税務と会計

この章のポイント

　現在、多くの NPO 法人が高齢者福祉、障害者福祉、児童福祉などの福祉にかかわる活動を行っています。ただし、これらの福祉サービス事業は、他の事業にはない、独特の税務上・会計上の問題があります。

　例えば消費税では、福祉サービス事業には多くの非課税規定があります。その中には厚生労働省の告示で規定されているものもあり、複雑です。法人税では、NPO 法人が行う福祉サービス事業は、収益事業として課税される 34 業種には列挙されていません。どのようなサービスが収益事業に該当するのか、議論が分かれるところです。また、障害福祉サービスを行う NPO 法人のうち、就労支援事業を行う法人については「就労支援事業会計基準」の採用が要請されており、「NPO 法人会計基準」との関係を整理する必要があります。

　これらの税務上・会計上の処理を検討するにあたっては、まず社会福祉制度そのものを理解する必要があります。

　そこで、この章では、まず社会福祉制度の意義や概要、歴史的な変遷を説明した後に、消費税、法人税、就労支援会計基準の順で説明していくことにします。一部に、国税庁の見解と違うところもありますが、私たちの考えを述べています。最終的な申告実務等の場面では本書をあくまで参考として、ご自身の専門家としての判断に従っていただきますようお願いいたします。

■内容
第 1 節　福祉サービス事業と NPO 法人
第 2 節　社会福祉の変遷と現状
第 3 節　福祉サービス事業と消費税
第 4 節　福祉サービス事業と法人税
第 5 節　福祉サービス事業の会計と就労支援会計基準
第 6 節　実務 Q&A—法人税・消費税の具体的取扱い

第1節 福祉サービス事業と NPO 法人

1 福祉サービス事業の会計税務を考える

　NPO 法人は、20 の分野からなる特定非営利活動を行う法人として設立されるものですが、定款に記載された複数の活動分野のうち、「保健、医療または福祉の増進を図る活動」が 54.5% と最も多くなっています（内閣府「令和 2 年度 特定非営利活動法人に関する実態調査」）。

　「保健、医療または福祉の増進を図る活動」といっても、「保健」や「医療」にかかわる NPO 法人は少ないと思われますから、その大部分は「福祉」に関する活動だと考えられます。定款には複数の目的を掲げることができますから、全法人の 5 割強が「福祉にかかわる活動」をしていると断定はできませんが、それでも NPO 法人の主たる活動領域であることに間違いはないでしょう。そこで、本書は特別に章を分けて記載することとしました。

［1］福祉サービス事業とは

　ただし、「福祉にかかわる活動」をしている NPO 法人が、すべて「福祉サービス事業」を行っているわけではありません。

　ここで「福祉サービス事業」とは、制度として法律に裏付けられ、一定の枠組みの中で対価を得て行われるサービスの提供を行っているものと考えて使っています。「福祉にかかわる活動」をしている NPO 法人には色々な内容のものがあり、自分たちで独創的な活動を行っているところは多くありますから、

第1節　福祉サービス事業と NPO 法人　*285*

この点にはご留意ください。

一般的には、「制度内事業」と「制度外事業」という言い方もします。「制度内事業」が、本章で述べる「福祉サービス事業」というわけです。

NPO法人は当初、自由で制度にとらわれない自主的な活動を行うことを期待して作られたものですから、本来的には「制度外事業」を行うことが真の姿であると言うこともできるかもしれません。

「制度外事業」の例としては、対象者の旅行や観光への支援とか、施設に入居している人への外出支援とか、対象者を限定しない宅幼老所とか、海外の障害者等への支援とか、さまざまなものがあります。

ただ、「制度内事業」は法律等で対価を得る仕組みが確立されているため、実際に行っているNPO法人が多いですし、規模も大きくなることが通常です。本書は税務と会計に関する書物ですから、どうしても「制度内事業」が主要なテーマになります。しかし、次の点は十分ご理解ください。

もし本当に「制度内事業」だけを行うことが目的であれば、何もNPO法人という法人形態を選択せずとも、株式会社で行ってもいいはずです。そこで「制度内事業」を行っているNPO法人の多くは、同時に「制度外事業」も行って、「制度内事業」で得られた資金を「制度外事業」の運営にあてるという形態をとっています。NPO法人の本来あるべき姿を失念しているわけではないということです。

本書は「制度内事業」をテーマとするわけですから、どうしても「制度」、つまり社会福祉制度を理解する必要があります。ひいては「そもそも社会福祉とは何か」ということまでの知識も必要になるかもしれません。本章の多くに、そのためのページがさかれています。税務・会計の書物としては異例ですが、このテーマを取り上げる上では仕方のないことだとご理解ください。

［2］税務における固有概念と借用概念

また、税務だけに注目しても、このアプローチは必然であるともいえます。

税法には、その用語として「固有概念」と「借用概念」が混在しています。

286　第6章　福祉サービス事業の税務と会計

固有概念とは、税法の条文の中で定義規定を置いているものです。税法に限りませんが、法律の構成としては、通常第1条に「目的」が書かれ、第2条に「定義規定」が書かれています（第2条ではなく個別の条文で定義規定が書かれている場合もあります）。この定義規定に書かれているものを「固有概念」といいます。消費税法の例でいえば、「資産の譲渡等」とか「課税仕入」とか、「基準期間」などのことです。税法が独自に使っている用語で、われわれ専門家にはなじみのあるものです。

　一方、借用概念は、税法には規定がなく、民法などの他の法律や社会一般の通常の使われ方と同意義に税法でも使用するものとされている用語のことです。「福祉サービス事業」には、この「借用概念」が多く採用されているのです。

　専門家にとってなじみの薄い専門用語が数多く出てくることも、この「借用概念」に原因があるのですが、それが福祉分野への専門家の積極的なかかわりを躊躇させる要因の1つになっています。この意味からも、社会福祉法をはじめとした社会福祉制度の理解が必要になるわけです。

2 福祉サービス事業の概要

　福祉サービス事業にはどのようなものがあるのでしょうか。

　大きくいって、「高齢者福祉サービス事業」「障害者福祉サービス事業」「児童福祉サービス事業」の3つに分けられると思います。もちろん生活困窮者や母子家庭なども社会福祉の対象ですが、数からいっても上記の「高齢者・障害者・児童」が福祉の3大分野ともいえ、NPO法人も多くがその事業に携わっています。

　厚生労働省の統計によると、主要なものは**図表6－1～6－3**のとおりとなっています。

　3分野とも、最も多いのが社会福祉法人であることには変わりありませんが、NPO法人は営利法人などと同様に、福祉サービス事業の主要な設置主体であ

図表6－1　高齢者福祉分野の経営主体別分類

	総数	社会福祉法人*	医療法人	営利法人	NPO法人	その他の法人
訪問介護事業	100.0	15.4	5.2	70.7	4.8	3.9
通所介護事業	100.0	34.9	7.5	54.0	1.5	2.1
認知症対応型通所介護事業	100.0	41.2	11.6	38.8	5.6	2.8
小規模多機能型居宅介護事業	100.0	32.8	11.3	47.4	5.1	3.4
認知症対応型共同生活事業	100.0	24.9	15.5	54.4	3.9	1.3

＊社会福祉法人には社会福祉協議会を含む。

（出所：厚生労働省「令和4年介護サービス施設・事業所調査：結果の概要」）

図表6－2　障害者福祉分野の経営主体別分類

	総数	社会福祉法人*	医療法人	営利法人	NPO法人	その他の法人
居宅介護事業	100.0	16.8	2.7	68.1	8.5	3.9
重度訪問介護事業	100.0	16.0	2.6	69.2	8.2	4.0
生活介護事業	100.0	61.9	1.1	13.3	18.2	5.5
計画相談支援事業	100.0	48.9	4.3	21.2	17.8	7.8
短期入所事業	100.0	75.5	4.1	6.7	6.8	6.9
共同生活援助事業	100.0	54.8	7.9	10.0	23.0	4.3
就労移行支援事業	100.0	39.9	2.7	30.5	18.8	8.1
就労継続B型事業	100.0	44.9	1.9	15.6	31.1	6.5

＊社会福祉法人には社会福祉協議会を含む。

（出所：厚生労働省「平成29年度社会福祉施設等調査：結果の概要」）

（なお平成30年度以降は経営主体別の調査を行っていない。）

ることがわかります。また3分野の中では、障害福祉分野での比重が大きいことも特色です。本書の記述も、障害福祉分野が中心となっています。

　注意しなくてはいけないのは、福祉には「教育」や「医療」は含まれないということです。このどちらも「福祉」とは密接に関連しますが、同じ分野では

図表6－3　児童福祉分野の経営主体別分類

	総数	社会福祉法人*	医療法人	営利法人	NPO法人	その他の法人
児童発達支援事業	100.0	18.9	1.3	48.7	16.3	14.8
放課後等デイサービス事業	100.0	15.4	0.9	55.6	18.9	9.2
障害児相談支援事業	100.0	48.2	2.8	22.9	17.0	9.1

＊社会福祉法人には社会福祉協議会を含む。

（出所：厚生労働省「平成29年度社会福祉施設等調査：結果の概要」）
（なお平成30年度以降は経営主体別の調査を行っていない。）

（注）保育所に関しては、上記と同じような分類の統計表はない。ただ、平成25年の「幼稚園・保育所等の経営実態調査」によると、私立保育所のうち社会福祉法人が92.3％、営利法人が0.5％となっており、後はその他となっている。その中にNPO法人がいくらあるのかは不明であるが少ないものと思われる。一方、保育所（定員20人以上）ではなく、それより規模の少ない小規模保育事業を行っているNPO法人は多い。

なく、それぞれ独自の法律や体系を持っています。ただ利用者にとってはすべて必要なことなので、相互に関連性をもって施策が講じられます。最もわかりやすい例が保育所でしょう。

保育所は児童福祉施設であって所轄庁は厚生労働省ですが、幼稚園は教育施設であって所轄庁は文部科学省です。原則は年齢で分けられますが、最近はこの境目がどんどん取り払われてきました。認定こども園などのことです。こうなると、どこまでが「福祉」で、どこまでは「教育」か、という線引きも難しくなります。とはいえ、原則は「福祉」は社会福祉法に規定される範囲になりますから、この区別は必要です。

また「医療」と「福祉」の境目も難しくなってきています。高齢者や障害者など「福祉」の対象となる方は、同時に「医療」の対象となる患者としての性格も持ち合わせておられる方が多くいます。一般の健常者といわれる方に比べたら、医療とのかかわりが多いことはある意味当然のことでしょう。

しかし、「医療」は直接身体的な問題の部分の治癒等を目的とする行為であるのに対し、福祉はその対象となる方の生活全般への支援が目的であるので、やはりこの違いを理解することも必要だと思われます。

第1節　福祉サービス事業とNPO法人　289

3 福祉サービス事業の具体的内容

　次ページの**図表6－4**は、主な福祉サービス事業を比較形式で表したもので
す。このような分類は公に確定したものではありませんが、一応の目安として
お考えください。

　それぞれ根拠法規が異なります。高齢者の場合は「介護保険法」や「老人福
祉法」ですし、障害者の場合は「障害者の日常生活及び社会生活を総合的に支
援するための法律」（以下「障害者総合支援法」という）ですし、児童の場合は
「児童福祉法」や「子ども・子育て支援法」になります。

　ジャンルは、「入所系」「訪問系」「日中活動系」「ナイト系」など、利用者の
広範な社会生活・日常生活をカバーしたものとなっています。ただ障害者に関
しては、「外出系」「就労系」という他にないサービスも提供しています。これ
はその置かれた立場を考慮すれば当然であるといえるでしょう。

　法律用語は難しいのですが、一般的な言い方では、「訪問系」はホームヘル
ブ、「日中活動系」はデイサービス、「ナイト系」はグループホーム、「短期入
所」はショートステイと考えたらわかりやすいでしょう。

　どのサービスも事業認可等が必要であり、設備や人員配置などに関して、細
かい規定が設けられています。

　障害者の例でいえば、「障害者総合支援法に基づく指定障害福祉サービスの
事業等の人員、設備及び運営に関する基準」という省令があり、人員基準でい
うと利用者の数の何人に対してどのような資格の人員を何人置かなければなら
ない（この人員に関しては常勤換算法という手法がとられ、非常勤職員に関しては
出勤日数などから常勤職員に換算して行われる）、などの規定が細かく定められて
います。これを満たさなければそもそも事業認可等されないし、継続中でも監
査等があって誤りがあれば是正命令などの措置がとられることになります。

　またサービスの対価に関しては、「介護給付」とか「訓練等給付」とか「通
所給付」とか名称は異なりますが、その月の実績の報告を翌月に行って、審査

290　第6章　福祉サービス事業の税務と会計

図表 6 - 4　福祉サービス事業の具体的内容

事業の内容	高齢者	障害者	児童
医療サービス	訪問看護 訪問リハビリテーション 介護老人保健施設	療養介護 自立支援医療	医療型児童発達支援
入所サービス	特別養護老人ホーム 養護老人ホーム 軽費老人ホーム 介護老人保健施設	障害者支援施設	障害児入所施設 児童養護施設
相談サービス	居宅介護支援	相談支援	障害児相談支援
訪問サービス	訪問介護 訪問入浴介護 定期巡回訪問介護	居宅介護 重度訪問介護	乳児家庭全戸訪問 養育支援訪問
日中活動サービス	通所介護	生活介護 自立訓練 地域活動支援センター	保育所 認定こども園 児童発達支援 放課後等デイサービス
ナイト系サービス	短期入所生活介護 短期入所療養介護 認知症対応型共同生活介護	短期入所 共同生活援助	子育て短期支援 小規模住居型児童養育
外出支援サービス		同行援護 行動援護 移動支援	
就労支援サービス		就労移行支援 就労継続支援	

が行われ、翌々月に振り込まれることになります。このような事務を現在は国民健康保険団体連合会（国保連）を通じて行われますが、各市町村あてに請求することになります。

この給付費は、法律の原則としては行政から対象者（児童の場合は保護者）に支給されるものですが、「代理受領」といって利用者本人負担分を除いた額を行政から直接事業者に支払うことができるとされ、通常の運用はこの方法によっています。

つまり、利用契約ですから事業者に対してサービスの対価を支払うのは利用者という原則を貫いているのであり、表面的には似ているのですが、委託費のように事業者が行政から受領するのではないということに注意する必要があります。ただ認可保育所だけは少し違っていて、それが市町村事業として位置づけられていることから、保護者が事業者に支払うのではなく、保護者は行政と契約し、行政が事業者に委託する形になっています。

要 点 整 理

NPO法人が行う福祉サービス事業の税務と会計を考えるにあたって、まずは社会福祉制度を理解することが不可欠である。

福祉サービス事業には、大きく分けて「高齢者」「障害者」「児童」の3つのサービス事業がある。

「教育」や「医療」は、密接な関係があるものの「福祉」には含まれない。それぞれの法体系ごとに実施される各種のサービスを理解することが必要。

第2節　社会福祉の変遷と現状

1　社会福祉の変遷〜障害者分野を中心に〜

［1］措置時代

　社会福祉は、古くは救貧対策を中心に、慈善家が行うものというとらえ方でした。もっと古くは宗教家の仕事と考えられていた時代もありました。

　しかしそこまでさかのぼっても仕方がないので、わが国の戦後だけを考えると、社会福祉は「措置制度」が基本でした。「措置」というのは、主体は行政であり、対象者の置かれている困難な状況を、行政が改善する義務があるという考え方です。ですから措置しなければならないような事例があった場合、行政は「措置」しなければならない義務があったわけです。行政の義務ですから、その費用はすべて行政のお金、つまり税金から支払われます。

　この「措置制度」は、対象者本人や家族だけに負担を強いるのではなく、行政が第一義的に責任を有するということを明確にしたものであり、非常に意味のある制度でした。

　しかし、この措置制度は色々な角度から問題がありました。対象者本人から言えば、まったく選択の自由がなく、行政が決定したことには従わざるを得ませんでした。措置の主体は行政ですから、事業の実施者も多くは行政でした。○○市立△△園というようなものです。そして行政だけでは担えないことから、社会福祉法人のみにこの事業を実施させるという実態が長く続きました。

社会福祉法人は行政に準ずる仕事をするわけですから、行政の強い監督権限のもとに事業を実施してきました。ある意味安全な部分もあるのですが、どうしても運営が硬直的になりやすく、法人独自の創意工夫も見られないという欠点がありました。

　そして、制度を変更する最も大きい理由なのですが、利用者数が増加すると行政側の財源が不足するようになりました。この財源不足問題は、特にわが国の少子高齢化の進展とともに、深刻な問題となりました。

［2］社会福祉構造改革

　上記の措置制度の欠点を改革するために取り組まれたのが、2000（平成12）年に始まった社会福祉構造改革です。

　ただ、わが国の取組みの原点ともいうべきことが国際的にはすでにありました。1981（昭和56）年の国際障害者年です。そこでは「障害者の完全参加と平等」が理念として宣言されました。これは障害者に関するものですが、高齢者や児童など、すべての社会福祉に通ずる原点ともいうべきものです。

　そこでの共通理念は、「ノーマライゼーション」という考え方です。ノーマライゼーションとは、「障害者を排除するのではなく、障害を持っていても健常者と均等に当たり前に生活できるような社会こそが、通常な社会である」という考え方です。障害の個々の特徴を重視するのではなく、それらの方を排除するような社会のほうこそおかしいのだという視点です。

　まちづくりでいえば、バリアフリーという考え方に通じますし、障害者の選択権を保障するという考え方にも通じます。これは「医学モデル」から「社会モデル」への転換と言われています。

［3］介護保険

　社会福祉構造改革で、真っ先に動いたのが高齢者へのサービスです。先ほど行政の財源が不足するようになったと書きましたが、何といっても数が多いのが高齢者であり、高齢者へのサービスを行政から民間へ移すこと、及び財源を

税金から保険制度へ移すことが急務でした。

　このときのスローガンは、「措置から契約へ」というものでした。契約というのは、高齢者自身（あるいは家族）が福祉サービスを行う事業者と契約を結び、その契約に従ってサービスを受けるというものです。これによって、措置制度の欠点であった利用者（先ほどは措置制度だったので「対象者」という言葉を使ってきましたが、ここからは「利用者」という言葉に置き換えます）本人の選択権が認められることとなりました。そして利用料に関しては、あらかじめ設定した保険財政から支払うというものです。つまり医療保険制度と似た制度にしたわけです。

　この保険に関しては、満40歳以上のすべての国民が、介護保険料という形で支払うこととなりました。この40歳という年齢は、周到に考えられたようです。つまり40歳程度になれば、そろそろ自分の老後のことも考え出すだろうし、また親世代の介護が必要になる時期でもあるので、保険料を支払うことに理解が得られるだろうということです。当初は20歳以上のすべての国民（そうすれば1人当たりの保険料は少なくて済みます）を対象とする案もあったのですが、政治的に色々な議論があり、40歳に落ち着きました。

　また高齢者への介護サービスを、保険制度で行うというのは理解が得られやすい面もありました。つまり「誰もが遅かれ早かれ、いずれは高齢になって介護を必要とする時期が来るかもしれない」「現在支払う介護保険料が今の高齢者への介護費用に回るとしても、自分が介護を必要とすることになれば、その時の若い人が支払う介護保険料で賄ってくれるだろう」というものです。

［4］支援費制度と自立支援法

　介護保険から遅れて2003（平成15）年に、障害者に対する支援費という制度ができました。これは事業者との利用契約によるというもので、基本的に介護保険と同様の仕組みです。利用者本人の選択権が認められたわけです。

　ただ決定的に違ったのが、保険制度ではなく財源はすべて税金で賄うとしたことです。障害者施策には保険はなじみませんでした。高齢者と違って、「誰

もが障害者になる」なんて言えませんし、また生まれつきや子供の頃からの障害者も多くいますから、保険料の支払能力に疑問があったからです。

　全額を税金で賄うとしても、高齢者に比べて圧倒的に数が少ないですから、制度は維持できるだろうと当初は思われていたようです。ところが政府の読みは瞬く間に崩れてしまいました。思いもかけず障害者からの利用申請が相次ぎ、また新規事業者もどんどんできていったのです（すでに1998年にNPO法が施行されていましたから、この支援費の時に福祉サービス事業を行うNPO法人が数多く設立され、今につながっています）。

　こうして支援費制度はわずか3年で破たんし、自立支援法という制度に衣替えしました。しかしこの自立支援法は、利用者負担額を応能負担から応益負担に変えたことをはじめとして、多くの問題がありました。その結果、障害者団体などから多くの抗議の文書が出されました。

　このような背景から、内閣に「障がい者制度改革本部」という組織が設けられ、数多くの議論がされて新しい法律ができました。それが障害者総合支援法です。

2　障害者総合支援法の成立

　障害者総合支援法の第1条には、次のように書かれています。

> 　障害者及び障害児が基本的人権を享有する個人としての尊厳にふさわしい日常生活または社会生活を営むことができるよう、必要な障害福祉サービスに係る給付、地域生活支援事業その他の支援を総合的に行い、もって障害者及び障害児の福祉の増進を図るとともに、障害の有無にかかわらず国民が相互に人格と個性を尊重し安心して暮らすことのできる地域社会の実現に寄与することを目的とする。

　また第1条の2に、基本理念として次のように書かれています。

> 　障害者及び障害児が日常生活又は社会生活を営むための支援は、全ての国民が、障害の有無にかかわらず、等しく基本的人権を享有するかけがえのない個人として尊重されるものであるとの理念にのっとり、全ての国民が、障害の有無によって分け隔てられることなく、相互に人格と個性を尊重し合いながら共生する社会を実現するため、全ての障害者及び障害児が可能な限りその身近な場所において必要な日常生活または社会生活を営むための支援を受けられることにより社会参加の機会が確保されること及びどこで誰と生活するかについての選択の機会が確保され、地域社会において他の人々と共生することを妨げられないこと並びに障害者及び障害児にとって日常生活または社会生活を営む上で障壁となるような社会における事物、制度、慣行、観念その他一切のものの除去に資することを旨として、総合的かつ計画的に行わなければならない。

　この基本理念が明記されたことは、非常に重要な意味を持ちます。キーとなる言葉は、「日常生活」「社会生活」「共生する社会」「社会参加の機会の確保」「選択の機会」「地域社会」「社会における障壁の除去」などです。この基本理念に従って、具体的なサービスが決められているのです。

　法律の冒頭にこのようなことを書くのは当たり前と思われるでしょうが、実際には少ないと思われます。目的規定はあるのですが、ここまで書き込んではいません。先に述べたノーマライゼーションの考え方がベースにありますし、障害者基本法や障害者権利条約などの理念とも合致しますし、高齢者や児童の福祉の理念の原点ともなっています。

　障害者総合支援法で行う事業は、「障害福祉サービス」「地域生活支援事業」「その他の支援」の3つです。

　障害福祉サービスには、居宅介護や重度訪問介護、生活介護などの「介護給付費事業」と就労移行支援や就労継続支援などの「訓練等給付費事業」の2つの事業があります。

　地域生活支援事業には「移動支援事業」「地域活動支援センター事業」「成年後見事業」などがあります。

　障害福祉サービス事業は、国民健康保険団体連合会への給付費の請求という

図表6－5　障害者総合支援法の概要

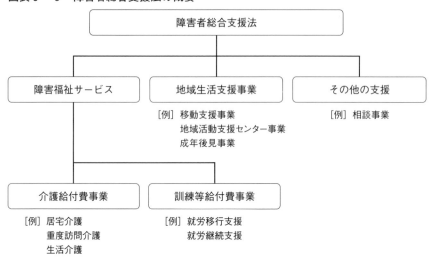

形態をとりますが、「地域生活支援事業」は市町村との委託契約方式という形態が多く、委託料は市町村から振り込まれます。

なお、相談支援は上記以外の枠組みとして位置づけられています。

3 利用契約制度と事業者

　介護保険や支援費が措置から契約へと制度変換したと同時に、従来福祉を一手に担っていた社会福祉法人から、他の法人形態の事業参入も認められました。

　このことは必然であったと思われます。措置時代は原則として行政責任ですから、民間法人に実際の業務をやらせるとしても、強力な監督権限を有する社会福祉法人にしか委託しなかったのです。しかし利用者の選択権を認めることになったのですから、選択の範囲が広いほうがよいに決まっています。サービスの種類を細かく規定し、その基準も細かく規定したことで、他の法人形態でも実施可能になったわけです。

　とはいえ、現在でも社会福祉法人のみに認められた福祉サービスもあります。

社会福祉事業には第一種と第二種があり、第一種は入所施設サービス、第二種は在宅サービスとなっています。

　この第一種の入所施設サービスは、現在でも原則として社会福祉法人に限定されています。高齢者でいえば特別養護老人ホーム、障害者でいえば障害者支援施設などが該当します。入所施設は利用者のすべての生活をカバーするものなので、その運営には特に厳格さが求められ、強力な行政の監督権限のあるものにしなければならないという思いがあったのでしょう。

　ですから、本書の対象であるNPO法人は、第二種社会福祉事業を行うと考えていただいて差し支えありません。

　また、先に示した障害者総合支援法の事業体系の中で、障害福祉サービス以外に地域生活支援事業というジャンルがあるのは、障害福祉サービスが全国共通サービスであるのに対し、地域生活支援事業は市町村事業に位置づけられていることによるものです。地域生活支援事業は、各地域の特性に応じて具体的設計を市町村で決めることができます。したがって、その詳細は各自治体の条例を見なくてはいけません。

　（注）なお、行政責任による措置制度は今でも一部残っています。低所得者の高齢
　　　　者を入所させる養護老人ホームなどです。しかし、大半の福祉サービスは利用
　　　　契約制度に変更になっています。

　いずれにしろ、措置から契約へと制度変換したと同時に、他の形態の法人も参入することができるようになったという点は注意するべきところです。つまり、それまでは社会福祉は社会福祉法人しか行っていなかったわけです。

　NPO法人が福祉サービス事業を行うようになったのは、介護保険が始まった2000（平成12）年以降なので、わずか20年強の歴史しかないのです。つまり、後でも述べますが、2000年より前に存在した税法の規定には、その制定段階で福祉サービス事業を行う社会福祉法人以外の法人などは想定し得なかったわけです。

　ですから、2000年以前の税法の規定の制定趣旨をいくら読んでも、NPO法人の税務のヒントにはならないのです。この点はご留意ください。

第2節　社会福祉の変遷と現状　　*299*

‑要‑点‑整‑理‑

　国の障害者福祉の施策を時系列でとらえ、現在の障害者総合支援法の成り立ちや目的、制度の体系を正しく理解することが重要。

300　第6章　福祉サービス事業の税務と会計

第 **3** 節 福祉サービス事業と消費税

1 消費税の非課税規定

　福祉サービス事業の消費税に関して、第一の論点は「非課税に該当するのか否か」という点です。第二の論点は、NPO 法人のような公益法人等に特別に使われる寄付金や補助金などの「特定収入の計算」です。第二の論点は「第 3 章　NPO 法人の消費税」で述べていますので、ここでは非課税規定に絞って記述します。

　消費税法第 6 条において、「別表第二に掲げるものには、消費税を課さない」とされています。

　そして、別表第二の第 7 号には次のように書かれています。

イ　介護保険法（平成 9 年法律第 123 号）の規定に基づく居宅介護サービス費の支給に係る居宅サービス（訪問介護、訪問入浴介護その他の政令で定めるものに限る。）、施設介護サービス費の支給に係る施設サービス（政令で定めるものを除く。）その他これらに類するものとして政令で定めるもの

ロ　社会福祉法第 2 条（定義）に規定する社会福祉事業及び更生保護事業法（平成 7 年法律第 86 号）第 2 条第 1 項（定義）に規定する更生保護事業として行われる資産の譲渡等（社会福祉法第 2 条第 2 項第 4 号若しくは第 7 号に規定する障害者支援施設若しくは授産施設を経営する事業、同条第 3 項第 1 号の 2 に規定する認定生活困窮者就労訓練事業、同項第 4 号の 2 に規定する地域活動支援センターを経営する事業又は同号に規定する障害福祉サービス事業（障害者総合支援法第 5 条第 7 項、第 13 項又は第 14 項（定義）に規定する生活介護、

就労移行支援又は就労継続支援を行う事業に限る。）において生産活動として
の作業に基づき行われるもの及び政令で定めるものを除く。）
ハ　ロに掲げる資産の譲渡等に類するものとして政令で定めるもの」

　上記イが高齢者福祉サービス事業であり、ロが障害者福祉サービス事業と児
童福祉サービス事業になります。

　これをさらに詳しく書いたものが消費税法基本通達の６－７－１と６－７－
５です。主なものを表にすると、**図表６－６**のようになります（ここでは、入
所施設サービスである第一種社会福祉事業は除外しています）。

　特徴的なことは、高齢者福祉サービス事業には、福祉部分と医療部分の両者
があることです。そもそも介護保険法は、福祉サービスと医療サービスを一体
的に行うものとして制定されたからです。

　もっとも障害者福祉サービス事業においても、表には記載していないのです
が、自立支援医療や療養介護医療などの医療サービスも一部含まれています。
この障害者分野の医療サービスについての消費税に関しては、別表第二の第7
号ではなく第6号に規定があり、非課税になっています。

　結局、介護保険事業や社会福祉事業の大半は非課税であると考えて間違いで
はないと思います。医療や教育と並んで、社会福祉は政策的に消費税を課さな
いとすることが、国民の大多数の同意が得られるだろうからです。また、これ
に課税するとさらに社会保障費が増加する、という財政的な側面も考慮された
のでしょう。また、福祉サービス事業はその費用の大半が人件費である労働集
約型の事業なので、対価に消費税を上乗せする必要性が少ないということも理
由の１つでしょう。

2　社会福祉事業に類するもの

　別表第二の第7号の条文をよく見ると、イの介護保険、ロの社会福祉事業の
ほかに、ハとして「社会福祉事業に類するもの」との定めがあります。そして

図表6－6　非課税の福祉サービス事業

高齢者（福祉）	高齢者（医療）	障害者	児童
訪問介護	訪問看護	居宅介護	
訪問入浴介護	訪問リハビリテーション	重度訪問介護	
		同行援護	
		行動援護	
通所介護	通所リハビリテーション	生活介護	児童発達支援
			放課後デイサービス
			放課後児童健全育成
			保育所
			小規模保育
短期入所生活介護	短期入所療養介護	短期入所	一時預かり
			子育て短期支援
認知症対応型共同生活介護		共同生活援助	
居宅介護支援		一般特定相談支援	障害児相談支援
		就労移行支援	
		就労継続支援	
		自立訓練	
		移動支援	
		地域活動支援センター	

　消費税法施行令第14条の3にさらに細かい規定があり、最終的には告示に委ねられています。その告示は、1991（平成3）年の厚生省告示第129号です（巻末に**資料2**として全文を載せています）。

　そこでは大きく3つの要件があります。

第3節　福祉サービス事業と消費税　　*303*

① 対象者が規定されるものに限られること

② 対象となるサービスが特定されていること

③ その費用として国または地方公共団体が2分の1以上を負担していること

サービスの内容は「居宅において入浴、排せつ、食事等の介護その他の日常生活を営むのに必要な便宜を供与する事業」という文章に代表されるように、いわゆる通常介護と言われるものが多く定められています。

これに関しては、文書回答事例が公表されています（「外出支援サービス事業に係る委託料の消費税の取扱いについて」（平成17年5月25日　仙台国税局文書回答事例））。

回答は、行政から委託を受けてリフト付き車両で外出を支援するサービスであるが、2分の1以上という要件や対象者に問題はなかったものの、そのサービスが外出支援であり、入浴や食事の世話ではないので、非課税にはならないというものでした。

このように、この告示は相当程度厳密に解釈されますから、行政からの委託事業であっても、十分検討しなければならないことになります。

3 非課税範囲から除外されるもの

介護保険の非課税規定については、通達を見ると、各所にかっこ書きで「交通費を対価とする資産の譲渡等」「特別な食事の提供」「特別な居室の提供」などの文言があり、非課税から除外する、つまり消費税を課税する扱いになっています。

これは、利用者の選択権を認めるといっても、事業としては一定程度の標準を定めなければならず、その標準部分を保険財政から拠出することになっているので、特別な部分は利用者から実費を徴収することになっているのです。この部分はあくまで実費弁償的なものですから、これも一律に非課税としてしまうと消費税の中立性が損なわれることから置かれたものです。

一方、障害者福祉サービス事業では、「生産活動としての作業に基づき行われる資産の譲渡等」が除外、つまり課税扱いになっています。しかもすべての障害者福祉サービス事業ではなく、生活介護、就労移行、就労継続、地域活動支援センターなどに限定されています。

　この取扱いは、先の介護保険とは趣旨が異なります。主に就労支援などにおいては、障害者の就労を支援するために何らかの仕事を障害者が行うことが予定されています。一般就労が困難な人たちが対象ですから、効率良く大量にはできませんし、職員である支援員が相当程度手伝ったり、見守ったりします。

　理解ある事業者から内職的な仕事の下請を受けるという事例が多いのですが、何らかの販売を行ったり、清掃業務をしたり、カフェなどを開く場合もあります。内容は多岐にのぼります。

　当初は、この仕事をして得られた対価も含めて消費税を非課税にしていましたが、非課税事業者になると取引の相手方が課税仕入れとして控除できないので、受注がしにくくなるとの団体側の要望を受けて、この部分だけ課税扱いにしたと聞いています。

　いずれにせよ法律の規定がある以上、課税取引として処理しなくてはいけません。ただ、生産活動の売上で年間1,000万円以上あるところは限られるのが現実ですから、ただちに問題になるところは少ないと思われます。

　仮に課税事業者となって申告が必要になり、簡易課税を選択する場合は、その業種区分は生産活動の種類により判定することになります。産地直送製品の販売なら第二種でしょうし、パンやクッキーの製造販売なら第三種でしょうし、カフェを開いているのなら第四種でしょう。実態に応じて判断することになります。

　原則課税を選択する場合は、法人全体で考えなくてはいけません。例えば、就労継続支援を行っていて、訓練等給付費が4,000万円、生産活動収益が1,200万円、寄付金や補助金が500万円あるとしたら、訓練等給付費を非課税、生産収益を課税、寄付金や補助金を特定収入として計算することになります。

> **要点整理**
>
> 　福祉サービスの消費税は「非課税に該当するか否か」が最大の論点である。
> 　福祉サービスの非課税規定の詳細は、消費税法だけでなく、通達や厚生労働省の告示で規定されているので、個別に確認する必要がある。

306　第6章　福祉サービス事業の税務と会計

第4節 福祉サービス事業と法人税

1 収益事業課税

　前節で見たように、消費税に関しては非課税規定を理解するのに少々時間がかかりますが、いったん理解してしまえばそんなに難しいことではありません。これは消費税が取引課税であることから由来している法律の性格です。1つ1つの取引に関して、あらかじめ課税か非課税かを判定しなくてはいけませんから、規定ぶりも厳密にならざるを得ません。

　一方、法人税のほうは法人に対する所得への課税ですから、難しい側面があります。第4章に詳しく記述していますが、NPO法人に対する法人税の課税方式は収益事業課税です。

　再述になりますが、収益事業の課税要件は次の3つです。

①　継続して行われる事業であること

②　事業場を設けて行われる規模であること

③　政令で定める34業種に該当すること

　①や②の多くは問題ありませんから（つまりNPO法人は該当する）、③の要件が問題になります。34業種には、福祉サービス事業や介護サービス事業は列挙されていません。

　本来の立法のあり方としては、課税するのであれば新しく事業を追加するべきでしょう。租税法律主義の意義は、法律で定められた以外の租税債務を納税者が負うことはないという納税者保護の意味と、現実の実務を行う上での予見

可能性を担保するという意味の2つの意味があります。

　先に社会福祉の変遷で見てきたように、一般の法人が参入して契約方式になったのが約20年前であり、それ以前はそもそも「福祉サービス事業」が存在しなかった（すべて行政が行うことが原則であり、民間でも社会福祉法人にしか措置委託していなかった）のですから、この時に新しい事業を法人税法施行令に加えるべきか否かを議論するべきでした。それがなされないままに時間が過ぎたので、この福祉サービス事業に対する法人税の取扱いは、不確かな状態が続いたのです。この点が消費税と決定的に違うところです。

　法人税の課税方式は、普通法人等の場合は「全所得課税」、非営利法人等は「収益事業課税」になっています。

　福祉サービス事業を株式会社、医療法人、協同組合等の形態で行う場合は全所得課税ですから、上記の福祉サービス事業が収益事業か否かが問題になることはありません（ただし税率等は異なります）。一方、収益事業課税方式は公益法人等（及び人格のない社団）だけに関係しますから、具体的には社会福祉法人、公益法人、NPO法人に関係します。

　また、非営利法人の目的の事業であるのか否かということも、原則として収益事業課税には関係しません。収益事業か否かは、先に掲げた3要件しか認められていないからです。

　例えば、社会福祉法人が行う「社会福祉事業」、公益法人が行う「公益事業」、NPO法人が行う「特定非営利活動に係る事業」は、それぞれ「本来事業」なのですが、非営利法人として本来の事業を行っているから法人税が課税されるのはおかしいという反論はできないのです。

　なかなか説明しづらいことなのですが、現在の法人税の規定に忠実であればこのようにしか言うことはできません。

　ただ、2012（平成24）年に公益法人の税制改革が行われ、次のような非課税規定が織り込まれました（法令5②一）。

公益社団法人又は公益財団法人が行う前項各号に掲げる事業のうち、公益社団法人及び公益財団法人の認定等に関する法律第2条第4号（定義）に規定する公益目的事業に該当するもの

　つまり、「本来事業」には法人税を課さないというものです。これは画期的な改正でした。公益目的事業であれば、それが34業種に該当したとしても法人税は課されないのです。

　ただ、これは公益社団法人等に限定され、一般の財団や社団はもちろん、社会福祉法人やNPO法人にも適用されません。福祉サービス事業には関係ありませんが、他の非営利法人である学校法人や宗教法人にもこのような規定はありません。

　ですから福祉サービス事業が収益事業か否かに関心があるのは、社会福祉法人、一般社団法人、NPO法人に限られることになるでしょう。このように対象法人が限られていることも、取扱いの不確かな状態が続いた一因かもしれません。

2　高齢者福祉サービス事業の取扱い

　前述したように、介護保険法の施行は2000（平成12）年でした。施行日は4月でしたが、6月になって国税庁から個別通達「介護サービス事業に係る法人税法上の取扱いについて」が発せられました（巻末資料3参照）。

　そこでの結論は、以下のとおりです。

①　下記②から④を除く介護サービス事業…医療保健業

②　福祉用具貸与事業…物品貸付業

③　福祉用具販売事業…物品販売業

④　住宅改修…請負業

　そしてサービスの大半を占める①の医療保健業に関しては、理由として「こうした要介護者等は、医療保健面でのケアを必要とするのが通例であることか

第4節　福祉サービス事業と法人税　　*309*

ら、介護保険における保険給付は、要介護状態の軽減若しくは悪化の防止又は要介護状態となることの予防に資するよう行われるとともに医療との連携に十分配慮して行われなければならないとされ（法第2条第2項）、実際面において、これらは、居宅サービス計画や施設サービス計画の策定過程等を通じて確保される」と書かれています。

　簡単に言えば、医療と関連性があるので医療保健業だということです。このような解釈は相当無理があると言わざるを得ませんし、そもそも34の事業を列挙した意味がありません。この34業種は例示列挙ではなく限定列挙であるとされています。

　よく問題になる技芸教授業でも、「料理や演劇や写真のセミナーは課税なのに、パソコン教室や英会話教室が課税されないのはいかがなものか」という意見がありますし、常識的にはそのようにも思いますが、これはこの34業種が限定列挙であることに由来しています。それだけ限定列挙は厳格に解釈されているにもかかわらず、福祉サービス事業を関連性だけを理由に医療保健業と解釈することには大いに疑問があります。

　この個別通達の結果どのようなことになったのかというと、「社会福祉法人は非課税、NPO法人は課税」という扱いになりました。

　実は、医療保健業には次のような規定が以前からあったのです（法令5①二十九）。

　次に掲げるもの以外のもの
　ロ．社会福祉法第22条に規定する社会福祉法人が行う医療保健業

　つまり、社会福祉法人が行う医療保健業は非課税とするということです。

　この非課税規定は古くからあり、おそらく老人ホームなどで入所者だけの診療を行う規模の小さい診療所までも課税するに至らないといった判断から規定されたものだと思われます。

　介護保険という著しい制度の転換にあたって、このような趣旨の異なる規定

に基づく税の執行には問題があると思われます。

3 児童福祉サービス事業の取扱い

　児童福祉サービスに関して、公表されている課税庁の解釈は2つです。

　1つは認可外保育所に関するもので、質疑応答事例として公表されています（巻末**資料1**参照）。

　その結論は収益事業ではないというものですが、理由としては「証明施設が行う認可外保育事業は、認可保育事業と同一の育児サービス事業であるとまではいえないものの、一定の水準が確保された認可保育事業に類する育児サービス事業であると認められ」るので、収益事業ではないというものです。つまり、認可保育所と同等の水準のサービスであるから収益事業ではないということです。

　もう1つは、小規模保育事業に関するもので、文書回答として示されています（「NPO法人が児童福祉法に基づく小規模保育事業の認可を受けて行う保育サービス事業に係る税務上の取扱いについて」（平成28年11月7日　東京国税局文書回答事例））。

　小規模保育事業は、認可外保育所と同じく児童福祉法上の事業ですが、位置づけが異なっていて「家庭的保育事業等」として実施されるものです。最も大きな違いは定員で、保育所は20人以上であるのに対し、小規模保育事業は19人以下（6人以上）であるというところです。

　こちらも、結論は収益事業ではないということなのですが、理由としては詳しく書かれているのですが、最終的には「認可保育事業と同様に、法人税法施行令第5条《収益事業の範囲》第1項に列挙される34事業のいずれにも当たらないものと解されますので、収益事業には該当しない」とされています。

　この結論は、本章で述べてきた租税法律主義の観点から34業種に該当しないものは収益事業には該当しないという考え方と通じるものがあり、画期的なものだと考えます。

第4節　福祉サービス事業と法人税　*311*

児童福祉サービス分野では、放課後デイサービス事業などが収益事業に該当しないとして更正の請求が認められたという事例が多くあります。総じて課税庁も児童福祉分野は収益事業としない傾向にあるようです。

　しかしながら、放課後デイサービスは18歳までで、それより大きくなったら次は総合支援法の生活介護サービスを受けることになります。この2つのサービスは対象者こそ違うものの、よく似た仕組みです。

　もとは自立支援法の中にあったものを、2012（平成24）年に成人と児童を分けたにすぎないのです。ところが、後述のように総合支援法の生活介護サービスは収益事業とする課税庁の見解が示されています。このように、年齢によって税の取扱いが異なるという事態は理解しがたいものです。

4　障害福祉サービス事業の取扱い

　前述したように、障害者分野での契約方式による福祉サービス事業の開始は2003（平成15）年の支援費制度でした。この時は同年9月になって、文書回答という形で課税庁の解釈が示されました（巻末**資料4**参照）。

　そこでの結論は、すべてが医療保健業であるというものです。その理由は「障害者に対して介護等の提供を行う対人サービスである。こうした障害者は、医療保健面でのケアを必要とするのが通例であることから、医療と密接な連携がなされており、実際面において、これらは、居宅介護計画の策定過程等を通じて確保される」とされています。

　書きぶりは少し異なりますが、ほぼ介護保険と同じような理由になっています。つまり関連性があるからということです。なお、支援費制度には、介護保険のような福祉用具貸与とかいった内容はありませんから、すべてが医療保健業になっています。

　この関連性だけで解釈することに無理があるのは介護保険と同様です。支援費制度の文書回答で、自立支援法での同様のサービスが課税事業に引きずられ、新たにできた就労支援サービスについて納税者、税務署も混乱し、その混乱が

障害者総合支援法に引き継がれてきたのです。

しかし介護保険と違って、障害福祉サービス事業には別の問題点があります。

① 介護保険はその法律の目的として、福祉サービスと医療サービスを同時に行うことが予定されたものであることに対し、障害者総合支援法は、ごく一部を除いて福祉サービスと位置づけられていること

② 障害者総合支援法の目的にあるように、介護という側面だけでなく、日常生活、社会生活のすべてをカバーした総合的な法律であること

③ 高齢者サービスにはない、就労支援や移動支援といった障害者特有のサービスも含まれていること

以上のような理由から、その後この文書回答に 100% 従って申告をする法人だけでなく、医療とのかかわりの強いサービスだけを申告対象にする法人や、介護給付費対象サービスは申告するが訓練等給付費対象サービスは申告しない法人がいたり、まったく申告しない法人もいるなど、税の現場の混乱は続きました。課税庁側の税務署の対応も、統一したものではありませんでした。

ところが 2017（平成 29）年になって、今度は質疑応答事例という形で課税庁の解釈が示されました（巻末**資料 5** 参照）。「NPO 法人が障害者総合支援法に規定する障害福祉サービスを行う場合の法人税の納税義務について」というものです。今回の結論は、「医療保健業」あるいは「請負業」として収益事業に該当するというものです。

その理由は「障害者に対して介護等の提供を行う対人サービスであり、こうした障害者は医療保健面でのケアを必要とするのが通例であることから、医療と密接な連携がなされており、実際面において、これらは、個別支援計画の策定過程等を通じて確保されます」ので医療保健業であるというものです。

先の介護保険の個別通達や、支援費の文書回答とよく似ています。ところが今回はこれに続いて、「仮に、個別の事業者のサービス内容から見て、実態として医療や保健といった要素がないサービスを提供しているようなケースがあったとしても、障害者総合支援法の下で、事業者と利用者との間で利用契約を締結し、利用者からそのサービスの対価を受領することになります」ので請

負業だと言っているのです。

この解釈は、先の2つにも増して大いに疑問があります。

① 収益事業である理由として、医療との関連性と、利用契約を締結しているというまったく関係のないものを出して、相互に脈絡がつながらない

② 契約を締結しているから請負業であるという理由で判定をすると、すべての業種が何らかの契約を行ってサービスを提供しているのだから、34業種を限定列挙する意味がなくなる

③ 請負業に関しては、事務処理の委託を含むので民法上の請負に限らないことは理解するものの、いたずらにその範囲を拡大するべきではない（このあたりは第4章を参照されたい）

④ ある事業が収益事業か否かの判定を行う場合、請負業として二重判定はしないという通達（法基通15−1−29）の趣旨に反している

なお、この通達は次のように書かれています。

> 公益法人等の行う事業が請負又は事務処理の受託としての性質を有するものである場合においても、その事業がその性格からみて令第5条第1項各号《収益事業の範囲》に掲げる事業のうち同項第10号以外の号に掲げるもの（以下15−1−29において「他の特掲事業」という。）に該当するかどうかにより収益事業の判定をなすべきものであるとき又は他の特掲事業と一体不可分のものとして課税すべきものであると認められるときは、その事業は、同項第10号《請負業》の請負業には該当しないものとする。

つまり、仮に請負業的な要素があったとしても、先に医療保健業か否かの判定を行ったものは、それに該当しないからといってまた請負業と判定することを禁止しているのです。

⑤ タイトルに「NPO法人」と特定されているが、同じ公益法人等であるから社会福祉法人にも適用されないとおかしい。請負業ならば社会福祉法人も課税になるはずである

⑥ 障害福祉サービスに限定しているが、（前述した）それ以外の移動支援などの地域生活支援事業の取扱いが明確ではない

⑦　法律等が新たに施行された場合、その取扱いは将来にわたってだけであり過去には遡求しないとされている（法律の適用の不遡及）が、このような解釈の表明だけでは、過去への遡求がなされるのか否かがはっきりしない

　このように種々の問題があると感じていますが、税務署などの下級庁は、上級庁である国税庁の公表した質疑応答事例に従わざるを得ないので、この文書に従った税務調査が行われているようです。2018（平成30）年3月には、この文書に従った国税不服審判所の裁決も出されています。

　しかし、「この文書には問題がある」という声は、現場のNPO法人から多く上がっており、本書の編著者であるNPO会計税務専門家ネットワークも「本裁決は税務行政の適正な運営に資する先例となるような裁決ではない」とする意見を2018年に公表し、さらに、法人税課税について全面的に検討を行い、「福祉サービス事業は34の事業のどれにも該当しないから収益事業ではない」と結論付けた「福祉サービスに関する法人税課税問題研究報告書」を2020（令和2）年に公表しました。

　この報告書は、NPO会計税務専門家ネットワークのホームページに掲載していますので、参考にしてください。

　NPO法人や社会福祉法人だけでなく、われわれ専門家も難しい対応を迫られることになります。

5　障害者の生活の保護に寄与する場合

　法人税法施行令第5条第2項には、次のような非課税規定があります（「次に掲げる者」とは障害者等のことを指します）。

> 　公益法人等が行う前項各号に掲げる事業のうち、その事業に従事する次に掲げる者がその事業に従事する者の総数の半数以上を占め、かつ、その事業がこれらの者の生活の保護に寄与しているもの

これは障害者の過半数要件による非課税といわれているもので、2017年に公表された質疑応答事例にも言及があります。ここでは「従事する」となっているので、法人が何らかの報酬を障害者に支払っている場合が想定されています。

　障害者総合支援法の中で、障害者に対して報酬を支払うという事業は、先に消費税のところで述べた「生産活動」の部分になります。主に就労支援事業で、就労継続支援A型では「賃金」、就労継続支援B型では「工賃」が支払われます。

　ポイントは、ここでいう「事業」と、「生活の保護への寄与」の2つです。

　まず「事業」ですが、法律の文言によると「前項各号に掲げる事業」となっていますから、34業種の事業を指しているように見えます。2005（平成17）年5月25日の神戸地裁判決では、「収益事業から除かれる事業に該当するか否かの判定単位は、法人税法施行令5条1項（収益事業の範囲）が収益事業を列挙していることから、公益法人が複数の収益事業を営んでいるとしても、一括で判断するのではなく各収益事業ごとに判断すべきである。」としています。

　仮に先の質疑応答事例にならって、ある法人が居宅介護事業と就労継続支援事業を行っていて、前者が医療保健業、後者が請負業と判定されたとします。この場合、全体で判定すると障害者の割合が過半数を超えることはあり得ません。居宅介護事業に従事するホームヘルパーの数が圧倒的に多数であると想像されるからです。ですから、別々に判定するのだというこの地裁判決は納得できます。

　しかし、例えば本章第3節で述べたように、就労継続支援における生産活動として、クッキーの製造販売をしているとします。そうなると、その生産活動部分は製造業という判定になって、別々に判定すると生産活動部分は過半数要件を満たすので非課税になりますが、就労継続支援の本体部分（福祉活動部分）は非課税にはなりません。

　このように、就労継続支援事業を生産活動部分と福祉活動部分に分けるという考え方は、次の第5節の会計に関する論点を見ても、かなり有力です。

ただ、そうすると相当に納税者不利になりますし、2017年の質疑応答事例でわざわざ言及している意味は何かということになります。また、法人税法上は製造業という分類であっても、法人としてはその中で複数の事業をしているケースもあります。片方は障害者の従事割合が多いけれど、もう片方は少ないといったケースの場合も、どう考えるべきなのか、なかなか困難です。

　1つの考え方としては、「付随行為」という概念を採用するというものです。

　法人税法施行令第5条第1項には、「その性質上その事業に付随して行われる行為を含む」と書かれています。

　具体的には、法人税基本通達15−1−6において「技芸教授業を行う公益法人等が行うその技芸の教授に係る教科書その他これに類する教材の販売及びバザーの開催」などが例示されています。その事業は本来技芸教授業であり、教材の販売は物品販売業だけれども、その教材の販売が付随行為であれば一律に技芸教授業として取り扱うという考え方です。

　つまり就労継続支援は請負業であり、クッキー販売は製造業だけれども、生産活動というのは就労継続支援事業に当然付随する行為だから、全体として請負業として判定すると考えるわけです。

　そうであれば、障害者の過半数要件は満たされます（そもそも人員配置基準が利用者○○名に対して職員○名という決め方ですから、通常は利用者のほうが多くなります）から、非課税になります。

　反対に、就労継続支援A型のように多くの障害者を雇用して大々的に行っているところは、生産活動部分のほうが収益の比重も大きいケースもあります。仮にその生産活動部分が製造業だとしたら、訓練等給付費のほうを付随行為であるとの考え方も成立するかもしれません。

　このあたりは個別事情もあり、まだ確定した答えは見つかっていない状況です。

　一方、「生活の保護への寄与」の部分ですが、2005（平成17）年12月21日の大阪高裁判決では、「具体的には、当該事業に係る収入金額または利益金額の相当部分を特定従事者に給与等として支給していることが必要である」とさ

れています。

　つまり、障害者へ支払う金額が仮に少額であったとしても、割合的に多く配分していればよいというものです。就労継続支援の工賃は一般的に相当少ないですから、この考え方もうなずけます。

　ただ、上述した「事業をどのようにとらえるか」という問題ともかかわってきます。仮に訓練等給付費も含めて収入判定すると、訓練等給付費の大部分は職員へ給料として支払われますから、多くの割合を障害者へ支払っていると言えなくなるかもしれません。悩ましいですが、この点も明確な取扱いは定まっていません。

　このように、法令、通達、解釈が曖昧な状況の中で、専門家としてNPO法人の実態を見ながら判断をしていかねばなりません。

要点整理

　NPO法人の法人税は収益事業課税であるため、課税か課税対象外かの判定が曖昧なものも少なくない。専門家が判断する際に、手がかりとなる各福祉サービスに関する法人税の関係法令や通達等と、さまざまな論点、考え方をまとめた。

第 5 節

福祉サービス事業の会計と就労支援会計基準

1 就労支援事業の意義

　福祉サービス事業の会計に関しては、その事業の会計を区分することだけが求められており、それ以外の規定はありません。したがって、NPO 法人会計基準に従った事業別損益の状況などを作成することで足りるでしょう。

　ただ、就労支援事業だけには特別の規定があります。就労支援とは、障害福祉サービスのうち次のサービスをいいます（**図表 6 - 7** 参照）。

① 就労移行支援
② 就労継続支援 A 型（雇用型）
③ 就労継続支援 B 型（非雇用型）

　就労移行支援とは、一般就労が可能と思われる障害者に対して期間を定めて求職活動の支援を行う事業、就労継続支援 A 型とは、一般就労は困難だが雇用契約を結び継続して働くことができる障害者を対象とした事業、就労継続支援 B 型とは、雇用契約を結んで継続して働くことが難しい障害者に生産活動の機会を与える事業です。

　就労移行支援は従来の授産施設、就労継続支援 A 型は従来の福祉工場、就労継続支援 B 型は従来の小規模作業所に類似しています。

　なお、介護給付費事業の 1 つに生活介護があります。生活介護とは、重度で介護が必要と思われる障害者に対して創作活動や生産活動の機会を与える事業です。従来のデイサービスに類似しています。生産活動を行う場合は、就労支

第 5 節　福祉サービス事業の会計と就労支援会計基準　319

図表6－7　就労支援のサービスの種類（下線は筆者）

サービスの種類	定義（総合支援法第5条）	定義（施行規則）
就労移行支援	就労を希望する障害者につき、<u>厚生労働省令で定める期間にわたり</u>、生産活動その他の活動の機会の提供を通じて、就労に必要な知識及び能力の向上のために必要な訓練その他の厚生労働省令で定める便宜を供与することをいう。	<u>通常の事業所に雇用されることが可能と見込まれるもの</u>につき、生産活動、職場体験その他の活動の機会の提供その他の就労に必要な知識及び能力の向上のために必要な訓練、求職活動に関する支援、その適性に応じた職場の開拓、就職後における職場への定着のために必要な相談その他の必要な支援とする。
就労継続支援A型	<u>通常の事業所に雇用されることが困難な障害者</u>につき、就労の機会を提供するとともに、生産活動その他の活動の機会の提供を通じて、その知識及び能力の向上のために必要な訓練その他の厚生労働省令で定める便宜を供与することをいう。	通常の事業所に雇用されることが困難であって、<u>雇用契約に基づく就労が可能である者</u>に対して行う雇用契約の締結等による就労の機会の提供及び生産活動の機会の提供その他の就労に必要な知識及び能力の向上のために必要な訓練その他の必要な支援
就労継続支援B型	<u>通常の事業所に雇用されることが困難な障害者</u>につき、就労の機会を提供するとともに、生産活動その他の活動の機会の提供を通じて、その知識及び能力の向上のために必要な訓練その他の厚生労働省令で定める便宜を供与することをいう。	通常の事業所に雇用されることが困難であって、<u>雇用契約に基づく就労が困難である者</u>に対して行う就労の機会の提供及び生産活動の機会の提供その他の就労に必要な知識及び能力の向上のために必要な訓練その他の必要な支援

援事業の会計が適用できることになっています。

　なお、生活介護の場合は、生産活動を行うことは義務ではないので、行わないケースもあります。その場合は本節の記述は関係ありません（**図表6－8**参照）。

　なお、このほかに多機能型事業所の特例があり、上記の事業を一体として行う場合は、利用定員の下限を緩和したり、職員数の配置基準を緩和したりする

図表 6 − 8　生活介護の意義（下線は筆者）

サービスの種類	定義（総合支援法第5条）	定義（施行規則）
生活介護	常時介護を要する障害者として厚生労働省令で定める者につき、主として昼間において、障害者支援施設その他の厚生労働省令で定める施設において行われる入浴、排せつまたは食事の介護、創作的活動または生産活動の機会の提供その他の厚生労働省令で定める便宜を供与することをいう。	入浴、排せつ及び食事等の介護、調理、洗濯及び掃除等の家事、生活等に関する相談及び助言その他の必要な日常生活上の支援並びに創作的活動及び生産活動の機会の提供その他の身体機能または生活能力の向上のために必要な支援とする。

ことが認められています。小規模な NPO 法人には、この多機能型事業所が多く見られます。

2　社会福祉法人会計基準における就労支援事業の会計

　就労支援事業を行う社会福祉法人は、本来の財務諸表等（社会福祉法人会計基準に関しては紙幅の関係でここではふれません。社会福祉法人会計基準、あるいはそれの関連書物をご参照ください）のほかに「その他重要な事項に係る明細書」として、次の附属明細書を作成する必要があります。

① 　就労支援事業別事業活動明細書

② 　就労支援事業別製造原価明細書

③ 　就労支援事業別販管費明細書

　具体的な手順として、就労支援事業を行う社会福祉法人は、社会福祉法人の財務諸表である拠点区分別などの財務諸表を作成します。

　このとき就労支援事業については、資金収支計算書の収入の1科目として「就労支援事業収入」、支出の1科目として「就労支援事業支出」を記載し、事業活動計算書の収益の1科目として「就労支援事業収益」、費用の1科目として「就労支援事業費用」を記載します。

そして事業活動計算書の附属明細書として、上記の「就労支援事業別事業活動明細書」「就労支援事業別製造原価明細書」「就労支援事業別販管費明細書」を作成します。資金収支計算書、貸借対照表の内訳は不要です。

資金収支計算書の付属明細書が不要とされている理由は、社会福祉事業のうち介護保険事業や障害福祉事業など、他の法人形態の参入を認めているものに関しては、その経営成績を忠実に表すものとして、資金収支計算書よりも事業活動計算書のほうが重視されているためです。このあたりは、NPO法人会計基準と通じるものがあります。

サービス区分別の就労支援事業収益（いわゆる作業売上）が5,000万円以下で、多種少額の生産活動を行う等の理由により製造業務と販売業務とを明確に区分できないような法人については、事務負担を考慮して上の②と③を統合した「就労支援事業明細書」だけを作成すればよいとされています。

この社会福祉法人に適用される考え方が、次の就労支援会計基準でも前提とされる基本概念となっています。

そもそも、なぜこのような複雑な処理が要請されるのでしょうか。

就労支援事業は、障害者に対してその障害の程度に応じた就労支援を行う福祉サービスです。昔は授産施設などとも呼ばれていましたから、仕事の内容を理解し、練習するために何らかの生産活動を行います。クッキーの製造販売とか、清掃請負とか、カフェ事業などを行います。そうすればその生産物に対して何らかの収益が発生します。就労支援事業収益ともいいますが、作業売上と考えればわかりやすいでしょう。

この就労支援事業収益は、材料費などの経費を控除した残りは、その生産活動に従事した障害者に配分しなければならないことになっているのです。就労支援事業を行っている職員に支払ってはだめなのです。なぜなら職員の給与は、障害福祉サービスの訓練等給付費で賄うことになっているからです。反対に、障害者への報酬を訓練等給付費から支払うことも禁止されています。あくまで生産活動による作業売上の範囲に限られるのです。

わかりにくいですが、次のように考えると理解しやすいでしょう。

就労支援事業にかかわる障害者は、「利用者」という立場と、「従事者」という立場の2つの側面を持っています。就労支援福祉サービスは、障害者の就労を支援するためのサービスですから、その実施主体は法人の職員であり、障害者は「利用者」になります。それに関する費用は、すべて訓練等給付費からまかなわれます。

　一方、何らかの生産活動を行う場合は、障害者は「従事者」になります。もちろん法人の職員も多く手伝いますし、見守りもします。しかしその時の職員の立場はあくまで支援者であって、その生産活動に従事しているのではありません。職員はあくまで福祉サービス事業のほうの従事者なのです。

　ですから、就労支援事業は生産活動部分と福祉活動部分を区別しなければならないのです。社会福祉法人会計基準や就労支援会計基準は、すべてこの考え方から作られています。

3 就労支援会計基準とは

　厚生労働省の通知により、就労支援事業を行う事業者には「就労支援の事業の会計処理の基準」（以下「就労支援会計基準」という）が適用されます（厚生労働省通知「『就労支援等の事業に関する会計処理の取扱いについて』の一部改正について」平成25年1月15日、社援発0115第1号。この後、文章中の自立支援法が総合支援法に変更されている）。

　社会福祉法人については、上に見たように改正により就労支援会計基準は社会福祉法人会計基準に取り込まれました。

　したがって、社会福祉法人以外の営利法人やNPO法人等の事業者だけがこの基準の適用対象となります。

　つまり、

　・社会福祉法人が行う場合…社会福祉法人会計基準による

　・それ以外の法人が行う場合…就労支援会計基準による

ことになります。

第5節　福祉サービス事業の会計と就労支援会計基準　*323*

ここで1つ問題があります。他の法人形態には、それぞれその法人格に従った会計基準があるため、就労支援会計基準と、その法人の本来の会計基準はどのような関係になるのかという問題です。NPO法人にもNPO法人会計基準があります。

それに関して厚生労働省は「就労支援の事業の会計処理の基準の改正に係る留意事項等の説明」という文書を出しています。その中で、4つの経営主体別にそれぞれが準拠する会計基準を想定しつつ、就労支援事業に関しては、社会福祉法人会計基準が要求する財務諸表等と同様の形態の財務諸表の作成を要請しています（**図表6－9**参照）。また、それぞれの財務諸表における就労支援事業収益と就労支援事業費用の表示場所についても示しています（**図表6－10**参照）。

一般の民間法人の場合は、損益計算書が売上原価と販売費一般管理費に分かれているため、就労支援事業費もそれぞれ対応する場所に表示します。医療法人の場合は、医業費用（これは材料費、給与費、経費、減価償却費などに細区分されています）の最後の区分として就労支援事業費を独立掲記します。

NPO法人の場合は、事業費のその他経費の中の1科目です。公益法人の場合は、事業費の中の1科目です。

同じ就労支援事業費という科目でありながら表示場所が異なるのは、他の法人形態が固有の会計基準を有しているにもかかわらず、そこに社会福祉法人会計基準で求めている表示を持ち込もうとしているところに、問題の本質がありますし、無理があると言ってもいいでしょう。

なお、サービス区分別の就労支援事業収益（いわゆる作業売上）が5,000万円以下で、多種少額の生産活動を行う等の理由により製造業務と販売業務とを明確に区分できないような法人については、事務負担を考慮して**図表6－11**の2と3を統合した「就労支援事業明細書」だけを作成すればよいという点は社会福祉法人会計基準と同じです。

例えば、NPO法人と社会福祉法人会計基準の就労支援事業に関する財務諸表等を比較すると**図表6－11**のようになります。

図表 6 − 9　就労支援会計基準における 4 類型

法人格の種類	準拠する会計基準	作成する財務諸表等
一般の民間法人が実施する場合	企業会計原則	就労支援損益計算書 就労支援事業別損益明細書 就労支援事業製造原価明細書 就労支援事業販管費明細書
医療法人が実施する場合	病院会計準則	就労支援損益計算書 就労支援事業別損益明細書 就労支援事業製造原価明細書 就労支援事業販管費明細書
NPO 法人が実施する場合	NPO 法人会計基準 特定非営利活動法人の会計の手引き	就労支援事業活動計算書 就労支援事業別事業活動明細書 就労支援事業製造原価明細書 就労支援事業販管費明細書
公益法人が実施する場合	公益法人会計基準	就労支援正味財産増減計算書 就労支援事業別正味財産内訳表 就労支援事業製造原価明細書 就労支援事業販管費明細書

図表 6 − 10　就労支援収益及び事業費用の表示の場所

法人格の種類	就労支援事業収益	就労支援事業費用
一般の民間法人が実施する場合	「売上高」の中の 1 項目	「売上原価」と「販売費一般管理費」に区分してその中の 1 項目
医療法人が実施する場合	「医業収益」の中の 1 項目	「医業費用」の中の 1 項目
NPO 法人が実施する場合	「事業収益」の中の 1 項目	「事業費、その他経費」の中の 1 項目
公益法人が実施する場合	「事業収益」の中の 1 項目	「事業費」の中の 1 項目

図表6－11　就労支援会計基準と社会福祉法人会計基準の比較

作成する諸表	就労支援会計基準（NPO法人）	社会福祉法人会計基準
財務諸表	就労支援事業活動計算書	事業区分事業活動内訳表に近いもの
附属明細書1	就労支援事業別事業活動明細書	就労支援事業別事業活動明細書
附属明細書2	就労支援事業製造原価明細書	就労支援事業製造原価明細書
附属明細書3	就労支援事業販管費明細書	就労支援事業販管費明細書
例外的簡便法	就労支援事業明細書 （製造と販売を区分できない場合）	就労支援事業明細書 （製造と販売を区分できない場合）

　NPO法人に対しても、社会福祉法人に求めている財務諸表等と同等のものを要請していることがわかります。また多機能型事業所の場合は、福祉サービスの種類や、作業種別ごとの区分も要請されています。

4　就労支援会計基準とNPO法人会計基準

　財務諸表には大きく分けて2つの目的があります。一般目的のものと、特別目的のものです。

　一般目的の財務諸表とは、不特定多数の利害関係者に提供することを目的とした財務諸表で、特別目的の財務諸表とは、特定の利害関係者が要求する情報の提供を目的とした財務諸表です。NPO法人会計基準により作成される財務諸表は、一般目的の財務諸表です。

　これに対し、就労支援会計基準は、工賃向上計画という政策の実現と、それを誘導するための所轄庁の監督のツールとして開発されたものであり、特別目的の財務諸表を作成するための会計基準です。

　特別目的の財務諸表を、一般目的の財務諸表とは別個に作成するという方法もありますが、厚生労働省が就労支援会計基準で要請する方法は、法人が作成した財務諸表を一部修正する形になっています。

326　第6章　福祉サービス事業の税務と会計

NPO法人会計基準では、重要な会計方針の冒頭で「財務諸表の作成は、NPO法人会計基準によっています」との記載を求めているため、この修正がNPO法人会計基準への準拠性に違反しないかどうかを検証する必要があります。

5 NPO法人会計基準に就労支援部分を取り込むことの問題点

問題点は、財務諸表体系の問題と貸借対照表の正味財産の部の問題の2つです。

1つ目の問題点は、財務諸表体系の違いです。

社会福祉法人会計基準では、財務諸表と附属明細書を分け、さらにその財務諸表にも多くの書式があります。一般目的の財務諸表では、このように複数の財務諸表を作成すると利用者が混乱するため、法人全体で1つの財務諸表とするのが基本です。さらに、NPO法人会計基準では、わかりやすい財務諸表を目指すという観点から、あえて財務諸表は活動計算書と貸借対照表に限定し、他の情報は注記することにしたため、附属明細書は作成しません。

つまり、就労支援会計基準をNPO法人に適用する場合、重要な会計方針に記載する準拠している会計基準は、「NPO法人会計基準によっています。」とは書けず、「就労支援会計基準によっています。」と書くことになるのではないか、という問題です。

2つ目の問題点は、就労支援会計基準における積立金の計上の問題です。

就労支援会計基準では、工賃変動積立金と設備等整備積立金の積立処理が認められています。ところが、NPO法人会計基準では原則として正味財産の部を区分しないため、積立金の計上ができないという問題が生じます。

6 就労支援事業収益が5,000万円以下の場合 (1)

就労支援会計基準では、就労支援事業収益が事業ごとに5,000万円以下のときは「就労支援事業別事業活動明細書」と「就労支援事業明細書」の2つの附

図表6－12 「就労支援事業別事業活動明細書」のイメージ図

勘定科目	合計	○○作業	△△作業
Ⅰ　就労支援事業収益 　　　就労支援事業収益計			
Ⅱ　就労支援事業費 　1．期首製品棚卸高 　2．当期就労支援事業費 　　　　　合計 　3．期末製品棚卸高 　　　就労支援事業費計			
Ⅲ　就労支援事業活動増減差額			

図表6－13 「就労支援事業明細書」のイメージ図

勘定科目	合計	○○作業	△△作業
Ⅰ　材料費 　1．期首材料棚卸高 　2．当期材料仕入高 　3．期末材料棚卸高 　　　当期材料費			
Ⅱ　労務費 　1．利用者賃金 　2．利用者工賃 　3．就労支援事業指導員給与 　　…… 　　　当期労務費			
Ⅲ　外注加工費 　　　当期外注加工費			
Ⅳ　経費 　1．旅費交通費 　2．消耗品費 　　………… 　　　当期経費			
当期就労支援事業費 　期首仕掛品棚卸高 　　　　合計 　期末仕掛品棚卸高			
就労支援事業費			

属明細書でよいとされています。ここでの事業ごとという意味は、「就労移行」「就労継続支援 A 型」「就労継続支援 B 型」の区分をいいます。

さらに「多種少量の生産活動を行う等の理由により、作業種別ごとに区分することが困難な場合は、作業種別毎の区分を省略することができる」となっていますので、そのような法人については、**図表 6 −12、6 −13** の 2 つの明細書は「合計」欄だけでよいことになります。

7 就労支援事業収益が 5,000 万円以下の場合 (2)

NPO 法人会計基準では、附属明細書を作成しませんが、注記として「事業別損益の状況」と「その他 NPO 法人の資産、負債及び正味財産の状態並びに正味財産の増減の状況を明らかにするために必要な事項」を記載することが可能です。

これにより、NPO 法人会計基準に就労支援部分を取り込む方法として、次の 2 つの方法が考えられます。

A．注記の「事業別損益の状況」の就労継続支援 B 型事業の欄には「就労支援事業収益」と「就労支援事業費」の 2 つの科目を記載し、作業ごとの内訳は別に注記を設けて記載する方法（**図表 6 −14** 参照）

図表 6 −14　Aの注記のイメージ
〈注記 1　事業別損益の状況〉

科目	生活介護事業	就労継続 B 型事業	居宅介護事業
経常収益 　事業収益 　　就労支援事業収益 　　…………… 経常費用 　事業費 　その他経費 　　就労支援事業費 　　……………		×××× ××××	

第 5 節　福祉サービス事業の会計と就労支援会計基準　　*329*

〈注記2　就労支援事業の明細〉

勘定科目	合計	○○作業	△△作業
Ⅰ　就労支援事業収益 　　就労支援事業収益計			
Ⅱ　就労支援事業費 　(1)　材料費 　　1．期首材料棚棚卸高 　　2．当期材料仕入高 　　3．期末材料棚卸高 　　　当期材料費			
(2)　労務費 　　1．利用者賃金 　　2．利用者工賃 　　3．就労支援事業指導員給与 　　　………… 　　　当期労務費			
(3)　外注加工費 　　　当期外注加工費			
(4)　経費 　　1．旅費交通費 　　2．消耗品費 　　　………… 　　　当期経費			
就労支援事業費計 Ⅲ　就労支援事業活動増減差額			

> B．注記の「事業別損益の状況」の欄に、就労継続支援B型事業とは別
> に「就労継続生産活動事業」の欄を設け、そこに内訳を記載する方法（**図
> 表6－15**参照）

　Bでは「就労支援事業費」という科目を使用しません。しかし、「就労継続生産活動事業」の経常費用が就労支援事業費の費目別内訳を表すことで、就労支援会計基準が要請する「就労支援事業別事業活動明細書」と「就労支援事業明細書」の2つの要素を満たすことができます。

図表6－15　Bの注記のイメージ

〈注記1　事業別損益の状況〉

科目	生活介護事業	就労継続B型運営事業	就労継続生産活動事業
経常収益 　事業収益 　………… 　　就労支援事業収益 　………… 経常費用 　事業費 　人件費 　………… 　その他経費		0 ×××× ××××	×××× ×××× ××××

　この作成例は、多種少量の生産活動を行うことによって作業ごとの区分が困難である場合を前提にしており、作業種別ごとの区分を行う場合は、さらに別の注記を作成することになります。

　Aの方法には、「就労支援事業費」をその他経費の中に一括記載するため、合計としての人件費とその他経費が正しく表示できないという問題点があります。また、「就労支援事業収益」「就労支援事業費」という機能別分類による勘定科目は、NPO法人会計基準の形態別分類による勘定科目と異なるという問題もあります。

　一方、Bの方法には、作業種類ごとの明細を表示しようとすると注記項目が増大するという問題があります。

　大部分のNPO法人は、作業売上が年間5,000万円以下で、多種少額の生産活動を行う等の理由により製造業務と販売業務を明確に区分できず、かつ作業種別ごとの区分が困難な法人に該当すると考えられます。したがって、いくつかの問題点はあるものの、これらの方法は十分適用可能と考えます。

第5節　福祉サービス事業の会計と就労支援会計基準

8 工賃変動積立金と設備等整備積立金

　就労支援会計基準では、一定の工賃水準を利用者に保障するため、工賃変動積立金の計上が認められています。これは将来の一定の工賃水準を下回ったときの補填に備え、過去3年間における平均工賃の10%以内、過去3年間の平均工賃の50%以内を限度として、毎事業年度積立金として処理することができるというものです。

　さらに、安定的かつ円滑に事業を継続するための設備等整備積立金の計上も認められています。これは、就労支援事業に関する設備等の更新や、新たな業種への展開を行うための設備等の導入のための資金需要に対応するため、就労支援事業収益の10%以内、就労支援事業資産の取得価額の75%以内を限度として、毎事業年度積立金として処理することができるというものです。

　これらの積立金を計上する場合は、同額の積立資産を設定する必要があります。

　一方、NPO法人会計基準では、一般目的の財務諸表としてできる限りわかりやすい報告のあり方を求めた結果、原則として正味財産の部は区分しません（使途制約の寄付等が重要な場合に限り、指定正味財産の部を設けます）。したがって、上記の積立金を計上することはできないと考えます。

　しかし、資産の方は法人の判断で特定資産の計上ができるため、積立金の計上に代えて、特定資産を計上することは可能であると考えます。つまり、正味財産の方は区分しないで、資産の方だけ区分するという方法です。これでも就労支援会計基準の目的は十分果たされるものと思われます。

要・点・整・理

　一般にはなじみの薄い就労支援事業会計の目的や内容を理解すること。
　1つの法人に、2つの会計基準（NPO法人会計基準と就労支援会計基準）が適用されることの問題点を挙げ、就労支援会計基準をNPO法人会計基準に上手く取り込むことでこれらの問題点を解決する方法を提案した。

第 **6** 節 実務 Q&A
―法人税・消費税の具体的取扱い

1 高齢者福祉サービス事業に関する Q&A

Q 6－1 居宅介護サービス

　当 NPO 法人は、指定居宅サービスの事業所を開設準備中です。介護サービス事業の税法上の取扱いはどのようになるのでしょうか？　特に、消費税が非課税となる居宅サービスの具体的な範囲はどうなりますか？　また、ケアプランの範囲（時間・種類・回数）を超えて介護サービスを提供する予定ですが、この場合の取扱いもどうなりますか？

A　【法人税】介護保険法に規定される介護サービス事業はいずれかの収益
　　　　　　事業に該当し、そのうちの居宅サービスは収益事業（医療保
　　　　　　健業）として、法人税の課税対象となります。
　　　【消費税】消費税が非課税となる居宅サービスの種類は、訪問介護・訪
　　　　　　問入浴介護・訪問看護・訪問リハビリテーション・居宅療養
　　　　　　管理指導・通所介護・通所リハビリテーション・短期入所生
　　　　　　活介護・短期入所療養介護・特定施設入居者生活介護です。
　　　　　　指定事業者が行うものであれば、ケアプランの範囲（時間・
　　　　　　種類・回数）を超えたサービスも非課税となります。

第6節　実務 Q&A―法人税・消費税の具体的取扱い　　*333*

⊙ 解　説

1 法人税

　高齢者福祉サービスを医療保健業とすることについては、疑問がある（本章第4節2（高齢者福祉サービス事業の取扱い）参照）ものの、介護保険はその法律の目的として、福祉サービスと医療サービスを一体的に提供することが予定されており、介護サービス事業に係る法人税法上の取扱いを次のように取り扱うとした法令解釈通達が発遣されていることから、居宅サービスは収益事業（医療保健業）に該当することになるでしょう。

① 　介護サービス事業（②、③及び④を除く）…医療保健業（法令5①二十九）

② 　福祉用具貸与…物品貸付業（法令5①四）

③ 　特定福祉用具販売…物品販売業（法令5①一）

④ 　住宅改修…請負業（法令5①十）

■関係法令等…法法4①、法令5①二十九、「介護サービス事業に係る法人税法上の取扱いについて（法令解釈通達）」（課法2-6　平成12年6月8日）（巻末**資料3**参照）

2 消費税

　消費税法に規定する「居宅介護サービス費の支給に係る居宅サービス」とは、介護保険法の規定に基づき、保険者（市町村）から要介護者に対して、実際に支給される居宅介護サービス費に対応する部分の居宅サービスに限って消費税を非課税とするのではありません。

　介護保険法第41条第1項（居宅介護サービス費の支給）に規定する指定居宅サービス事業者が、介護保険法第43条（居宅介護サービス費等に係る支給限度額）に規定する支給限度額を超えて提供する指定居宅サービスで、居宅介護サービス費が支給されないもの（利用者が全額負担）であっても、消費税は非課税です。

　また、訪問介護サービス事業と並行して提供する介護予防サービス事業や第1号訪問事業についても原則、消費税は非課税とされています。

■関係法令等…消法別表第二.七イ、消令14の2①③、消基通6-7-1、6-7-2、「消費税法施行令第14条の2第3項第12号の規定に基づき厚生労働大臣が指定する資産の譲渡等（平成24年3月31日厚生労働省告示第307号）」

Q 6−2　要介護者が負担する介護サービス費用

　当NPO法人は指定居宅サービス事業者です。要介護者が負担する介護サービス費用の利用者負担の税法上の取扱いはどうなるのでしょうか？
　また「日常生活に要する費用」については介護保険の給付対象とはなっておらず、全額利用者の負担とされていますが、この場合の消費税の取扱いはどのようになるでしょうか？

【法人税】介護保険法に規定される居宅サービスは、収益事業（医療保健業）として、利用者負担額（1割～3割）も法人税の課税対象となります。
【消費税】利用者負担額（1割～3割）や、「日常生活に要する費用」も非課税となります。

◉ 解　説

１ 法人税

　高齢者福祉サービスを医療保健業とすることについては、疑問があるものの、介護保険はその法律の目的として、福祉サービスと医療サービスを一体的に提供することが予定されており、すでに法令解釈通達が発遣されていることから、居宅サービスは収益事業（医療保健業）として取り扱われます。

■関係法令等…法法4①、法令5①二十九、「介護サービス事業に係る法人税法上の取扱いについて（法令解釈通達）」（課法2−6　平成12年6月8日）（巻末**資料3**参照）

２ 消費税

　居宅サービスの場合、そのサービスが居宅介護サービス費の支給対象となる種類のサービスであれば、保険者（市町村等）から支給される居宅介護サービス費部分に限らず、本人負担額分も非課税です。
　ただし、利用者の選定に係る負担部分（利用者の居宅の所在地が通常の事業実施地域となっていない介護サービス事業者を利用した場合の交通費や訪問入浴介護における特別の浴槽水等）は、課税対象となります。

また、「日常生活に要する費用」とは、看護・介護の提供と同時にサービス事業者側から提供されることが一般に想定されるサービスであって、利用者もそのサービスを日常的に受けることを期待していると考えられるものに係る費用です。例えばオムツ代など、介護サービスの性質上日常生活において通常必要となるものに係る費用は、居宅介護サービス費の支給に係る居宅サービスまたは施設介護サービス費の支給に係る施設サービスに含まれ、非課税です。

「日常生活に要する費用」は一般的な概念ではなく、全額利用者負担となるところから、その範囲に関しては厚生労働省から詳細な取扱いが定められています。具体的な判定にあたっては、これらの取扱いを十分検討してください。

■関係法令等…消法別表第二.七イ、消令14の2、消基通6−7−2、「消費税法施行令第14条の2第1項、第2項及び第3項の規定に基づき、財務大臣が指定する資産の譲渡等を定める件（平成12年2月10日大蔵大臣告示第27号）」、「通所介護等における日常生活に関する費用の取扱いについて（平成12年3月30日老企第54号）」

Q 6−3 介護保険事業者が自主的に始めた夜間のお泊りサービス

当NPO法人は介護保険事業として、デイサービスセンターを開所しました。制度に基づく介護報酬については、消費税が非課税であると理解していますが、指定を受けず、自主的に始めたお泊りサービスについては、法人税の取扱いも含めどのように考えたらよいかわかりません。

夜間のお泊りについては、一泊5,000円とし、夕食500円・朝食500円で、それぞれ全額利用者の自己負担でサービス提供しています。

A 【法人税】デイサービス事業の付随事業として、お泊りサービスに係る収益も、収益事業（医療保健業）として申告すべきと考えます。
【消費税】夜間のお泊りサービスの収益と夕食・朝食の収益は、課税対象となります。

⊙ 解 説

1 法人税

介護保険法に基づくデイサービス事業は、すでに法令解釈通達が発遣されて

いることもあり、収益事業（医療保健業）として取り扱われています。

　ご質問のお泊りサービスは、事業所の設備や人員を活用し、日中活動に引き続いてサービスを提供していることから、収益事業の付随事業として申告すべきと考えます。

■関係法令等…法法4①、法令5①本文かっこ書き、同二十九、法基通15－1－6、「介護サービス事業に係る法人税法上の取扱いについて（法令解釈通達）」（課法2－6　平成12年6月8日）（巻末**資料3**参照）

② 消費税

　介護報酬については、保険給付額も利用者負担額も非課税です。しかし、介護保険法に定めるサービス以外のサービスについては、厚労省告示など介護保険法に基づくサービス以外の非課税規定に該当しない限り、課税対象です。

　ご質問のお泊りサービスは、施設において入浴や食事の提供を行うものの自治体等の費用負担が2分の1以上でないことから、課税対象と考えられます。

■関係法令等…消法別表第二. 七イ、消令14の2、消基通6－7－1、「消費税法施行令第14条の3第8号の規定に基づき内閣総理大臣及び厚生労働大臣が指定する資産の譲渡等を定める件（平成3年6月7日厚生省告示第129号」（巻末**資料2**参照）

Q 　6－4　**福祉用具貸与に係る具体的な取扱い**

　当NPO法人は、介護保険制度の福祉用具の貸与を主な事業としていますが、税法上の取扱いはどのようになるのでしょうか？

A　【法人税】収益事業（物品貸付業）として、法人税の課税対象となります。
　　　　【消費税】介護保険法の規定に基づく福祉用具の貸付けによる収益は、原則課税対象です。しかし、身体障害者用物品の貸付けに該当するときは非課税となります。

⊙ 解　説 ━━━━━━━━━━━━━━━━━━━━━━━━━

① 法人税

　採算ベースの対価を得て継続的に福祉用具の貸付けを行っている場合は、ほ

第6節　実務Q&A─法人税・消費税の具体的取扱い　*337*

かに該当する非課税規定もなく、介護サービス事業に係る法令解釈通達においても福祉用具貸与は、物品貸付業として取り扱われています。

■関係法令等…法法4①、法令5①四、「介護サービス事業に係る法人税法上の取扱いについて（法令解釈通達）」（課法2-6　平成12年6月8日）（巻末**資料3**参照）

❷ 消費税

　介護保険法の規定に基づく福祉用具の貸付けは、非課税となる介護保険法の規定による資産の譲渡等に該当しませんが、当該福祉用具の貸付けが消費税法別表第二に規定されている身体障害者用物品の貸付けに該当するときには、消費税は非課税です。

　例をあげれば、車いすや歩行器や特殊尿器などの譲渡や貸付けは非課税ですが、スロープや手すりなどの取付けは課税対象となっています。非課税となる身体障害者用物品の製品名（品番）や販売元は告示によって、厳密に指定されています。

　常に新しい商品が開発され、すべてを把握することは難しいと思われますが、販売業者は課税関係を熟知していますので、実務上はカタログや見積（請求）書などで課税・非課税の判定をすることになります。

　また、福祉用具貸与に際して通常発生する福祉用具の搬出入に要する費用は、指定福祉用具貸与に要した費用に含むものとされていることから、貸与価額全体で判定することになります。

　一方、福祉用具の搬入に際して、特別な措置が必要な場合（指定居宅サービス等の事業の人員、設備及び運営に関する基準（平成11年厚生省令第37号）第197条第3項第2号）については貸与価額には含まれず、利用者の全額負担とされています。

　したがって、貸与される福祉用具が身体障害者用物品に該当するものであっても、その措置に要する費用については課税の対象となるので、注意が必要です。

■関係法令等…消法別表第二.七、十、消令14の4、消基通6-7-3、「消費税法施行令第14
　　　　　　条の4の規定に基づき厚生労働大臣が指定する身体障害者用物品及びその修

理を定める件（平成 3 年 6 月 7 日厚生省告示第 130 号）」

Q 6−5　市町村特別給付

　当 NPO 法人は、多機能型の介護事業所です。その中で、市町村特別給付として介護保険法に規定する介護サービス以外の種類のサービス（寝具の乾燥）を提供しています。この場合、税法上の取扱いはどうなるのでしょうか？

A　【法人税】収益事業（請負業）に該当すると考えます。
　　　【消費税】介護保険法に規定する介護給付または予防給付としてのサービス以外の種類のサービスを市町村特別給付として行う場合については、厚生省告示に定められているサービス（食事の提供）を除き、消費税の課税対象となります。

⊙ 解　説

1 法人税

　採算ベースの対価を得て継続的に寝具乾燥を行っている事業は、請負契約に基づくサービスの提供であり、収益事業（請負業）として考えます。ほかに該当する非課税規定もないことから、法人税の課税対象となります。

■関係法令等…法法 4 ①、法令 5 ①十

2 消費税

　介護保険のサービスは、要介護状態であるとして要介護 1〜5 の認定者に対して行われる「介護給付」と、要介護状態になるおそれがあるとして要支援の認定者に対して行われる「予防給付」が標準サービスです。これらのサービスは、原則として消費税は非課税です。

　一方、これらの標準サービス以外に、市町村が独自に条例で定めてさらに手厚いサービスを行う場合があり、これを「市町村特別給付」といいます（「横出しサービス」とも呼ばれています）。寝具乾燥サービス、移送サービス、配食

第 6 節　実務 Q&A─法人税・消費税の具体的取扱い　*339*

サービス、見守りサービスなどさまざまです。

　ただ、これらの市町村特別給付の中で消費税が非課税となるのは、「食事の提供」に限られています。したがって、それ以外の市町村特別給付はすべて課税対象となります。

■関係法令等…消令14の2③十一、消基通6-7-1、「消費税法施行令第14条の2第3項第11号の規定に基づき厚生労働大臣が指定する資産の譲渡等を定める件（平成12年3月30日厚生省告示第126号）」（巻末**資料6**参照）

Q 6-6 外出支援サービス事業に係る委託料の取扱い

　当NPO法人は、市から委託を受けて「外出支援サービス事業（リフト付車両等による送迎や電動スクーターの貸出）」を行っています。これらは社会福祉事業等には該当しません。しかし費用の2分の1以上を市が負担していることから、同市から収受する委託料は、社会福祉事業に類する事業として消費税法上、非課税と考えてよいでしょうか？　また、法人税の収益事業判定はどうなるのでしょうか？

A　【法人税】ご質問の外出支援サービス事業が、委託料により経常的に余剰が生じるのであれば、収益事業（運送業または物品貸付業）に該当すると考えます。
　　　【消費税】介護保険制度外の高齢者支援事業で、他の非課税規定にも該当しないことから課税対象となります。

⊙ 解　説

■ 法人税

　ご質問の事業は、自治体からの委託により、交通機関の利用が困難な方に対して、法人が所有する移送用車両による送迎や電動スクーターなどの貸付けを行うものであり、収益事業（運送業または物品貸付業）に該当すると考えます。

　なお、委託契約に基づく収益と費用が、利益が生じない、または少額な利益しか生じない仕組みになっているのであれば、税務署長による実費弁償の確認

を受けることも考えられます。

■関係法令等…法法4①、法令5①四、八、法基通15−1−28

② 消費税

　ご質問の事業は、消費税法別表第二第七号ロに規定する社会福祉事業等には該当しません。また、高齢者等の外出支援を行う事業であり、施設に通わせ入浴などの便宜を供与する事業ではありませんので、平成3年6月7日厚生省告示第129号（巻末**資料2**参照）に定める事業にも該当しません。

　したがって、市の「介護予防・生活支援事業実施要綱」に沿って運営され、その要する費用の2分の1以上が自治体により負担されているとしても、消費税が非課税となる社会福祉事業等に類するものとして政令で定めるものには該当しません。

■関係法令等…消法別表第二.七八、消令14の3八、「外出支援サービス事業に係る委託料
　　　　　　　の消費税の取扱いについて」（平成17年5月25日　仙台国税局文書回答事
　　　　　　　例）。

第6節　実務Q&A─法人税・消費税の具体的取扱い　*341*

Q 6−7 助け合い事業に対する具体的な取扱い

　当NPO法人は、次のような助け合い事業をしています。税法による課税はされるのでしょうか？
　① 高齢者の家族を対象とする掃除・洗濯・買い物などの家事援助
　　(注) すべて介護保険の制度外サービスとして実施
　② 子育て家庭を支援するサービス
　　(注) 残業出張等の際の子どもの送迎・親が病気の時のお手伝いなど
　これらの事業は、利用者から1時間当たり1,000円徴収しており、そのうち250円を手数料とし750円をヘルパースタッフに支払います。
　1,000円をもとに総事業収益を計算すると年間800万円です。しかし、理事長はサービス利用者とサービス提供者との連絡調整をするのが法人の役割であると考え、250円の手数料部分のみが受取収益だと主張しています。
　なお、これらの事業には自治体からの補助金は受けていません。

A　【法人税】介護保険事業の居宅サービスを提供する事業所が行っている場合は、収益事業（医療保健業）の付随行為として申告すべきと考えます。なお、助け合い事業が単独で行われその活動が採算を度外視したものであれば、収益事業には該当しないとの判断ができる可能性があります。
　　　　【消費税】介護保険制度外の高齢者支援事業や子育て家庭支援事業は、他の非課税規定にも該当しないので、課税対象となります。

⦿ 解　説

１ 法人税

　介護保険事業のうち居宅サービスは、すでに法令解釈通達が発遣されていることもあり、収益事業（医療保健業）として取り扱われています。ご質問のようなサービスを事業所の利用者に提供している場合には、収益事業の付随事業として申告すべきと考えます。

　なお、助け合い事業が単独で行われ、最初から利用者のために採算を度外視した料金設定であれば、収益事業たる事業としての性質（収益性など）はなく、

342　第6章　福祉サービス事業の税務と会計

収益事業には該当しないとの判断ができる可能性がありますが、いわゆる流山裁判では、争われた会計期間において、助け合い事業に利益が発生していた点から、課税を適法と認めた判決があります。

【流山裁判の判決要旨：NPO法人の福祉サービスは収益事業（請負業)】

東京高等裁判所平成16年（行コ）第166号法人税更正処分取消請求控訴事件（棄却）（確定）　国側当事者・松戸税務署長
平成16年11月17日判決

第1　請求
　被告が平成13年12月11日付けで原告に対してした原告の平成12年4月1日から平成13年3月31日までの事業年度分の法人税の更正のうち、所得金額733万7,677円、納付すべき税額161万2,200円を超える部分を取り消す。
第2　事案の概要
　本件は、法人税法7条所定の内国公益法人であり、平成12年4月1日から平成13年3月31日までの事業年度（以下「本件事業年度」という。）分の法人税について被告に対し更正の請求をした原告が、その後被告が原告に対してした本件事業年度分の法人税の減額更正につき、同減額更正は、原告の営む「ふれあい事業」が法人税法7条、2条13号所定の収益事業に該当しないにもかかわらず、これに該当するとして同事業から生じた所得に対しても法人税を課したものであるから違法であると主張して、被告に対し、前記減額更正のうち所得金額733万7,677円、納付すべき税額161万2,200円を超える部分の取消しを求めた事案である。

（出所：国税庁「税務訴訟資料　第254号-313（順号9820)」）

■関係法令等…法法4①、法令5①本文かっこ書き、同十、二十九、「介護サービス事業に係る法人税法上の取扱いについて（法令解釈通達）」（課法2-6　平成12年6月8日）（巻末**資料3**参照）

② 消費税
　社会福祉法に規定される消費税が非課税となる第二種社会福祉事業は、老人福祉法や児童福祉法など、法に根拠を有する制度を主なものとしており、ご質問の事例のように法制度に基づかない自主事業については、生活困難者に対す

第6節　実務Q&A—法人税・消費税の具体的取扱い　*343*

る事業など一部のものを除いて、第二種社会福祉事業に該当しません。

　また、高齢者に対して、居宅において排せつや食事等の介護やその他日常生活を営むのに必要な便宜を提供していたとしても、国や自治体の費用負担（2分の1以上）がない場合は、非課税となる社会福祉事業等に類するものとして政令で定めるものにも該当しないことになります。

　なお、この事業はヘルパースタッフを履行補助者として、法人が自らサービス提供を行っていると考えられるため、利用者から徴収した1,000円全額が課税対象となるでしょう。

■関係法令等…消令14の3八、消基通6-7-1、「消費税法施行令第14条の3第8号の規定に基づき内閣総理大臣及び厚生労働大臣が指定する資産の譲渡等を定める件（平成3年6月7日厚生省告示第129号）」（巻末**資料2**参照）

2 児童福祉サービス事業に関する Q&A

Q 6−8 認可外保育所に係るサービスの提供

　当 NPO 法人はいわゆる認可外保育施設ですが、県知事から「認可外保育施設指導監督基準」を満たす旨の証明書の交付を受けております。
　次のような収益は、税法上課税されるでしょうか？
① 　保護者が負担する保育料
② 　保育料とは別途に徴収する年会費・入会金・給食費・暖房費・水道代など
③ 　年１回開催するバザーの収益

A

【法人税】 認可外保育所であっても、一定の水準を満たすものとして地方公共団体の証明を受けた施設が行う育児サービスは、いずれの収益事業に該当しないとされています。したがって、①の保育料や②の年会費などは、課税されません。また、③のバザーは、継続性や規模の点から収益事業（物品販売業）に該当しないと判定されて、差し支えないと考えます。

【消費税】 認可外保育施設であっても、一定の基準を満たす旨の証明を受けた施設が行う保育サービスは非課税となっていますので、①の保育料と②の年会費は課税されません。③のバザー収益は、物品譲渡の対価のため、課税対象となりますが、免税事業者であれば納税の必要はありません。

⊙ 解　説

１ 法人税

　保育所を運営する事業については、従来から、いずれの収益事業にも該当しないものとして、課税対象になっていませんでした。

　保育サービスなど、一般的に施設において人を預かることを主たる目的とする行為は、事業者と利用者との間で、仕事を完成させたり、調査・研究等の事

第６節　実務 Q&A─法人税・消費税の具体的取扱い　　345

務処理を委託するという請負業としての性質を有するものとはいえないものです。

ご質問の認可外保育所事業については、法人税の質疑応答事例が巻末**資料1**のとおり公開されています。したがって、認可外保育所が一定の水準を満たしているものとして都道府県知事からその旨の証明書が交付された施設であり、監督基準に従って運営されているのであれば、①②などの事業に必要な収益には、法人税が課税されないとされています。

また、③のバザーですが、年1～2回開催される程度のものは、物品販売業に該当しないとした法令解釈通達がありますので、収益事業に該当しないと考えて差し支えないと思います。

なお、東京国税局の事前照会に対する文書回答事例として、小規模保育事業や乳幼児の一時預かり事業も、認可外保育施設と同様に収益事業に該当しないとしていますので、参考にしてください。

■関係法令等…法法4①、法令5①一、法基通15-1-10、「NPO法人が児童福祉法に基づく小規模保育事業の認可を受けて行う保育サービス事業に係る税務上の取扱いについて」（平成28年11月7日　東京国税局文書回答事例）、「NPO法人が児童福祉法の規定及び「一時預かり事業実施要領」に基づき実施する乳幼児の一時預かり事業に係る税務上の取扱いについて」（令和2年3月31日　東京国税局文書回答事例）

2 消費税

2005（平成17）年の厚生労働省告示第128号により、消費税が非課税となる認可外保育施設についての要件が明らかになっています。

ポイントは、認可外保育施設として児童福祉法第59条の2第1項の規定による認可外保育施設の届出がなされ、認可外保育施設指導監督基準を満たすか否かの立ち入り調査を受け、都道府県知事（政令指定都市・中核都市については市長）から、認可外保育施設指導監督基準を満たす旨の証明書の交付を受けていることです。

この証明を受けずに、NPO法人が保育所類似のサービスをしているだけでは非課税となる要件を満たしているとはいえませんので、注意が必要です。

さて、次にバザーの収益ですが、保育サービスに関連しない収益のため、課

税対象（資産の譲渡）となりますが、免税事業者であれば結果的に納税することはありません。

■関係法令等…消法別表第二.七ハ、消令14の3、消基通6−7−7の2、「消費税法施行令第14条の3第1号に規定する厚生労働大臣が指定する保育所を経営する事業に類する事業として行われる資産の譲渡等」（平成17年3月31日厚生労働省告示第128号ほか）、国税庁質疑応答事例「認可外保育施設の利用料」（巻末**資料7**参照）

Q 6−9 学童保育事業が受け取る委託料と利用料の判定

当NPO法人は、放課後児童健全育成事業として学童保育所の運営を行い、自治体から委託料を受け取っています。それだけではすべての経費を賄いきれないので、保護者から一定額の利用料を毎月徴収しています。
これらの収益は、税法上課税されるのでしょうか？

A 【法人税】ご質問の学童保育事業が、委託料や保護者からの利用料により経常的に余剰が生じるのであれば、自治体の事務を委託された事業と解されるので、収益事業（請負業）に該当すると考えます。
【消費税】児童福祉法に規定する放課後児童健全育成事業は、第二種社会福祉事業に該当し、委託料や利用料も非課税と考えます。

⊙ 解　説

❶ 法人税

学童保育事業は、こども家庭庁のホームページによると「児童福祉法第6条の3第2項の規定に基づき、保護者が労働等により昼間家庭にいない小学校に就学している児童に対し、授業の終了後等に小学校の余裕教室や児童館等を利用して適切な遊び及び生活の場を与えて、その健全な育成を図るものです。」と説明されています（「放課後児童健全育成事業について」）。

学童保育事業は、保育所などの育児サービス事業と同様、いずれの収益事業にも該当しないと考えますが、本来自治体が行うべき事務を委託された事業で

第6節　実務Q&A―法人税・消費税の具体的取扱い　**347**

あるため、請負業に該当すると考えます。

また、保護者からの利用料も、本来ならば自治体が徴収し、NPO法人に支払う委託料にあてる性質のものでしょうから、委託料の一部を構成するものとして、全体を請負業の収益と判断しました。

なお、委託料や利用料を収益とする事業が、利益が生じない、または少額な利益しか生じない仕組みになっているのであれば、事業としての性質（収益性など）から収益事業たる事業にはあたらないと考えることもできます。

この場合、必要があれば税務署長による実費弁償の確認を受けることも考えてください。

■関係法令等…法法4①、法令5①十、法基通15−1−28

② 消費税

学童保育事業は、児童福祉法に規定された放課後児童健全育成事業に該当し、この事業は社会福祉法の第二種社会福祉事業にあたりますので、消費税は非課税となります。

ご質問者の法人が事業の実施主体であれば、事業を非課税としている以上、放課後児童健全育成事業を営む上で必要な経費の徴収にあたる利用料も非課税と考えます。

■関係法令等…消法別表第二.七ロ、社会福祉法2③二、児童福祉法6の3、消基通6−7−5
(2) ハ

348　第6章　福祉サービス事業の税務と会計

Q 6—10 障害児放課後デイサービス事業の判定

今回、関与先の NPO 法人が、障害者自立支援法に規定する児童デイサービスⅡ型から、児童福祉法に規定する放課後デイサービス事業に移行することになりました。この事業から得られる収益は、税法上課税されるのでしょうか？

A

【法人税】いずれの収益事業にも該当しないと考えます。
【消費税】児童福祉法に規定する障害児通所支援事業は、第二種社会福祉事業に該当し、委託料や利用料も非課税となります。

⊙ 解 説

1 法人税

放課後等デイサービス事業は、児童福祉法に基づくサービスとして、主に小学生以上から高校生までの障害児に学校の帰りや学校休業日、夏休み、冬休みなどに生活能力向上のための訓練等を継続的に提供し、また、放課後等の居場所づくりを推進する事業となっています。

この事業が収益事業に該当するかどうかですが、一般的に施設において人を預かることを主たる目的にする行為は保育所などの育児サービス事業と同様、事業者と利用者との間で、仕事を完成させたり、調査・研究等の事務処理を委託するという請負業としての契約関係にはなじまないものです。また、放課後等デイサービス事業は、重症心身障害児が在籍している場合を除いて、医師や看護師などの医療従事者を必要としていないことから、経常的に医療行為が行われることを想定した事業ではありません。

したがって、請負業、医療保健業その他のいずれの収益事業にもあたらない事業と考えられ、当法人の会員からも更正の請求により法人税が還付されたとの報告もされており、税理士職業賠償責任保険の事故事例として保険給付がされています。

第6節　実務 Q&A―法人税・消費税の具体的取扱い　349

■関係法令等…法法4①、法令5①十、二十九、税理士職業賠償責任保険事故事例（2018.7
　　　　　　　～2019.6）

❷ 消費税

　放課後等デイサービス事業は、児童福祉法に規定する障害児通所支援事業に
定義され、この事業は社会福祉法に規定された第二種社会福祉事業に該当しま
すので、消費税は非課税となります。

■関係法令等…消法別表第二.七ロ、社会福祉法2③二、児童福祉法6の2の2、消基通6-
　　　　　　　7-5（2）ハ

3　障害福祉サービス事業に関するQ&A

Q 6-11　就労継続支援B型事業の判定

　当NPO法人は、主に知的障害者が在籍する就労継続支援B型事業所を運
営しています。日中活動として、生産活動も行っており、その収益について
は全額利用者に還元していますので、収益事業にはならないと考えています
が、生産活動以外の福祉的な活動は、利用者負担金、障害者総合支援法に基
づく訓練等給付や自治体からの家賃補助などを原資にして運営しています。
　このような福祉的活動の税法上の取扱いはどうなりますか？

A　【法人税】いずれの収益事業にも該当しないと考えます。
　　　【消費税】就労継続支援における福祉的活動は、障害者総合支援法に規
　　　　　　　　定する障害福祉サービスに定義され、第二種社会福祉事業に
　　　　　　　　該当しますので、非課税となります。なお、生産活動に伴う
　　　　　　　　資産の譲渡等は課税対象です。

⊙ 解　説

❶ 法人税

　国税庁の質疑応答事例「NPO法人が障害者総合支援法に規定する障害福祉
サービスを行う場合の法人税納税の義務について」では、障害者総合支援法に

350　第6章　福祉サービス事業の税務と会計

基づく障害福祉サービスは、原則として収益事業である「医療保健業」に該当するとし、実態として医療や保健といった要素がないサービスを提供している就労移行支援に代表されるようなケースがあったとしても、この場合は「請負業」に該当するとして、いずれの場合も法人税の納税義務があると回答しています。

ご質問の場合、知的障害者の多くは日中活動において経常的な医療的ケアは必要なく看護師等の関与が求められていないと思われますので、医療保健業には該当しないと考えます。

また、就労継続支援における事業者と利用者間の利用契約（生産活動に従事しながら一般企業等への就労のための訓練など行う）を請負業として課税することについては、本章第4節「4. 障害福祉サービス事業の取扱い」で多くの疑問を呈しているとおり、租税法律主義（納税者保護と予見可能性）に反するものであり、認可外保育所を収益事業に該当しないとした国税庁質疑応答事例や18歳未満の障害者を対象とした日中活動場所である放課後等デイサービスが課税されていない実情との整合性がありません。

障害福祉サービス事業を収益事業の特掲業種としていない以上、34事業のいずれにも該当しないと考えます。

なお、生産活動については、「Q6-13 生活の保護に寄与する事業の判定」を参照してください。

■関係法令等…法法4①、法令5①十、国税庁質疑応答事例「NPO法人が障害者総合支援法に規定する障害福祉サービスを行う場合の法人税の納税義務について」（巻末**資料5**参照）

2 消費税

就労継続支援は、A型B型を問わず障害者総合支援法において、障害福祉サービス事業と定義されていますので、社会福祉法に規定された第二種社会福祉事業に該当し、非課税となります。

なお、就労継続支援において生産活動としての作業に基づき行われる資産の譲渡等は、非課税規定から除外され課税対象となりますので注意が必要です。

■関係法令等…消法別表第二. 七ロ、社会福祉法2③四の二、障害者総合支援法5①、消基通6-7-5(2)チ

第6節 実務Q&A─法人税・消費税の具体的取扱い　　**351**

Q 6—12 生活介護事業の判定

　当NPO法人は、主に知的障害者が在籍する就労継続支援B型事業所を2か所運営しています。そのうち1か所については、障害支援区分が3以上の利用者が多いことや、地域において生活介護事業を行っている事業者が少ないことから、就労継続支援B型の定員を減らし、その分、生活介護事業に振り向け、多機能型の事業所にしました。

　したがって、当面の利用者は同じであり、生産活動についても、作業量は縮小するものの、以前とほぼ同じ作業を継続するつもりです。今までは、法人税の申告をしていませんが、障害者総合支援法の給付が、「訓練等給付」から「介護給付」に変わることから、収益事業（医療保健業）になるのではと心配をしています。なお、提携医療機関の医師には、嘱託医として登録してもらっていますが、事業所に直接来ていただく契約にはなっていません。

　また、1週間に1回（2時間程度）、非常勤の看護師に利用者の健康状態を把握してもらっていますが、その他の職員はすべて福祉従事者のため、医療行為をすることはありません。

　生活介護事業の税法上の取扱いはどうなるのでしょうか？

A　【法人税】いずれの収益事業にも該当しないと考えます。
　　　【消費税】生活介護における福祉的活動は、障害者総合支援法に規定する障害福祉サービスに定義され、第二種社会福祉事業に該当しますので、非課税となります。なお、生産活動に伴う資産の譲渡等は課税対象です。

⊙ **解　説**

1 法人税

　国税庁の質疑応答事例「NPO法人が障害者総合支援法に規定する障害福祉サービスを行う場合の法人税の納税義務について」では、障害者総合支援法に基づく障害福祉サービスは、原則として収益事業である「医療保健業」に該当するとし、実態として医療や保健といった要素がないサービスを提供している就労移行支援に代表されるようなケースがあったとしても、この場合は「請負

352　第6章　福祉サービス事業の税務と会計

業」に該当するとして、いずれの場合も法人税の納税義務があると回答しています。

　生活介護事業は、就労継続支援 B 型よりも比較的重度の障害者を対象としているため、より決め細やかな支援が必要ですが、実態として医療や保健といった要素がないサービスを提供しているので「医療保健業」には該当しないことになります。

　また、生活介護における事業者と利用者間の利用契約を請負業として課税することについては、本章第 4 節「4. 障害福祉サービス事業の取扱い」で多くの疑問を呈しているとおり、租税法律主義（納税者保護と予見可能性）に反するものであり、認可外保育所を収益事業に該当しないとした国税庁質疑応答事例や 18 歳未満の障害者を対象とした日中活動場所である放課後等デイサービスが課税されていない実情との整合性がありません。

　障害福祉サービス事業を収益事業の特掲業種としていない以上、34 事業のいずれにも該当しないと考えます。

　なお、生産活動事業については、「Q6-13　生活の保護に寄与する事業の判定」を参照してください。

■関係法令等…法法 4 ①、法令 5 ①十、二十九、国税庁質疑応答事例「NPO 法人が障害者　　総合支援法に規定する障害福祉サービスを行う場合の法人税の納税義務について」（巻末**資料 5** 参照）

2　消費税

　生活介護も、障害者総合支援法において障害福祉サービス事業と定義され、この事業は社会福祉法に規定された第二種社会福祉事業に該当し、非課税となります。

　なお、生活介護において生産活動としての作業に基づき行われる資産の譲渡等は、非課税規定から除外され課税対象となりますので注意が必要です。

■関係法令等…消法別表第二. 七ロ、社会福祉法 2 ③四の二、障害者総合支援法 5 ①、消基　　通 6-7-5(2)チ

第 6 節　実務 Q&A—法人税・消費税の具体的取扱い　　**353**

Q 6−13 生活の保護に寄与する事業の判定

　障害者総合支援法の就労継続支援Ｂ型事業と生活介護事業を行っている
NPO 法人では、生産活動を行っており、障害者に工賃の支払いをしていま
す。

　生活介護では１日２時間の就労を原則としており、就労継続支援Ｂ型で
は、１日 4.5 時間の就労を原則としています。生活介護と就労継続支援との
主な相違は、就労時間です。

　したがって、障害者へ支払う工賃の金額にも相違があります。法人税法施
行令第５条第２項第２号の特定従事者が総数の半数以上という条件はクリア
しており、工賃が生活の保護に寄与していると判断されれば、収益事業には
ならず、法人税の申告は必要ないと考えてよいでしょうか？　また、消費税
については課税対象という理解でよいでしょうか？

A　【法人税】生産活動による収益は、事業としての性質（収益性など）や
　　　　　　　非課税規定により、法人税の申告は必要ないと考えます。
　　　【消費税】生産活動の作業に基づき行われる資産の譲渡等は、就労継続
　　　　　　　支援や生活介護のいずれの場合でも課税対象となります。

⊙ 解　説

１ 法人税

　２通りの考え方がありますが、いずれの考え方でも収益事業には該当しない
と考えます。

　第一に、就労支援Ｂ型事業の工賃の支払いに関しては、「生産活動に係る事
業の収入から生産活動に係る事業に必要な経費を控除した額に相当する金額を
工賃として支払わなければならない。」（Q6−19 参照）とされていることから、
生産活動はもともと利益の生じる余地のないものであるため、事業としての性
質（収益性など）から収益事業たる事業には該当しないと考えます。

　第二に、本章第４節**５**（障害者の生活の保護に寄与する場合）の解説にもある
とおり、障害者へ支払う金額が仮に少額であったとしても、割合的に多く配分

354　第６章　福祉サービス事業の税務と会計

していればよいという判断基準があります。

　ご質問者は、生活介護の生産活動における工賃は就労継続支援Ｂ型の工賃より低く、生活の保護に寄与しているとまでは言えないのではないかと考えられていますが、特定従事者に支給される給与の額で評価するのではなく、生産活動に伴う利益のほとんどを利用者に工賃として還元しているのであれば、特定従事者の自立・福祉の向上などに積極的に寄与するという公益性があるので、非課税規定の適用があると考えます。

■関係法令等…法法４①、法令５②二、法基通15－1－8

2 消費税

　生産活動としての作業に基づき行われる資産の譲渡等を非課税とすると、取引の相手方事業者にとっては課税仕入れとならず、通常の取引から排除されかねないため、就労継続支援、生活支援のいずれの場合でも、非課税規定から除外され、課税対象とされています。

■関係法令等…消法別表第二. 七ロかっこ書き

Q 6―14 地域活動支援センターの判定

　障害者自立支援法（現在は障害者総合支援法）の改正に伴って、今まで小規模作業所として活動していた NPO 法人が地域活動支援センターになりました。

　今までは補助金の支給を受けていましたが、市との委託契約により利用者数にあわせて委託事業収入を得る予定です。

　このような場合の税法上の取扱いはどうなりますか？

A　【法人税】ご質問の地域活動支援センター事業が、委託料により経常的に余剰が生じるのであれば、自治体の事務を委託された事業と解されるので、収益事業（請負業）に該当すると思われます。

　　　【消費税】地域活動支援センターを経営する事業は、第二種社会福祉事業に該当し、非課税となります。

第6節　実務Q&A―法人税・消費税の具体的取扱い　**355**

⊙ 解　説

1 法人税

　障害者総合支援法の福祉サービスの1つである地域活動支援センター事業は、国の事業ではなく、地域生活支援事業（市町村・都道府県が行う事業）として定められています。

　地域活動支援センター機能強化事業は、「障害者等を通わせ、地域の実情に応じ、創作的活動または生産活動の機会の提供、社会との交流の促進等の便宜を供与する地域活動支援センターの機能を充実強化し、もって障害者等の地域生活支援の促進を図ることを目的とする。」（厚生労働省・援護局「地域生活支援事業実施要綱」別記1-10）とされています。

　ご質問の場合は、本来自治体が行うべき地域活動支援センターの運営に必要な事務を法人に委託しているものと解されるため、請負業の判定になると考えます。

　なお、委託契約の内容が、利益が生じないまたは少額な利益しか生じない仕組みになっているのであれば、事業としての性質（収益性など）から収益事業たる事業にはあたらないと考えることもできます。

　この場合、必要があれば税務署長による実費弁償の確認を受けることも考えてください。

■関係法令等…法法4①、法令5①十、法基通15-1-28

2 消費税

　障害者総合支援法の地域活動支援センターを経営する事業は、社会福祉法において、第二種社会福祉事業と規定されていますので、非課税となります。

■関係法令等…消法別表第二.七ロ、社会福祉法2③四の二、障害者総合支援法5㉗、消基通6-7-5(2)チ

Q 6—15 障害者就労支援センターの判定

当NPO法人は、自治体から障害者就労支援センター（障害者の職業的自立を図るために、地域の関係機関と連携しながら、就職に向けた準備や職場に適応・定着するための支援や日常生活などの助言などを行う障害者雇用促進法に基づいた区市町村の障害者就労支援事業）の運営を受託してもらえないかと打診がありました。
受託した場合、税法上の取扱いはどうなりますか？

A 【法人税】ご質問の障害者就労支援センターの事業が委託料により経常的に余剰が生じるのであれば、自治体の事務を委託された事業と解されるので、収益事業（請負業）に該当すると考えます。
【消費税】ご質問の受託事業による収益は、課税対象となります。

解　説

1 法人税

障害者就労支援センターは、一般就労を目指す障害者（利用者）のための相談や訓練、さらに現に障害者が就労している企業などに定着支援等を行っています。

ご質問の場合、本来自治体が行うべき障害者就労支援センターの運営に必要な事務を法人に委託しているものと解されるため、請負業の判定になると考えます。

なお、委託契約の内容が、利益が生じないまたは少額な利益しか生じない仕組みになっているのであれば、事業としての性質（収益性など）から収益事業たる事業にはあたらないと考えることもできます。

この場合、必要があれば税務署長による実費弁償の確認を受けることも考えてください。

■関係法令等…法法4①、法令5①十、法基通15－1－28

2 消費税

社会福祉法に規定される非課税となる第二種社会福祉事業には、「障害者の雇用の促進等に関する法律」を根拠法とする事業がなく、また、実施する事業内容においても、他の第二種社会福祉事業に該当するものがないことから、課税対象となります。

■関係法令等…消法別表第二.七ロ、社会福祉法2③、消基通6-7-5

Q 6-16 グループホーム事業の判定

障害者の自立を支援するため、グループホームを運営しているNPO法人があります。収入は、障害者総合支援法に基づく訓練等給付と自治体からの補助金や生活保護の家賃扶助、本人の家賃負担分などです。

このようなグループホームの運営事業の税法上の取扱いはどうなるのでしょうか?

A 【法人税】いずれの収益事業にも該当しないと考えます。
　【消費税】障害者のグループホームを運営する事業は、障害者総合支援法の障害福祉サービス事業に定義され、第二種社会福祉事業に該当しますので非課税です。

⊙ 解　説

1 法人税

国税庁の質疑応答事例「NPO法人が障害者総合支援法に規定する障害福祉サービスを行う場合の法人税の納税義務について」では、障害者総合支援法に基づく障害福祉サービスは、原則として収益事業である「医療保健業」に該当するとし、実態として医療や保健といった要素がないサービスを提供している場合には、事業者と利用者との間で利用契約を締結し、利用者からそのサービスの対価を受領することになるので、「請負業」と回答しています。

つまり、障害者のグループホームが医療保健業なのか請負業なのかは、提供

するサービスの内容によることとし、最終的には医療保健業か請負業のいずれかに該当するという趣旨です。

　障害者総合支援法に規定される障害者向けの夜間支援（共同生活援助）は、あくまでも障害者が自立した生活を行うための支援であり、医師や看護師などの医療従事者によって、経常的に医療行為が行われることを想定した事業ではありません。

　また、食事提供や掃除・洗濯などのサービス利用契約を請負業として課税することについては、本章第4節「4. 障害福祉サービス事業の取扱い」で多くの疑問を呈しているとおり、租税法律主義（納税者保護と予見可能性）に反するものであり、認可外保育所を収益事業に該当しないとした国税庁質疑応答事例とも整合性がありません。

　障害福祉サービス事業を収益事業の特掲業種としていない以上、34事業のいずれにも該当しないと考えます。

■関係法令等…法法4①、法令5①十、二十九、国税庁質疑応答事例「NPO法人が障害者総合支援法に規定する障害福祉サービスを行う場合の法人税の納税義務について」（巻末**資料5**参照）

② 消費税

　グループホームは、障害者総合支援法において共同生活援助と定義され、この事業は障害福祉サービス事業に含まれていますので、社会福祉法に規定された第二種社会福祉事業に該当し、非課税となります。

＜グループホームの定義（障害者総合支援法第5条抜粋）＞

> 17　この法律において「共同生活援助」とは、障害者につき、主として夜間において、共同生活を営むべき住居において相談、入浴、排せつ、又は食事の介護その他の日常生活上の援助を行うことをいう。

■関係法令等…消法別表第二. 七ロ、社会福祉法2③四の二、障害者総合支援法5①⑰、消基通6−7−5(2)チ

第6節　実務Q&A—法人税・消費税の具体的取扱い　359

Q 6—17 地域支援事業の障害者相談支援事業

　2023（令和5）年7月2日付の中日新聞において、「障害者相談支援　委託料の消費税／自治体半数超　非課税」という記事が出ていました。私が関与している法人は、自治体から基幹相談支援センターの業務を受託していますが、記事と同様に委託契約書の消費税は（非課税）と表記されていました。基幹相談センターなど業務受託について、税法上の取扱いを教えてください。

A　【法人税】基幹相談支援センターの運営は、自治体の事務を委託された事業に該当しますので、収益事業（請負業）に該当します。
　　　【消費税】基幹相談支援センターの事業は、第2種社会福祉事業には該当しないため、消費税の課税対象となります。

⊙ 解　説

1 法人税

　基幹相談支援センターは、障害者総合支援法第77条第1項第3号を根拠として、市町村の地域生活支援事業として、障害者が自立した日常生活または社会生活を営むことができるよう、地域の障害福祉に関する各般の問題について障害者等からの相談に応じ、必要な情報の提供及び助言その他の便宜供与する地域における相談支援の中核的な役割を担う機関としての位置づけがされています。

　ご質問のセンター運営事業は、障害者総合支援法の地域生活支援事業である自治体の事務を法人に委託しているものと解されるため、請負業（事務処理の委託を受ける業を含む）の判定になると考えます。

　なお、委託契約の内容が、利益が生じないまたは少額な利益しか得られない仕組みになっているのであれば、事業としての性質（収益性など）から収益事業たる事業にはあたらないと考えることもできます。この場合、必要があれば税務署長による実費弁償の確認を受けることも考えてください。

■関係法令等…法法4①、法令5①十、法基通15－1－28

360　第6章　福祉サービス事業の税務と会計

② 消費税

基幹相談支援センターの役割である障害児者やその家族、支援者等に対する障害福祉の相談事業は、2006（平成18）年の障害者自立支援法制定時に、3障害（身体、知的、精神障害）の対応が一元化され第二種社会福祉事業として「相談支援事業」が規定されていました。

しかし、2012（平成24）年の障害者総合支援法制定時に、新たに障害福祉サービス等利用計画（介護保険のケアプランと同様のもの）作成支援のために「一般相談支援」と「特定相談支援」が創設された際に、それらが第二種社会福祉事業とされ、結果的に地域支援事業の相談支援事業は、第二種社会福祉事業から押し出された（除外された）形になってしまいました。このことは、ご質問の基幹相談支援センターの委託業務だけでなく、地域支援事業の相談支援事業の委託全般にあてはまります。

そのような経緯から、自治体が以前から相談支援事業を行っていた法人の消費税について非課税の誤認をしてしまったと想定されます。

ご質問の相談支援事業は、社会福祉法第2条第3項に定義された第2種社会福祉事業に含まれていない以上、消費税の非課税規定が働かなくなり、他に政策的に非課税とする根拠規定もないことから、課税取引となります。

また、この取扱いについては、国税庁質疑応答事例「障害者相談支援事業を受託した場合の消費税の取扱い」（巻末**資料8**参照）やこども家庭庁支援局障害児支援課ほか2課からの事務連絡（令和5年10月4日「障害者相談支援事業等に係る社会福祉法上の取扱い等について」）（巻末**資料9**参照）が通知されていますので、あわせて参照してください。

なお、「住宅入居者等支援事業」（障害者総合支援法77①三関係）、「障害児等療育支援事業、発達障害者支援センターを運営する事業、高次脳機能障害及びその関連障害に対する支援普及事業」（障害者総合支援法78①関係）、「医療的ケア児支援センターを運営する事業」も同様に社会福祉事業には該当しないと巻末資料の事務連絡により注意喚起されていますので、十分留意してください。

■**関係法令等**…消法別表二. 七ロ、社会福祉法2③、消基通6-7-5

4 就労支援会計に関する Q&A

Q 6—18 就労支援事業を区分することの意味

当 NPO 法人の就労支援事業収益は年間 300 万円程度ですが、就労支援事業に関して、どうしてそのように複雑な会計が要求されるのでしょうか？

A 就労支援事業では、収益から必要な経費を控除した後の金額は、すべて障害者に対して「工賃」として支払わなければなりません。ですから就労支援事業に関する適正な費用を把握する必要があります。

⊙ 解 説

次の厚生労働省令「障害者の日常生活及び社会生活を総合的に支援するための法律に基づく指定障害福祉サービスの事業等の人員、設備及び運営に関する基準」（以下「指定障害福祉サービス運営基準」という）第85条に、その根拠が記載されています。

（工賃の支払）
第85条 指定生活介護事業者は、生産活動に従事している者に、生産活動に係る事業の収入から生産活動に係る事業に必要な経費を控除した額に相当する金額を工賃として支払わなければならない。（就労移行支援などにおいても準用）

つまり、就労継続支援B型などで障害者が働くことによって得られた収益は、直接必要な経費を控除した残りはすべて障害者に還元されなければなりません。これにより、法人の運営費への充当や、経営者による搾取を防止しています。

厚生労働省は、この工賃に関して「工賃向上計画」を策定し、都道府県や各事業所にそれを達成するよう求めるとともに、毎年改善結果の報告を求めています。その意味からも「生産活動に係る事業に必要な経費」の適正算定は不

362 第6章 福祉サービス事業の税務と会計

可欠で、そのための財務諸表等の作成が求められています。

Q 6—19 生産活動の定義

就労支援事業における「生産活動」とは何でしょうか？

A 「利用者が経済的に自立するために継続して行われる製造又は役務提供などの営利活動」のことを指します。

⊙ 解 説

　法令では直接定義されていませんが、一般的な定義では「生産」とは「経済活動によって創出される全てのもの」を総称します。つまり加工製造ばかりではなく、無形の役務提供なども含まれますので、非常に幅広い概念です。

　指定障害福祉サービス運営基準には、次のように記載されています。

　「第77条（一部抜粋）…創作的活動又は生産活動の…」

　「第85条（一部抜粋）…生産活動に従事している者に、生産活動に係る事業の収入から生産活動に係る事業に必要な経費を控除した額に相当する金額を工賃として支払わなければならない。」

　法令上は「生産活動」を「創作的活動」と厳密に区分しており、かつ「生産活動」を「事業」と強く関連づけていることがわかります。

　「創作」とは、「新しいものを作り出すこと」「文芸・絵画などの芸術を独創的に作り出すこと」であり、「生産」よりも狭く、かつ経済活動から少し外れた意味合いを持ちます。一方、「事業」とは「生産・営利などの一定の目的を持って継続的に組織を経営すること」です。

　つまり、法令が想定している「生産活動」とは、「利用者が経済的に自立するために（つまり工賃等を稼ぐために）継続して行われる製造又は役務提供などの営利活動」です。

　障害福祉サービスは、利用者（障害者）のために多種多様な活動を行ってい

第6節　実務Q&A—法人税・消費税の具体的取扱い　**363**

ます。例えば、利用者の機能向上等を目的とした営利を目的としない創作的活動や、利用者の生活面のフォローなどに職員が労力を費やすこともあります。

これらの諸活動から生じる収益・費用を厳密に区分し、「生産活動に係る事業」から生じたものだけを就労支援事業会計に反映させる必要があります。

Q 6-20 利用者賃金と利用者工賃

利用者賃金と利用者工賃について、税務・会計の観点からもう少し詳しく教えてください。

A 利用者賃金とは雇用契約を締結した利用者に支払われるものであり、利用者工賃とは雇用契約を締結していない利用者に支払われるものです。前者は給与所得、後者は雑所得として扱われます。

⊙ 解 説

「利用者賃金」とは、就労継続支援A型の利用者に対して支払われる対価のことをいいます。A型の利用者と、事務所の運営スタッフ、特に人員配置基準を超えて配置される就労支援事業指導員等とは明確に区分する必要があります。

A型の利用者は、原則として雇用契約を締結して雇用されるため、労働基準法等の適用を受けて最低賃金の賃金保証がなされます。また、その対価は所得税法上の給与所得扱いになり、年末調整をする必要があります。消費税の課税区分は、給与等を対価とする役務提供に該当し、「課税対象外」（不課税）となります。

「利用者工賃」とは、主に就労移行支援や就労継続支援B型の利用者（A型の利用者で雇用契約のない者に対して支払われることがあります）に対して支払われる対価のことをいいます。これらの利用者とは雇用契約を締結しません（最低賃金や労働基準法等の適用外となります）ので、その対価は所得税法上の雑所得扱いにするのが妥当であると考えます。

したがって、利用者は年末調整ではなく、各自確定申告をすることになります（実際は、家内労働者の必要経費の特例（55万円）を控除すること等によって納付税額が発生せず申告しなくてよいケースが大半であろうと思われます）。

また、利用者工賃は、「生産活動に係る事業の収入から生産活動に係る事業に必要な経費を控除した額に相当する金額を工賃として支払わなければならない。」とされていることから、指揮命令に属した労働提供の対価よりも、訓練への従事の対価（強いていえば剰余金の分配に近い）のため、消費税の課税区分は、「課税対象外」（不課税）と考えます。

なお、この利用者工賃を課税取引であるとして、2022（令和4）年7月19日付で名古屋地方裁判所に訴訟が提起されていますので、判定に異なる見解もあります（2024（令和6）年7月18日原告請求棄却　控訴手続中）。

Q 6−21 就労支援事業費と事業所運営費の区分

就労支援事業を行う事業所の生産活動に関する部分が、就労支援事業収益や就労支援事業費であることは理解しましたが、具体的に法人の中での区分はどのようにするのでしょうか？

A 訓練等給付費から賄うべきものを事業所運営費、就労支援事業収益から賄うべきものを就労支援事業費として区分します。

⦿ 解　説

就労支援事業を行う事業所に対しては、国の税金を財源として「訓練等給付費」が支給されます。具体的には、医療保険や介護保険の制度のようにサービスごとに決められた点数があり、それらを毎月請求することによって国民健康保険連合会から給付費が振り込まれます。

事業所の運営費はこの訓練等給付費（生活介護の場合は介護給付費）から賄われることになります。

第6節　実務Q&A─法人税・消費税の具体的取扱い　**365**

図表 6 － 16　運営部分と生産活動部分の区分

	運営部分	生産活動部分
収益	訓練等給付費	就労支援事業収益
費用	運営費全般	生産活動に関する費用
剰余金	制約はない	工賃として利用者に還元する

　上記の運営部分には、「就労の機会の提供及び生産活動の機会の提供その他の就労に必要な知識及び能力の向上のために必要な訓練その他の必要な支援」がすべて含まれるため、生産活動を本格的に稼働させるための費用なども含まれることになります。

　したがって、生産活動に直接的にも間接的にもかかわる職員の給与は、その目的が利用者に対する訓練や知識の提供に重きがあれば運営費になり、収益をあげることに重きがあれば生産活動に関する費用になります。

　各事業所は、就労の機会や生産活動に関する知識の提供を目的として、清掃業務、パンやクッキーの製造販売、手作り品の製造販売、印刷、パソコンの打ち込み作業、各種内職など様々な種類の仕事にチャレンジしています。しかしその大半は収入を得るところまでいかないのが現状です。

　通常、利用者の適性に合わないとして何回も失敗を繰り返します。そのような中で、たまたま製品が売れた場合には、生産活動による収益（就労支援事業収益）ではなく、就労支援の運営事業にかかる「雑収益」として扱います（法人全体の雑収益ではありません）。

　つまり就労支援事業は、その事業所で行う各種の作業のうち、継続して剰余金が発生し、利用者に工賃として支払うことができるもの、ということになります（どの作業が就労支援事業に該当するのかは、各法人で適正に判断する必要があります）。

　結局、就労支援事業はかなり限定され、その費用も大半が直接的な費用に限られます。

　また、これらは「製造原価」と「販管費」に区分することになっていますが、

この「販管費」については販売業務に携わる障害者もいるはず、ということで加えられたものであり、いわゆる「一般管理費」まで入れた包括的な概念ではありません。

例えば、生産活動のための運営会議開催費用、生産活動に関する請求事務事業、生産活動のためのシフト作成費用などが就労支援事業の管理費であり、これらは法人全体の管理費ではありません。

Q 6—22 就労支援事業費の具体的な算出方法

就労支援事業費の具体的な経理処理方法を教えてください。

A 補助科目を用いて区分する方法や、部門コードを使って区分する方法が考えられます。

⊙ 解 説

最初に、どの生産活動を就労支援事業とするのかを法人で定める必要があります。一定の販売ルートも決まり、安定的に製造や販売を行える体制が整い、利用者に工賃を支払うことができるようになった作業ということになります。

次に会計の方法ですが、次ページのA、Bどちらの方法を採用するのかにより変わります。

例えば、クッキーの製造販売を行って、事業所で販売する以外に自動車で宅配も行うケースを考えてみます。ここで想定される費用は以下のようなものです。

① 材料費…主材料費、副材料費、包装材料費など
② 労務費…工賃、クッキー製造のための非常勤職員給与、通勤費など
③ 経費…消耗品費、水道光熱費、機械減価償却費、通信費、宅配のための車両維持費、広告宣伝費など

水道光熱費や通信費などの共通費は、他の場面における共通費の按分と同じ

第6節 実務Q&A—法人税・消費税の具体的取扱い　*367*

く、何らかの合理的な按分基準により按分します。

> A．注記の「事業別損益の状況」の就労継続事業の欄に「就労支援事業収益」と「就労支援事業費」の2つの科目を記載し、作業毎の内訳は別に注記を設けて記載する方法

この場合は、まず「就労支援事業収益」と「就労支援事業費」という勘定科目を設定し、「就労支援事業費」という科目に補助科目を付して管理します。

就労支援事業費　補助1　仕入高

就労支援事業費　補助2　材料費

就労支援事業費　補助3　工賃

就労支援事業費　補助4　就労支援事業非常勤職員給与

就労支援事業費　補助5　消耗品費

…………………………

決算に際しては、活動計算書や注記の「事業別損益の状況」には勘定科目の合計額を転記し、注記の「就労支援事業の明細」はこの補助科目を利用して作成します。

作業種別ごとの区分に関しては、補助科目を工夫するか、別途集計します。

また、このほかに会計ソフトの「製造原価報告書」の作成機能を利用して集計するという方法もあります。

> B．注記の「事業別損益の状況」の欄に、就労継続事業とは別に「就労継続生産活動事業」の欄を設け、そこに内訳を記載する方法

この場合は、Aのような科目は設定せず、「生産活動に関する部分（就労支援事業）」として1つの部門コードを設定します。そして各科目を仕訳する時に、この部門コードを付すことによって、決算の時に注記の「事業別損益の状況」が作成できるようにします。

最後に「就労支援事業収益」から「就労支援事業費」を控除した金額に相当

する金額が工賃となるわけですが、仮に赤字になっても工賃を支払うようなことがあれば、その支払いの原資が問題になります。

　受取寄付金などの自主財源であれば問題ありませんが、訓練等給付費から直接障害者に工賃を支払うことは禁じられています。税金を原資として直接個人の所得になるような移転は、特別の場合を除きわが国では認められていませんので、注意が必要です。

Q 6─23　就労支援事業指導員等

　生産活動部分の費用に「就労支援事業指導員等給与」及びそれらの賞与引当金繰入、退職給付費用を計上することになっていますが、就労支援事業指導員等とは何のことでしょうか？

A　人員配置基準を超えた人員のうち、生産活動に寄与する人員を「就労支援事業指導員等」といいます。

◉ 解　説

　就労支援事業を行う場合においては、最低限必要な「人員配置基準」が定められています。

　例えば、就労継続支援Ａ型及びＢ型の場合、利用者の数に応じて次の人員を一定数以上配置することになっています。

① 管理者
② サービス管理責任者
③ 職業指導員
④ 生活支援員

　（①②③④を兼務することもあります。）

　これらの人員の人件費については、原則として国から支給される訓練等給付費を財源として賄うことになっています。しかし事業所によっては、利用者に対して手厚いサービスをするために、あるいは生産活動の収益をより一層高め

第6節　実務 Q&A─法人税・消費税の具体的取扱い　*369*

るために人員配置基準を超えた人員を配置するケースもあります。

　就労支援会計基準では、その人員配置基準を超えた人員のうち、生産活動に寄与する人員を「就労支援事業指導員等」として、その人員にかかる給与、賞与引当金繰入、退職給付費用などを、それぞれ「就労支援事業指導員等給与」「就労支援事業指導員等賞与引当金繰入」「就労支援事業指導員等退職給付費用」といった就労支援事業費用としています。

　この人件費は、生産活動の収益を上げるために投入されたものであるので、訓練等給付費ではなく、生産活動の収益で賄うことになります。

Q 6―24 同一法人内の他部門に対する商品販売等

　当法人は、B型事業所での弁当販売と、ケアホームの運営をしています。B型事業所で製造した弁当の一部は、ケアホームの入居者への食事として提供しています。この場合、どのように処理するのでしょうか？

A B型事業所部門で弁当を販売し（売上収益を計上）、かつケアホーム部門がこれを仕入れる（仕入費用を計上）、ということになります。

⊙ 解　説

　同じ法人内で、就労継続支援等により就労の機会を与え、かつ生活の場としてケアホームやグループホームを運営するケースは多くあります。そして就労支援事業の内容がご質問のような食品製造等であった場合、これをケアホーム等に提供することもよくあります。

　このような場合は、内部取引として処理するのが妥当であると考えます。

　つまり、同じ法人ではありますが、別個の事業体として認識し、B型事業所部門が弁当を販売し（売上収益を計上）、かつケアホーム部門がこれを仕入れる（仕入費用を計上）、ということになります。

　B型事業所で製造した弁当の販売先がたまたま同じ法人内のケアホームであった、そしてケアホーム側も、食事の調達先がたまたま同じ法人内のB型

事業所であった、ということです。

　ではその弁当をいくらで売買したことにするのか、という問題になりますが、通常他の第三者と取引する際の価格をもとに、合理的に算定することになります。

　仮にこの内部取引を会計処理しなかった場合、B型事業所の生産部門においてケアホームに提供した部分の材料費その他費用だけが計上されることになりますので、その分利用者に配分する工賃が減ることになります。

<参考文献>
・齋藤文雄『消費税 医療・介護・福祉における実務 第3版』大蔵財務協会、2021年
・武田昌輔『〔新訂版〕詳解 公益法人課税』全国公益法人協会、2000年
・大島隆夫、木村剛志『消費税法の考え方・読み方＜三訂版＞』税務経理協会、2002年
・築地宏明ほか『詳説非営利法人の消費税実務』清文社、2004年
・齋藤力夫『非営利法人等の消費税第6版』中央経済社、2004年
・木村剛志『実務家のための消費税実例回答集』税務研究会出版局、2012年
・濱田正義『図解消費税 令和6年版』大蔵財務協会、2024年
・NPO会計税務専門家ネットワーク ホームページ
　「福祉サービスに関する法人税課税問題研究報告書」（https://npoatpro.org/approach.html#view3）
・内閣府ホームページ
　「共生社会政策　高齢社会対策」（https://www8.cao.go.jp/kourei/index.html）
　「共生社会政策　障害者施策」（https://www8.cao.go.jp/shougai/index.html）
　「子ども家庭庁」（https://www.cfa.go.jp/top/）
・厚生労働省ホームページ
　「介護・高齢者福祉」（https://www.mhlw.go.jp/stf/seisakunitsuite/bunya/hukushi_kaigo/kaigo_koureisha/）
　「障害者福祉」（https://www.mhlw.go.jp/stf/seisakunitsuite/bunya/hukushi_kaigo/shougaishahukushi/）
・独立行政法人福祉医療機構ホームページ「WAM NET」（https://www.wam.go.jp/content/wamnet/pcpub/top/）

第 7 章

寄付金の会計と税務

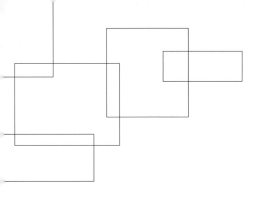
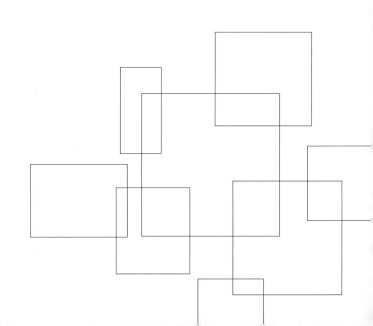

この章のポイント

　NPO法人が寄付金を受け入れる場合、従来は、入金時に収益として計上することが一般的でした。しかし、近年、クラウドファンディング、クレジットカードによる寄付、返礼品がある場合の寄付、換金を目的とした寄付など、さまざまな寄付の方法が出てきており、NPO法人に入金した時に収益に計上することでは経済的な実態に合わないケースが増えてきました。第7章の前半では、NPO法人会計基準や内閣府の取扱い、東京国税局への事前照会の内容などを参照しながら、これらの寄付金の会計と税務について見ていくことにします。

　また、近年、相続人がいない方や、相続人がいても兄弟姉妹や甥、姪などの場合が増えてきており、自分の財産を、遠い親戚や国庫などに帰属させるよりも、遺言などでNPO法人に寄付をする、遺贈寄付を考える人が増えてきています。遺贈寄付の税務は、遺言による寄付と相続人による相続財産の寄付では扱いが異なり、不動産や株式などの現物を寄付する場合には、みなし譲渡課税の問題があるため複雑になります。後半では、このような、遺贈寄付の会計や税務について体系立てて説明をします。

■内容
第1節　クレジットカードによる寄付
第2節　返礼品がある場合の取扱い
第3節　現物で寄付を受け取る場合の取扱い
第4節　遺贈寄付の取扱い
第5節　実務Q&A─寄付金の会計と税務の具体的取扱い

第 1 節　クレジットカードによる寄付

近年、新しい寄付の方法（クレジットカードによる寄付、返礼品付き寄付、遺贈寄付、クラウドファンディングの仕組みを利用した寄付、ネット募金等）が次々に生まれてきています。

NPO 法人会計基準では、「受取寄付金は、確実に入金されることが明らかになった場合に収益として計上する」（NPO 法人会計基準第 13 項）としています。

クレジットカードによる寄付について問題になるのは、いつの時点で収益として計上するのか？　ということです。寄付金は通常、現金主義と考えられており、NPO 法人に入金になった場合に寄付金として認識し、領収書の発行なども入金の日付で発行すると考えられていました。

しかし、クレジットカードによる寄付については、寄付者が寄付をした日と NPO 法人に入金される日が大きくズレます。この場合に、どう考えればいいのでしょうか？

1 会計上の取扱い

NPO 法人会計基準では、NPO 法人に寄付金が入金されていない場合でも、確実に入金されることが明らかな場合、例えば、債権譲渡契約に基づくクレジットカードによる寄付の場合には、クレジットの手続きが行われて、クレジットカード会社の利用承認が完了した時点において、確実に入金されることが明らかであるため、収益として計上することができます。

■関係法令等…NPO 法人会計基準 Q&A13 − 2

第 1 節　クレジットカードによる寄付　*375*

2 認定NPO法人のパブリックサポートテスト及び寄附金控除の取扱い

　これまでNPO法人の多くは、クレジットカードによる寄付の場合、寄付者が決裁を行った「決済日」ではなく、決済代行会社からNPO法人に入金される「入金日」で領収書を発行する慣習がありました。内閣府が作成しているNPO法Q&A3－2－16の「寄付者名簿」の記載方法にも、クレジットカードによる寄付は入金日に記載することとされていました。

　しかし、そうすると、例えば12月にクレジットカードで決済をして寄付をしたにもかかわらず、NPO法人に入金になるのは翌年になるため、決済をした年で寄附金控除を受けられないというような問題がありました。

　このような問題に対処するために、2023（令和5）年12月に、内閣府がNPO法Q&A3－2－16を改定しました。

　改訂内容の概要は以下のようなものです。

・寄付者がクレジットカードで寄付をした場合、入金日ではなく決済日を寄付金の受領日としてパブリックサポートテストの用件の審査に必要な寄付者名簿に記載できるようになった（一定の条件あり）。
・クレジットカードの決済日を寄付金受領証明書の受領日として扱えることが明記された。

　このQ&Aの改定を受けて、クレジットカードによる決済日を寄付金受領証明書の日付とするNPO法人が増えてきています。

　　＜クレジットカードによる寄付の収益計上時期、寄付金受領証明書発行日等＞

NPO法人に入金になった日	or	寄付者の決済日

<table>
<tr><td>第 2 節</td><td>返礼品がある場合の取扱い</td></tr>
</table>

　寄付を受けた NPO 法人が、寄付をいただいた方に感謝の気持ちを形にして示すことがあります。感謝の気持ちを示す方法として、お礼状や活動報告を送るなどの方法も考えられます。この場合に、寄付金として認識することについては異論がありません。一方で、寄付を受けた NPO 法人が、寄付者に普及啓発のために作成していたグッズを送ったり、有料で開催している報告会に招待するなどをした場合に、寄付金として認識できるかどうかについてはさまざまな考え方があります。

　寄付とは、次の要件を備えているものをいいます。

① 　支出する側に任意性があること

② 　直接の反対給付がないこと

　この要件から、返礼品が「直接の反対給付がない」といえるかどうかが問題になります。

　この問題について、NPO 法人会計基準、認定 NPO 法人の PST での取扱い、寄附金控除についてどのように考えているのかをみていくことにします。

1　会計上の取扱い

　NPO 法人会計基準実務担当者のためのガイドライン Q&A13－4 では、寄付者にその NPO 法人の活動を支援したいという気持ちがあり、それに対して NPO 法人が感謝の気持ちを形にして示すということは、寄付者と NPO 法人とのコミュニケーションを広げ、NPO 法人の支援者を増やしていくことにつな

がりますので、返礼品があることをもって、直ちに「直接の反対給付がある」ということにはならないが、NPO法人が行う寄付活動が、返礼品の提供による資金の獲得を意図している活動と推定される場合には、寄付金として処理することはできないとしており、具体的に3つの判断基準を示しています。

---

(1) 返礼品の金銭類似性や換金可能性が高い場合や、一般的な使用価値が高い場合
　プリペイドカード、商品券、貴金属など金銭類似性が高いものや、電気・電子機器、家具など、一般的に使用ができて使用価値が高かったり、転売によって換金することが容易である場合には、実質的に寄付のキックバックになり、寄付の感謝の気持ちを形にして示す返礼品としてはふさわしくないと考えられます。

(2) 返礼品がNPO法人の活動とは関連性がほとんどないものである場合
　特に、使用価値や転売による換金可能性が高いものであって、NPO法人の活動と関連性がほとんどない場合には、返礼品は感謝としての気持ちの表明ではなく、返礼品の提供によって入金を得ようとしているものと推定される可能性があります。

(3) 寄付額に対する返礼品の調達価格の割合（返礼割合）が高い場合
　また、社会通念に照らして、NPO法人が受け取る寄付金の額と比較して、返礼品の調達価格が高い場合には、返礼品提供によって入金を得ようとしているものと推定されてしまうことがあります。

---

2 認定NPO法人のパブリックサポートテストにおける取扱い

　認定NPO法人の調査では、寄付者にわずかなお礼をした場合でも認定NPO法人として認められる要件の1つであるパブリックサポートテストにおける寄付金としては認めないという運用が行われているケースがしばしばありました。

　この状況を改善するため、2023（令和5）年6月に、内閣府は「対価とは言えない程度の返礼品を寄付者に対して提供して差し支えないことを明確化するため」として、「特定非営利活動促進法のあらまし」（14頁）及び「NPO法Q

378　第7章　寄付金の会計と税務

&A」の Q3-2-18 が改定されました。

その後、2024（令和 6）年 2 月 6 日に、NPO 法人会計基準協議会主催のイベントに内閣府の方が参加し、いくつかの具体例を挙げた上で、内閣府の考え方が示されました。

内閣府が示した考え方のポイントは、以下の 3 点になります。

---

① PST 基準における寄付に係る返礼品の対価性の判断について、その返礼品（お礼）が、「寄付としての性格に影響を与えるものかどうか」という判断基準が示された。

② その判断基準に従って、具体的にいくつかの事例について、PST 基準において、寄付金としてカウントできるかどうか、内閣府の考え方が示された。

③ この判断基準は、PST における寄付金の判断基準であり、会計上受取寄付金として計上するかどうかや、寄附金控除の対象になるかどうかは、別の判断があり得ることが示された。

取り上げられた具体例は以下のようなものです。

＜みんなで使おう！ NPO 法人会計基準「NPO 法の認定基準における受取寄付金とその返礼に関する説明会」議事要旨より（https://www.npokaikeikijun.jp/event/ninteikijun/）＞

①	わずかな金額で販売されている会報を送った場合の取扱い
②	寄付者を NPO の活動に招待する場合の取扱い
③	販売しているグッズなどを寄付者にお送りする場合
④	賛助会費の割引
⑤	NPO の活動と密接に関連した書籍や現地体験などを提供する場合
⑥	お礼の品との差額を寄付金とする方法の可否
⑦	もともと金額がつかないが希少性は高いイベントへの招待等
⑧	寄付を集める対象になる商品等を寄付者にお礼に送る場合
⑨	建物の銘板などに寄付者の名前を残す場合

第 2 節 返礼品がある場合の取扱い　*379*

⑩	寄付者がお礼の品が届くと認識していなかった場合
⑪	寄附金控除との関係
⑫	事前確認制度
⑬	事例の蓄積
⑭	クラウドファンディングで、返礼品に金額によって差がある場合
⑮	NPO の活動に関連した手工芸品をお礼に送った場合
⑯	定価としての価値が乏しい会報等を年に 4〜5 回程度送っている場合
⑰	無料や書店等では販売していない冊子等を寄付者に配布する場合

3 寄附金控除における取扱い

［1］ 概要

　寄付者にわずかなお礼をした場合に寄附金控除の対象になるかどうかについては、どのように考えればいいのでしょうか。認定 NPO 法人のパブリックサポートテストにおける内閣府が示した指針にも、「この判断基準は、PST における寄附金の判断基準であり、会計上受取寄付金として計上するかどうかや、寄附金控除の対象となるかどうかは、別の判断があり得る」としています。

　本書の編著者である NPO 会計税務専門家ネットワークが取り組んだクラウドファンディングについて、支援者から受ける資金が、寄附金控除の対象になるかどうか、東京国税局に事前照会を行いましたので、以下にその内容と結果を掲載します。

　なお、事前照会は文書での回答を原則としていますが、事前照会の内容が、「実地確認や取引等関係者等への照会等による事実関係の認定を必要とするものでないこと」という要件を満たしていないため、文書回答の対象となる事前照会に当たらないという通知を受け、東京国税局へ出向いて、口頭で回答を受けました。

［2］クラウドファンディングと事前照会の内容

　NPO 会計税務専門家ネットワークでは、2024（令和6）年2月から4月にかけて、全国の認定 NPO 法人約1,280法人を対象にしたアンケート調査を行い、その結果を、「認定 NPO 法人白書」（以下「白書」という）にして、全国の認定 NPO 法人や認定 NPO 法人を目指す法人、認定 NPO 法人を支援する団体や専門家、行政庁に配布する事業を計画し、その資金を寄付型のクラウドファンディングで調達することにしました。

　クラウドファンディングでは、寄付をいただいた方に白書をお送りし、アンケート調査の結果について報告する報告会に、無料で参加することができることとする内容です。

　この白書は、販売することはせず、寄付をいただいた方以外にも、アンケートに回答をいただいた法人や行政庁などに無償で配布する予定で、原価は1冊1,000円程度を想定していました。

　また、アンケート調査の報告会は、公共施設の会議室を使用し、参加費として1,000円程度を徴収する予定で、報告会で飲食等の提供は行いません。

　クラウドファンディングで資金提供をいただいた方には、以下のお礼（返礼品やサービスの提供を含む）を実施する予定にしています。

・　　5,000円：お礼（感謝のメール）. 白書ダイジェスト版（PDF）
・　 10,000円：お礼. 白書1冊謹呈. アンケート調査の報告会への無料参加（1名）
・　 30,000円：お礼. 白書2冊謹呈. アンケート調査の報告会への無料参加（1名）
・　 50,000円：お礼. 白書3冊謹呈. アンケート調査の報告会への無料参加（1名）
・100,000円：お礼. 白書5冊謹呈. アンケート調査の報告会への無料参加（1名）

　このクラウドファンディングで提供を受ける資金について、寄附金控除の対象となる特定寄附金として取り扱われるかどうかについて、東京国税局に事前照会をしました。

［3］東京国税局の回答

東京国税局からの回答の概要は以下のとおりです。

> 寄附金控除の対象となる特定寄附金となる。
>
> 今回のクラウドファンディングの内容、クラウドファンディングの規約等を総合勘案し、クラウドファンディングの寄付とそれに対する返礼品、今回は白書と報告会への招待には、明確な対価関係が見えないと判断した。
>
> 報告会は通常、1,000円の参加費を徴収するとしているが、金額が記載されたものはミスリードしてしまう可能性があるため、文書での回答はできず、口頭での回答となった。

なお、東京国税局が示した寄附金控除の対象になるかどうかの考え方は、以下のようなものでした。

> 具体的な判断基準を示すことはできない。総合勘案であり、クラウドファンディングごとの個別判断になってくる。
>
> お金を集める目的・趣旨は何か、それを相手に対してどのように説明をしているか、返礼品は義務であるか、寄付金額と返礼品の金額のバランスなど、総合勘案の要素にはなるが、事案により付け加えなければいけないこともあり、このような基準で判断するということを示すことはできない。

［4］NPO会計税務専門家ネットワークからの補足

私たちが実施したクラウドファンディングは、寄附金控除の対象となるという東京国税局の回答を得ることができました。

しかし、具体的にどのような点が判断に影響したのか、その基準を求めましたが、東京国税局からは総合勘案であり、判断基準を示すことはできないという回答でした。

私たちの団体の日頃の活動や、今回のクラウドファンディングを実施した背景、クラウドファンディングのWEBサイトでの呼びかけの方法、返礼品（白書及び報告会への招待）の内容、支援者から受ける支援金に比べて返礼品の価

値が低く、支援金が返礼品の対価とされるようなものではなかったことなどが勘案されたのではないかと思います。

また、審査の過程では、クラウドファンディングを行う際に、返礼品を送ることは義務であるか、返礼品を提供されないのであれば、寄付金を返金するように求められたら求めに応じる義務があるのか、ということついて、東京国税局から問い合わせがありました。

クラウドファンディング会社の利用規約上は、実行者は、「①プロジェクトの実行、②資金使途、③ギフト（返礼品）の提供の複合的な義務を負う」とされていました。返礼品を送る場合でも寄附金控除になる前提として、寄付と返礼品は一体の行為ではなく、別途の行為（寄付に対する謝意を示す行為）だという前提があります。

その点については、クラウドファンディング会社から東京国税局にご説明をいただき、現実的には、支援者としてもプロジェクトの実行こそを期待しており、返礼をしないことで返金にまで発展する事例もないという点も考慮されました。

また、今回のクラウドファンディングでは、寄付金受領証明書は、クラウドファンディングのプロジェクトが終了した2024（令和6）年4月5日の日付で発行する予定（実際に法人に入金になったのは6月10日）であるが、問題ないか、ということについても聞いてみました。

東京国税局からは、「寄付金として受領できることが確定した日以後であり、操作されたものや恣意性がなければ、法人の判断で差し支えない」という見解を得ました。

NPO法人に限らず、他の非営利法人でも、寄附金控除の受領証明書を法人への入金日で発行をしているケースが多いと思いますので、是非、参考にしてください。

第2節　返礼品がある場合の取扱い　383

要点整理

〈返礼品がある場合に寄付金となるか？〉

会計上「受取寄付金」として計上するか？ (NPO法人会計基準Q&A)		・返礼品があることをもって直ちに「直接の反対給付がある」ということにはならない。 ・返礼品の提供による資金の獲得と推定される場合には、寄付金として処理することはできない（3つの判断基準）。
PST基準において寄付金としてカウントできるか？ (内閣府が示した考え方)		・その返礼品が「寄付としての性格に影響を与えるものかどうか」 ・「NPO法の認定基準における受取寄付金とその返礼に関する説明会」で具体的な例を示して内閣府の考え方が示された。
寄附金控除の対象になるか？ (東京国税局への事前照会の内容)		・その団体の日頃の活動、寄付を集めた理由、集め方、規約、返礼品の内容、寄付金とのバランス等さまざまな点を総合勘案して判断。 ・それぞれの寄付ごとの個別判断であり具体的な判断基準は示すことはできない。

| 第3節 | 現物で寄付を受け取る場合の取扱い |

NPO法人が現預金ではなく、物で寄付を受ける場合にはどのような取扱いになるのでしょうか？　物の場合には、金額で評価することが難しいケースもあります。また、寄付を受けた物をNPO法人がそのまま利用する場合と、その物を売却する前提で受け取る場合がありますが、それによって扱いに違いがあるのでしょうか？

会計上の取扱い、認定NPO法人のパブリックサポートテスト及び寄附金控除の取扱いについてみていきます。また、現物寄付の場合には、寄付者自身にみなし譲渡所得税が課税される可能性があるという問題があります。この問題についても触れていくことにします。

1 会計上の取扱い

現物で寄付を受け取る場合には、その資産の所有権がNPO法人に移転した場合に収益として計上します。ただし、現金預金による寄付と異なり、現物資産の中には、計上すべき金額を算定することが難しいものもあります。合理的に金額を算定することが難しい場合には、所有権がNPO法人に移転されていても、収益として計上しません。

2 認定NPO法人のパブリックサポートテスト及び寄附金控除の取扱い

認定NPO法人のパブリックサポートテスト及び寄附金控除においても、現

第3節　現物で寄付を受け取る場合の取扱い　*385*

物で寄付を受け取った場合に、その金額を適正な評価額で評価することができる場合には、寄付金としてカウントし、寄附金控除を受ける上での寄付金受領証明書を発行することができます。

■関係法令等…NPO法Q&A3−2−14

3 寄付者におけるみなし譲渡課税の取扱い

[1] みなし譲渡課税の概要

　寄付をした財産が不動産や株式などの場合で、その不動産や株式に含み益がある場合に、その含み益部分にみなし譲渡課税が適用されます（所法59）。みなし譲渡課税の制度があるのは、贈与・遺贈の時までの年々の値上がり益（キャピタルゲイン）は、贈与者あるいは被相続人に帰属するものであるので、資産が贈与者あるいは被相続人から離れるときには、その時点でキャピタルゲインの清算をすべきであると考えるためです。

　みなし譲渡課税の申告は、生前の寄付の場合には寄付者の確定申告で、遺言による寄付の場合には、遺贈者（被相続人）の準確定申告で行うことになり、相続人による相続財産の寄付の場合には、相続人の確定申告で行うことになります。

　遺言による寄付の場合には、みなし譲渡課税に係る税額は、包括遺贈の場合には、財産を取得した人が、特定遺贈の場合には、納税義務を承継した相続人が負担することになります（通法5①）。その結果、特定遺贈の場合には、不動産等の寄付を受けた法人は所得税を負担せず、不動産等を取得していない相続人が不動産等に係る所得税を全額負担することになります。相続人の立場にたてば、不動産等を被相続人の遺志で法人に遺贈することは許容できる場合でも、その分の所得税まで負担するということは許容できないケースもあり、トラブルに発生する可能性が高くなります。

386 　第7章　寄付金の会計と税務

［2］租税特別措置法第40条による特例

　みなし譲渡課税は、NPO法人（認定NPO法人に限りません）が、一定の要件を満たしていることについて国税庁長官の承認を受けた場合には、非課税になります。これが《公益法人等に財産を寄付した場合の譲渡所得等の非課税の特例》（措法40）です。

　非課税の適用を受けるためには、次の3つの要件をいずれも満たしている必要があります。

①　公益増進要件

　その寄付が教育または学術の振興、文化の向上、社会福祉への貢献その他公益の増進に著しく寄与すること。

　具体的には、公益目的事業の規模が一定以上であること、公益の分配が特定の者に偏ることなく公平に与えられていること、公益目的活動による対価が事業の遂行上直接必要な経費と比較して過大でないこと、法令に違反する事実等がないこと、などが求められる。

②　事業供用要件

　寄付財産を、寄付があった日から2年を経過する日までの期間内に受贈法人の公益目的事業の用に直接供する、または供する見込みであること。

　以下のような場合には、寄付財産が受贈法人の公益目的事業の用に直接供されるとはされません。

・寄付財産が建物等の場合に、その賃貸収入を公益目的事業の用に供している場合

・寄付財産が株式である場合に、その果実である配当金が毎年安定的に生じないものである場合

③　不当減少要件

　その寄付が寄付者またはその親族等の相続税、贈与税の負担を不当に減少する結果となると認められること。

　以下の4つの要件を満たすと、不当減少要件には該当しません。

第3節　現物で寄付を受け取る場合の取扱い　**387**

- その法人の運営が適正で、特定の一族の支配を受けていない
- 関係者に特別の利益を与えていない
- 残余財産等が国等に帰属する旨の定めがある
- 公益に違反する事実がない

　非課税の規定を受けるためには、寄付をした日から4か月以内に「租税特別措置法第40条の規定による承認申請書」を納税地の税務署長に提出する必要があります。

　なお、令和2年度税制改正において、認定NPO法人への現物寄付について、みなし譲渡所得税の非課税特例が拡充され、承認特例及び特定買換資産の特例の制度ができました。

第4節 遺贈寄付の取扱い

　個人が遺言でご自身の財産の全部または一部を NPO 法人などに寄付することを遺贈寄付といいます。相続人の方が相続財産の中から寄付する場合も遺贈寄付に含めます。

　遺贈寄付で問題になるのは、遺贈寄付を受けた NPO 法人よりも、遺贈寄付をした寄付者の相続税や所得税の取扱いです。

　遺贈寄付を受ける NPO 法人の会計の取扱いを述べた上で、遺贈寄付をした寄付者の税務上の取扱いを述べていきます。

1 会計上の取扱い

　遺言は、遺言作成者が死亡した時にその効力が生じます。しかし、遺言による寄付は、寄付を受ける NPO 法人側がその遺言の存在を知らないケースも多く、また、遺言執行者から遺言による寄付があることについて連絡を受ける場合でも、その詳細が不明なケースもあります。こうした場合には、収益として計上せず、財務諸表の注記において、「当年度末において、遺言執行人から当法人を受遺者として財産を遺贈する旨の通知を受けておりますが、遺贈財産の内容が不明なものがあり、これらは財務諸表に計上されておりません」などと記載を行うことになります。

　寄付を受ける NPO 法人は、入金されることが確実であり、その入金の金額も明確にわかる時点で収益として計上します。通常は、銀行口座への入金時点において、収益として計上することになります。ただし、入金になった場合に

第4節　遺贈寄付の取扱い　　*389*

も、相続人と係争があり、金額が確定しない場合もあります。こうした場合には、「前受金」、「仮受金」など負債の勘定科目で計上し、収益には計上しません。そして、財務諸表の注記において、「当年度において遺贈寄付〇〇円を受けていますが、相続人と係争中であり、金額が確定しないため、前受金（または仮受金）に計上しています」などと記載を行うことになります。そして、係争が終わり、入金が確実になった時点において、収益として計上します。

2 税務上の取扱い

遺贈寄付の場合に税務上問題になるのは、遺贈寄付をする方の相続税や所得税の問題です。

遺贈寄付には、「遺言による寄付」と「相続人による相続財産の寄付」があります。「遺言による寄付」は、被相続人の寄付になるのに対して、「相続人による相続財産の寄付」は相続人の寄付になるので、取扱いが大きく異なります。また、遺贈寄付を現物で行う場合には寄付者または相続人にみなし譲渡所得税が発生するという問題があります。

1 遺言による寄付の場合の税務上の取扱い

遺言による寄付の場合には、寄付先が NPO 法人であれば、認定を受けていない NPO 法人であっても、寄付をした財産は相続税の課税対象になりません。遺言に基づく財産の提供の場合には、その財産は遺言の効力が生じたときから法人に帰属したものとみなし、法人は原則として相続税の納税義務者にならないからです。また、遺贈を受ける側の法人も、寄付は収益事業の益金とならず、法人税は課税されません。ただし、遺贈により遺贈者の親族等の相続税の負担が不当に減少される場合には、遺贈を受けた法人を個人とみなして相続税が課税されます（相法66④）。

2 相続人による相続財産の寄付

遺言はなく、相続人が遺族の意志を汲んで、あるいは相続人の判断で相続財産を寄付する場合には、原則として、寄付をした財産は、相続税の課税対象に

なります。しかし、相続または遺贈により取得した財産を相続税の申告期限までに認定 NPO 法人に寄付をした場合には、原則として相続税が非課税になります（措法 70 ①《国等に対して相続財産を贈与した場合の相続税の非課税等》）。

ただし、財産の寄付を受けた法人が、寄付のあった日から 2 年以内に、認定 NPO 法人に該当しなくなった場合、あるいは寄付により取得した財産が、2 年を経過してもなおその公益を目的とする事業の用に供されていない場合には、相続税額を納付しなければいけません（措法 70 ②）。

この場合に、公益を目的とする事業の用に供されているかどうかについては、寄付財産がその寄付の目的に従ってその法人の行う公益を目的とする事業の用に供されているかどうかによるものとし、寄付財産が寄付時のままでその用に供されているかどうかは問わないものとしています（措通 70－1－13）。

また、相続人が寄付をした財産は、租税特別措置法第 70 条の適用を受けて相続税が非課税になった場合においても、相続人の所得税の申告において寄附金控除を受けることができます。

＜遺贈寄付をした場合の寄付者の課税関係＞

	相続税	所得税
遺言による寄付	課税なし （不当減少の場合には法人に相続税が課税）	・含み益がある場合には、被相続人にみなし相続課税。 ・租税特別措置法第 40 条の適用があれば、みなし譲渡は非課税。 ・寄付先が認定 NPO 法人であれば、被相続人の準確定申告で寄附金控除が受けられる。
相続人による相続財産の寄付	課税 （寄付先が認定 NPO 法人であり、申告期限までに寄付をしている場合には非課税。不当減少の場合には法人に相続税が課税）	・含み益がある場合には、相続人にみなし相続課税。 ・租税特別措置法第 40 条の適用があれば、みなし譲渡は非課税。 ・寄付先が認定 NPO 法人であれば、相続人の確定申告で寄附金控除が受けられる。

第 5 節 実務 Q&A
―寄付金の会計と税務の具体的取扱い

Q 7−1　寄付金を未収計上する場合

　当法人は、ホームページ上で寄付の申込みを受け付けています。寄付者の
支払い方法として、銀行振込みと、クレジットカードによる支払いを選択す
ることができます。

　今年度末に寄付キャンペーンを行い、多くの方から寄付をいただきました。
寄付者が振込みを選択した場合には、振り込んだ日に当法人の預金口座に入
金になりますが、クレジットカードによる支払いを選択した場合には、当法
人への入金は、1～2か月後になるため、今期中に入金になりません。

　このような場合、受取寄付金として計上するのは、当法人への入金ベース
になるのでしょうか？　それとも、寄付者が寄付をした日になるのでしょう
か？　また、寄付金受領証明書の日付はいつにすればよいでしょうか？

A　寄付者がウェブサイト上の決済ページで決済申込み処理を行うことに
より、寄付の意思表示をした時点で収益に計上します。したがって、
クレジットカードによる寄付については、今年度末に入金になってい
ないものについては、未収計上をし、今期の受取寄付金に計上します。
寄付金受領証明書の日付も、寄付者が寄付をした日（クレジットカード
の決済日）で発行します。

⊙ 解　説

　クレジットカードによる寄付については、債権譲渡契約のものと、代金回収
代行型のものがありますが、大部分は債権譲渡契約になっていますので、債権

392　第 7 章　寄付金の会計と税務

譲渡契約のクレジットカードによる寄付を前提に解説します。

　寄付者がNPO法人にウェブサイト上等で寄付の意思表示をして、その支払いはクレジットカードで行うような場合には、寄付者がウェブサイト上での決済ページで決済申込み処理を行うことにより、クレジットカードで寄付金の支払いをした時点と、NPO法人に実際に入金される時点との間にタイムラグが生じます。

　債権譲渡契約の場合には、ウェブサイト上等でクレジットカードによる寄付を申し出た時点で、クレジットカード会社に債権が譲渡され、仮に寄付者の預金に残高が不足しても、クレジットカード会社からNPO法人への支払いは行われます。

　したがって、上記の例ですと、寄付者がホームページ上で寄付の意思表示をし、クレジットカードによる支払いを選択した時点で、収益に計上しますので、今年度中に入金になっていないものについては、未収計上をし、今期の収益に計上します。その場合は、寄付金受領証明書も同様に寄付者がクレジットカードによる支払いをした日付で発行します。

　ただし、金額が些少であるなど、重要性が乏しい場合には、未収計上せずに、NPO法人に入金された時に収益として計上することも認められます。

■関係法令等…内閣府NPO法Q&A3−2−16、NPO法人会計基準 実務担当者のためのガイドライン13−1、13−2

Q 7-2 クラウドファンディングによる寄付金を受けた場合

当法人は、当法人の活動を紹介する書籍を発行することとしました。そして、その書籍の発行費用を賄うために、今期にクラウドファンディング（寄付型）で資金を調達することにしました。

クラウドファンディングでは、目標金額を100万円に設定し、今年度末までに、その目標をクリアし、110万円の寄付が集まりましたが、クラウドファンディング会社からの入金は、まだされていません。このような場合に、寄付金は今期の収益に計上するのでしょうか？

A 今年度末までに目標金額を達成しており、入金されることが確実なので、今期に「受取寄付金」として収益に計上します。

⊙ 解 説

クラウドファンディングとは、さまざまな理由でお金を必要としている人や団体に対し、共感した人がインターネットを通じて支援をする、インターネット上で多数の人から資金を募る仕組みをいいます。

クラウドファンディングには、購入型、融資型、株式型などいくつかの種類がありますが、NPO法人の多くが利用する「寄付型」のクラウドファンディングを前提に、収益の計上時期について解説します。

クラウドファンディングでは、通常、あるプロジェクトに対して、NPO法人が寄付の目標金額を設定します。クラウドファンディングには、寄付金額がNPO法人が目標とした金額に達した場合に限り成立するタイプのもの（「All or Nothing型」と言われています）と、目標金額の達成にかかわらず成立するタイプのもの（「All In型」と言われています）の2種類の仕組みがあります。

「All or Nothing型」は、例えば、目標金額100万円で99万円まで集まっていても、期間内に100万円まで到達しなければ、NPO法人は1円も資金を受け取ることができない仕組みです。「All In型」は、目標金額の100万円に達するかどうかにかかわらず、NPO法人は寄付を受けることができます。

394 第7章 寄付金の会計と税務

「All or Nothing 型」は、目標金額に達する前は入金は確実ではなく、目標金額に達成した段階で入金が確実になるので、その段階で収益に計上します。目標が達成されたのは事業年度終了前で、クラウドファンディング会社からNPO法人に入金されるのは、事業年度終了後である場合、未収計上をします。

一方、「All In 型」は、目標金額の達成にかかわらずNPO法人に入金されますので、寄付者が寄付をした段階で入金は確実です。したがって、クラウドファンディング会社から届いた明細書等をもとに、寄付者が寄付をした時(クレジットカードによる寄付であれば、寄付者がクレジットカードで寄付をした時、振込の場合には、振り込んだ時)に収益に計上します。

この事例は、「All or Nothing 型」なので、目標をクリアした今年度の収益に計上することになります。

なお、クラウドファンディングのプロジェクト（書籍の発刊）が今年度末に終了していなければ、「使途等が制約された寄付等」として、財務諸表に注記します。使途等が制約された寄付等については、「Q2-12　使途等が制約された寄付等の取扱い」を参照ください。

■関係法令等…NPO法人会計基準　実務担当者のためのガイドライン Q13-3

第5節　実務Q&A―寄付金の会計と税務の具体的取扱い　**395**

Q 7-3　寄付のお礼に会報等を送った場合

　当法人は障害者を支援する認定 NPO 法人です。寄付をいただいた方に「会報誌」を年 4～5 回程度送っています。この会報誌の定価は 300 円です。会報誌は、本来は無料で配布するようなものですが、この会報誌を会員に送る際、障害者用低料第三種郵便制度を利用して送っているのですが、この制度を利用するためには定価をつけないといけないために、300 円という定価をつけています。

　寄付者にこのような会報誌をお送りした場合には、いただいたお金は寄付金として取り扱うことができるでしょうか？

A　会計上「受取寄付金」として計上します。パブリックサポートテスト (PST) の判定においても寄付金としてカウントすることができます。寄附金控除の対象として寄付金受領証明書を発行することもできます。

⊙ **解　説**

　会報誌は、心身障害者用低料第三種郵便物制度を利用するために定価をつけていますが、実質的には無料で配布されている会報誌になります。会報誌の取得を目的として寄付をするとは考えられないものなので、会計上も、PST 上も寄付金として取り扱います。寄附金控除の対象にもなると考えられます。

■関係法令等…NPO 法の認定基準における受取寄付金とその返礼に関する説明会　議事要旨
　　　　　「3.　わずかな金額で販売されている会報を送った場合の取扱い」「18.　定価
　　　　　としての価値が乏しい会報等を年に 4～5 回程度送っている場合」

396　第 7 章　寄付金の会計と税務

Q 7-4 NPO の活動に関連した手工芸品をお礼に送った場合

　国際協力を行う認定 NPO 法人です。活動の一環として、途上国の支援先を通じて、手工芸品などを仕入れて、それを NPO 法人主催のイベントで 300～500 円程度で販売しています。その手工芸品は、そうしたイベント以外の場所では一般に売れるものではない素朴なものです。

　このたび、クラウドファンディングを行うにあたり、10,000 円の支援をいただいた方へのお礼として、その手芸品をお送りすることになりました。この場合、クラウドファンディングで支援を受けた 10,000 円はどのような扱いになるでしょうか？

A 　寄付型のクラウドファンディングであり、NPO の活動の一環で作成されたもので、一般的には買い手がつくようなものではないものであれば、受取寄付金として計上し、PST 上も寄付金として取り扱うことができると考えられます。また、寄附金控除の対象にもなると考えられます。

⊙ **解　説**

　NPO 法人会計基準では、NPO 法人が行う寄付活動が、返礼品の提供による資金の獲得を意図している活動と推定されるとされるかという観点から、以下の点を総合的に判断するとされています。

① 　返礼品の金銭類似性や換金可能性が高い、あるいは一般的な使用価値が高いかどうか

② 　返礼品が NPO 法人の活動とは関連性があるかどうか

③ 　寄付額に対する返礼品の調達価格の割合（返礼割合）が高いかどうか

　今回の事例では、手工芸品は、NPO 法人の活動との関連性は深く、いただいた寄付金と比較してもその価値もわずかであり、一般的な使用価値等もそれほど高いものではありませんので、受取寄付金として計上できると考えられます。

　また、PST 基準において、内閣府の判断として、以下の見解が示されています。

第 5 節　実務 Q&A─寄付金の会計と税務の具体的取扱い　**397**

「寄附型クラウドファンディング」であり、特定非営利活動の一環で作成されたもので、一般的には買い手がつくようなものではない手工芸品を返礼品とする場合であれば、NPO法におけるPST上の寄附として認められる可能性は高いと考えるが、特定のイベントで販売する機会もあるということであれば、所轄庁と事前にご相談いただいた方が良いと思料。

なお、PST基準における内閣府の判断では、NPOの活動に密接に関連するものであっても、絵本や図鑑など一般に販売される書籍やNPOが主催する現地での体験ツアーを提供したような場合については、返礼に魅力を感じる人が少なくないと考えられるため、寄付としての性格に影響を与えているとされています。

■関係法令等…NPO法の認定基準における受取寄付金とその返礼に関する説明会 議事要旨「7. NPOの活動と密接に関連した書籍や現地体験などを提供する場合」「17. NPOの活動に関連した手工芸品をお礼に送った場合」

Q 7—5 寄付者の名前をホームページなどに記載する場合の取扱い

　現在NPO法人として活動をしていますが、認定NPO法人として申請することを計画しています。当法人では、寄付をいただいた場合に、寄付金額に応じてホームページや活動報告書またはSNSに、ゴールドサポーター、シルバーサポーター等、寄付先の方々をランク付けしたり、掲載ロゴの大きさを変えるなどを行っています。この場合に、寄付金として計上することは問題がないでしょうか。

A 会計上、受取寄付金として計上することは問題ないかと思われます。ただし、PST基準において寄付金としてカウントできるかどうかについては所轄庁に事前に確認をしたほうがよいケースもあるかと思われます。

⊙ 解　説

　寄付金額によってホームページやSNS等で取扱いを変えたとしても、寄付に対するお礼の気持ちの表現方法の1つと考えられ、対価性のある取引とは考えられませんので、受取寄付金として計上して問題ないかと思われます。

　PST基準において寄付金としてカウントできるかどうかについては、内閣府の見解として、「掲載ロゴの大きさの違い等が寄付者に対し寄付を誘因する要素として大きいか否かによって、PST上の寄付として認められるか否かの判断が分かれると考える。」とされています。

　寄付者をホームページやSNS等で表彰することはNPO法人として感謝の意志を示す行為として適切な行為です。金額による取扱いの違いが、寄付を誘引する要素として大きいとされる場合に、PST基準の寄付金としてカウントできない可能性がありますので、そのような場合には所轄庁に事前に確認をしたほうがよいのではないでしょうか。

　なお、このNPO法人が認定NPO法人であった場合に、この寄付金に寄附金控除を受けるための寄付金受領証明書を発行できるかについては、「総合勘案」とされています（382ページ参照）。お金を集める目的や趣旨、それを支援者にどのように説明しているのか、寄付金額と特典のバランス等などから総合的に判断するとされています。支援を受ける目的が適切であり、ホームページの記載方法等から、支援者の広告宣伝を目的としたようなものでなければ、寄付金受領証明書を発行しても問題ないと考えます。

　認定NPO法人の申請におけるPST基準において寄付金として判断されるかどうかということと、寄附金控除の対象となる寄付金になるかどうかの判断が別になるということも考えられますので、ご注意ください。

■関係法令等…NPO法の認定基準における受取寄付金とその返礼に関する説明会　議事要旨
　　　　　　「11.　建物の銘板などに寄附者の名前を残す場合」

Q 7-6 物品の寄付を受けた場合

　NPO 法人が物品の寄付を受けて、それを換金し、法人の活動にあてる場合には、物品の寄付を受けた時に収益に計上するのでしょうか？　それとも、換金したときに収益に計上するのでしょうか？

A　寄付物品の換金主体が誰かにより、会計処理が異なってきます。寄付者が換金をし、換金した金額を NPO 法人に寄付をするのであれば、入金時に受取寄付金として収益に計上します。物品を NPO 法人に寄付をし、NPO 法人が換金をするのであれば、原則として、寄付を受けた時点で、公正な評価額で資産受贈益として収益に計上します。ただし、換金金額を合理的に算定できない場合には、換金時に受取寄付金として収益に計上します。

⦿ 解　説

　寄付者が古着を NPO 法人に送り、その換金を NPO 法人に依頼し、NPO 法人が古着を換金し、活動にあてる場合を考えます。

1 換金主体が寄付者である場合

　寄付者は古着の換金を NPO 法人に依頼し、NPO 法人が寄付者の代わりに古着業者で換金して、その換金金額を NPO 法人に寄付をしたのであれば、換金が行われるまでは寄付者にその古着の所有権がありますので、換金するまでは会計処理は不要であり、換金した段階で、「受取寄付金」として収益として計上します。

　仮に事業年度末に、まだ換金せずに、古着を NPO 法人が所有していたとしても、在庫に計上する必要はありません。

〈現物寄付受入時〉

　仕訳なし

〈換金時〉

　寄付者から NPO 法人への寄付と考える

400　第 7 章　寄付金の会計と税務

（借）現　預　金　×××／（貸）受取寄付金　×××

　以下のような寄付承諾書がある場合には、寄付者が NPO 法人に換金を依頼したと考えられます。

図表7－1　寄付承諾書の例

<blockquote>

寄付承諾書

　私は、私が所有する○○を、NPO 法人×××（又は仲介業者×××）に引き渡し、その売却代金を NPO 法人×××が受領することを了承します。なお、私は、NPO 法人×××に本物品を寄付することが目的ではなく、同法人が本件物品の売却代金を受領することをもって、寄付行為とするものであることを確認します。

○○年○○月○○日
住所
氏名

</blockquote>

2 換金主体が NPO 法人である場合

　寄付者は NPO 法人に古着を寄付し、NPO 法人がその古着を販売したり、古着業者を通して販売して換金するような場合には、原則として、NPO 法人が古着の寄付を受けた時点で公正な評価額で収益として計上します。

〈古着の寄付受入時〉

（借）貯　蔵　品　×××／（貸）資　産　受　贈　益　×××
（公正な評価額）

　しかし、商品券や書き損じはがきなど、換金金額を合理的に算定できるものであればこのような会計処理が可能ですが、古着や古本、古物のように、換金できるかわからないもの、換金できるとしてもいくらで換金できるかわからないものについては、現物を受け取ったときに収益に計上することは、かえって

間違った会計情報を与えることになってしまいます。

　換金金額を合理的に算定できない場合には、寄付の受入れ時には会計処理は行わず、換金時だけ、以下のような仕訳を行います。

〈換金時〉

（借）現　預　金　　×××／（貸）受取寄付金　　×××
　　　　　　　　　　　　　　　　　　　（換金金額）

■関係法令等…NPO 法人会計基準 実務担当者のためのガイドライン Q13−6、13−7

Q 7−7　認定 NPO 法人に相続財産を寄付した場合

　相続により財産を取得した相続人が認定 NPO 法人にその財産を寄付した場合には、どのような課税関係が生じるのでしょうか？

A　相続人が相続税の申告期限までに、相続により取得した財産を認定 NPO 法人に寄付した場合には、寄付した財産は相続税の課税価格に算入されません。

⊙ 解　説

　相続または遺贈により財産を取得した者が、相続税の申告期限までに、認定 NPO 法人（ただし、特例認定 NPO 法人は適用されません）に対し、その相続または遺贈により取得した財産を特定非営利活動に係る事業に寄付をした場合には、その贈与者またはその贈与者の親族等の贈与税または相続税の負担が不当に減少する結果となる場合を除き、その寄付をした財産の価額は相続または遺贈に係る相続税の課税価格の計算の基礎に算入されないことになります。

　ただし、その寄付を受けた認定 NPO 法人が寄付のあった日から 2 年を経過した日までに認定 NPO 法人に該当しないこととなった場合、またはその寄付により取得した財産を同日においてなお特定非営利活動に係る事業の用に供していない場合には、適用されなくなります。

　この特例措置の適用を受けるためには、相続税の申告書に特例措置の適用を

402　第 7 章　寄付金の会計と税務

受ける旨などの記載を行い、その財産の寄付を受けた認定NPO法人が証した次の書類を相続税の申告書に添付する必要があります。

①　その寄付が特定非営利活動に係る事業に関連する寄付である旨

②　その寄付を受けた年月日及びその財産の明細

③　その財産の使用目的を記載した書類

■関係法令等…措法66の11の3、70①②⑩、措令39の23、措規23の5

Q 7-8　認定NPO法人へ寄付した場合のみなし譲渡課税の計算

　含み益のある不動産や株式を認定NPO法人に遺言で寄付をする場合、寄附金控除は受けられるのでしょうか？

A　不動産や株式の寄付でも寄附金控除は受けられます。ただし、寄附金控除は総所得金額等の40%が限度になるので注意が必要です。

⊙ 解　説

　寄附金控除は、金銭以外の寄付であっても対象になるため、不動産や株式の遺言による寄付の場合でも、寄附金控除の対象になります。したがって、不動産や株式を寄付した先が認定NPO法人である場合には、寄附金控除を受けられます。

　その場合に、寄附金控除の対象となる金額（特定寄附金の額）は、寄付をした時の、その寄付をした資産の価額（時価）によるので、みなし譲渡課税におけるその資産の価額（時価）と同額が寄附金控除の対象となります。

　ただし、寄附金控除は、特定寄附金の額のうち、「総所得金額等の40%が限度」となっています（所法78①）。したがって、被相続人にみなし譲渡による所得以外の所得が少ないか、存在しないような場合には、みなし譲渡所得のうち寄附金控除では相殺できない金額が発生する可能性があり、その場合には、その相殺できない金額に課税がされます。

第5節　実務Q&A—寄付金の会計と税務の具体的取扱い　　*403*

［事例］

被相続人甲は、時価1億円、取得費相当額が2,000万円の不動産を、遺言により認定NPO法人乙へ寄付をした。甲は、死亡した年において、ほかに所得はなく、寄附金控除以外の所得控除は100万2,000円とする。寄附金控除は所得控除方式で受けるものとする。

・総所得金額等：1億円－2,000万円＝8,000万円
・特定寄附金の額：1億円＞8,000万円×40％＝3,200万円　∴3,200万円
・課税所得金額：8,000万円－(3,200万円－2,000円)－100万2,000円＝4,700万円
　　　　　　　　　　　　　　　寄附金控除　　　　　所得控除
　　　　　　　　　　　　　　　　　　　　　　　（寄附金控除以外）

〈認定NPO法人へ遺贈をした不動産等〉

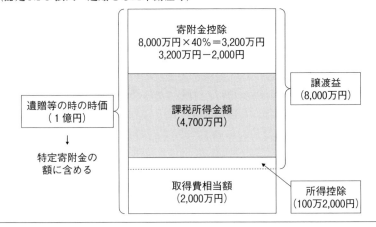

■関係法令等…所法59、78①

Q 7−9 **租税特別措置法第 40 条を受けるための公益増進要件**

　租税特別措置法第 40 条にある「NPO 法人に対する寄付が公益の増進に著しく寄与するかどうか」の判定は、どのように行うのでしょうか？

A　公益の増進に著しく寄与するかどうかの判定は、寄付に係る公益目的事業が公益の増進に著しく寄与するかどうかにより判定します。
　NPO 法人の事業活動等が次の①から④までのすべてに該当するときは、この要件を満たすものとして取り扱われます。
　①　公益目的事業の規模
　②　公益の分配
　③　事業の営利性
　④　法令の遵守等

⊙ **解　説**

　「①　公益目的事業の規模」とは、寄付を受けた NPO 法人の寄付に係る公益目的事業が、その事業を行う地域または分野において社会的存在として認識される程度の規模を有していることが必要となります。

　法人の活動が限定的な地域のみで行われる場合は、公益目的事業の規模が問題となりますので注意してください。

　「②　公益の分配」とは、NPO 法人の事業の遂行により与えられる公益の分配が、その公益を必要とするすべての人に与えられるなど、特定の人に限られることなく適正に行われていることをいいます。

　「③　事業の営利性」とは、NPO 法人の寄付に係る公益目的事業について、公益の対価がその事業の遂行に直接必要な経費と比べて過大ではないなど、事業の運営が営利企業的に行われている事実がないことをいいます。

　「④　法令の遵守等」とは、NPO 法人の事業の運営について、法令に違反する事実その他公益に反する事実がないことをいいます。

第 5 節　実務 Q&A―寄付金の会計と税務の具体的取扱い　**405**

■関係法令等…「租税特別措置法第40条第1項後段の規定による譲渡所得等の非課税の取扱いについて（法令解釈通達）」12

Q 7―10 租税特別措置法第40条を受けるための事業供用要件

租税特別措置法第40条の「公益を目的とする事業の用に直接供されている」とは、どのような状態をいうのでしょうか？

A 不動産であれば、寄付を受けたNPO法人がその不動産を譲渡したり、賃貸して賃貸収入を公益目的の事業の用に供している場合には、事業の用に直接供されているとは認められません。

⊙ 解 説

　租税特別措置法第40条の適用を受けるためには、NPO法人に贈与または遺贈された財産は、その贈与等を受けた法人が、贈与等を受けた日から2年以内に直接公益を目的とする事業の用に供するか、または供する見込みでないといけません。

　直接事業の用に供しているかどうかについて、次ページ**図表7－2**のように考えます（所得税関係措置法通達13、14）。

　公益目的事業の用に直接供する見込みであるとは、例えば、建物の設計図、資金計画などその具体的計画があり、かつ、その計画の実現性があるかどうかにより行うものとされています（所得税関係措置法通達15）。

■関係法令等…「租税特別措置法第40条第1項後段の規定による譲渡所得等の非課税の取扱いについて（法令解釈通達）」13～15

406　第7章　寄付金の会計と税務

図表 7 − 2　直接事業の用に供しているかどうかの判定

財産の種類	判　定
不動産	不動産を譲渡していれば、直接公益を目的とする事業の用に供していないので、認められない。 ただし、一定の要件を満たす代替資産を取得し、その財産を公益目的事業に直接供している場合には、要件を満たす。
	建物等を賃貸して、その賃貸料収入を公益目的事業の用に供している場合には、認められない。
	職員のための宿舎や福利厚生施設として利用している場合にも認められない。
株式、著作権等	毎年の配当金や印税収入等の果実を毎年直接かつ継続的に供すれば認められる。 果実が毎年安定的に生じない株式等については公益目的事業の用に直接供されていないと判断される。

Q 7−11　租税特別措置法第 40 条の取消しを受ける場合の課税関係

租税特別措置法第 40 条の取消しを受けた場合には、どのような課税関係が生じるのでしょうか？

A 非課税承認の取消しがあった場合には、寄付した人または NPO 法人に対し、原則として、非課税承認の取り消された日の属する年の所得として所得税が課税されます。

⊙ 解　説

非課税承認を受けた場合であっても、

① 寄付財産が、寄付があった日から 2 年を経過する日までの期間内に NPO 法人の公益目的事業の用に直接供されなかった場合

② 寄付財産が NPO 法人の公益目的事業の用に直接供されなくなった場合

③ 寄付した人の所得税の負担を不当に減少させ又は寄付した人の親族その

第 5 節　実務 Q&A─寄付金の会計と税務の具体的取扱い　　*407*

他これらの人と特別の関係がある人の相続税や贈与税の負担を不当に減少させる結果となる場合

などに該当したときは、国税庁長官はその非課税承認を取り消すことができるとされています。

課税関係は、次のようになります。

① 寄付財産が寄付のあった日から2年を経過する日までの期間内に、NPO法人の公益目的事業の用に直接供されなかった場合には、寄付した人に対し、所得税が課税されます。

② 寄付財産がNPO法人の公益目的事業の用に直接供されなくなった場合には、NPO法人に対し所得税が課税されます。

③ 寄付した人の所得税の負担を不当に減少させまたは寄付した人の親族その他これらの人と特別の関係がある人の相続税や贈与税の負担を不当に減少させる結果となる場合などに該当した場合には、寄付財産がNPO法人の公益目的事業の用に直接供される前に該当したときは寄付した人に対し、また、直接供されたあとに該当したときはNPO法人に対し、所得税が課税されます。

また、②の、公益目的事業の用に直接供されなくなった場合とは次のような場合をいいます。

イ．NPO法人が、寄付財産を譲渡し、その譲渡代金の全額を事業費として費消した場合

ロ．NPO法人が、寄付された土地を有料駐車場用地として使用した場合

ハ．NPO法人が、寄付財産を職員のための宿舎などの福利厚生施設として使用した場合

■関係法令等…措法40②③、措令25の17⑩〜⑮

＜参考文献＞

・橋本俊也「非営利組織における特殊な収益取引」57－66 頁、『最終報告書 非営利組織会計の研究』非営利法人研究学会 公益法人会計研究委員会、2017 年

・日本公認会計士協会 非営利法人委員会研究報告第 25 号「非営利組織の会計枠組み構築に向けて（平成 25 年 7 月 2 日）」

・日本公認会計士協会 非営利組織会計検討会による報告「非営利組織の財務報告の在り方に関する論点整理（平成 27 年 5 月 26 日）」

・日本公認会計士協会 非営利法人委員会研究報告第 30 号「非営利組織会計基準開発に向けた個別論点整理〜反対給付のない収益の認識〜（平成 28 年 9 月 20 日）」

・脇坂誠也「遺贈寄付の税務」『月刊 税務事例（2016 年 8 月号)』財経詳報社

・脇坂誠也『Q&A 一般社団法人・一般財団法人の会計・税務ハンドブック』清文社、2016 年

・国税局「『租税特別措置法第 40 条の規定による承認申請書』の記載のしかた」2014 年

・NPO 法人会計基準協議会「NPO 法人会計基準の一部改正について」2017 年 12 月

・内閣府「NPO 法 Q&A」

・内閣府「特定非営利活動促進法のあらまし」2023 年 6 月

・NPO 法人会計基準協議会「NPO 法の認定基準における受取寄付金とその返礼に関する説明会 議事要旨」2024 年 2 月

・特定非営利活動法人 NPO 会計税務専門家ネットワーク「ご報告 クラウドファンディングが寄附金控除の対象になるか国税局へ事前照会をしました」2024 年 7 月

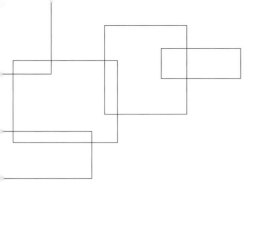

第8章

NPO法人の解散

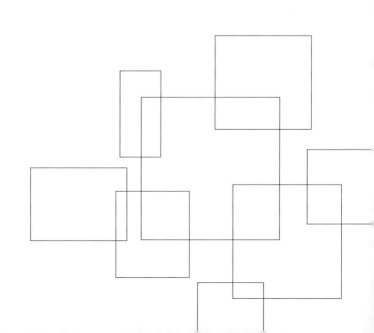

この章のポイント

　1998（平成10）年のNPO法制定に伴い、法人数は急激に増加しました。一方、解散も次第に増え、近年では全国で年間1,500〜2,000団体近くが解散しています。

　ところが、解散の手続き等に関する情報は設立・運営に関する情報に比べてはるかに少ない状況です。

　所轄庁の手引書なども簡素な説明に絞られているため、もう少し詳しい説明がほしいと感じる方も少なくないと思われます。

　NPO法第31条では、解散事由について7つのパターンを定めており、すべてについての説明は膨大になります。ただ、最も多いのは、社員総会の決議による解散です。

　そこで、この章では、社員総会の決議により解散する場合について、NPO会計支援センター（兵庫県）が実際に相談を受けた多くの事例に基づき、実務上必要な手順や留意点について説明しています。

■内容
第1節　NPO法人の解散手続
第2節　総会決議による解散実務
第3節　実務Q＆A—解散に伴う具体的取扱い
　　　　（Q8-7は税理士が監修したものを掲載）

第1節 NPO法人の解散手続

　法人が「解散する」とは、その法人が本来の活動を止め、法人格が消滅する準備状態に入ることを意味します。解散した時点で法人格はまだ消滅せず、清算を完了した後に消滅します（NPO法31の4）。ただ例外として、合併によって消滅する法人は、合併成立と同時に法人格がなくなります（NPO法31①五）。

　法人が解散する場合、法律上のルールに従った手続きが必要です。会社が解散する場合は会社法が適用されるのと同様、NPO法人の場合はNPO法の定めに従って解散手続を進めます。解散は、社員（正会員）の合意、目的の達成や存立時期の満了、破産、その他いろいろな原因によって生じます。NPO法第31条は、次の7つのパターンを定めており、ケースに応じた手続きが必要になります。
① 社員総会の決議
② 定款で定めた解散事由の発生
③ 目的とする特定非営利活動に係る事業の成功の不能
④ 社員の欠亡
⑤ 合併

⑥　破産手続開始の決定

⑦　NPO 法第 43 条の規定による設立の認証の取消し

　これらのうち最も多いのは、①社員総会の決議による解散で、全体の 78%
を占めています（出所：内閣府 NPO 基礎情報「認証申請受理数・認証数」（2023 年
12 月 31 日現在））。

　そこで本章では、社員総会の決議による解散事務の手順や留意点を中心に説
明していきます。

図表 8 − 1　社員総会の決議による解散事務（全体の流れ（イメージ））

法人格		実行項目	手続き先	所要期間
NPO 法人	1	解散の検討・準備等	法人内・関係先	
	2	社員総会開催・解散決議	法人内	
清算法人	3	清算法人への移行		2週間以内
	4	解散と清算人の登記	法務局	
	5	公告の手配	官報販売所	官報掲載まで2週間程度
	6	解散の届出	所轄庁	
		（官報に掲載）		
	7	現務の結了		債権申出受付期間2か月以上
	8	関係機関へ解散届出等	税務・労務等の関係機関	
	9	債権・債務の解消		
	10	残余財産の譲渡	譲渡先法人	
	11	清算の結了		2週間以内
	12	清算結了の登記	法務局	
	13	清算結了の届出	所轄庁	
	14	関係機関へ清算結了届出	税務・労務等の関係機関	

（注）上表の順序は、状況や必要性に応じて前後することが可能な個所もあります。

第 2 節　　**総会決議による解散実務**

　活動や運営に支障があり継続が難しい法人が解散を考える場合、社員総会の決議による解散が選択されることが多いといえます。特殊なケースを除き、例えば資金の枯渇やスタッフの高齢化・人材不足その他、一般的な解散の大半が該当すると考えられます。

　以下は、社員総会の決議による解散の手順や留意点についての説明です。NPO法、組合等登記令、その他の関連法令や内閣府の定めに基づく、総会の開催から清算結了までの標準的な事務手順について述べています。具体的には、前ページ**図表8−1**の「実行項目」（1〜14）の流れに沿って説明します。

　なお、法人登記の書式や所轄庁・関係機関等への届出書類のフォーマット等は、部分的な説明を除き、省略しています。

1　解散の検討・準備等

　解散への検討が進む中、必要に応じてスタッフ・利用者・取引先・地域など、周囲への影響を考察し、事前の対応を行います。他団体による活動の承継を希望する場合は、相手先の探索など、可能な範囲で早期に取り組むことが望ましいでしょう。

　解散に関し内部検討を重ねる中で、組織として解散やむなしの方向性が固まれば、理事会で総会議案、スケジュール等を決定します。理事会が機能しない場合は、定款の定める一定数以上の社員（正会員）による請求に基づいて総会の開催を決めます。

2 社員総会開催・解散決議

［1］招集

　招集は、定款に基づき社員に通知します。通知文書に、会議の日時・場所・目的・審議事項等を記載します。通知日は、定款に「5日前までに通知する」とあれば、中5日（3月10日開催の場合3月4日までに発送）が必要です（5日前は法定の最少日数（NPO法14の4））。

　また、定款に「電磁的方法による通知も可」の意図が記載されている場合は、電子メールでの通知ができます。

［2］解散総会の形態と決議事項

　通常総会・臨時総会のいずれでも可能です。オンラインでの総会は、参加者全員が自由に意見交換できる場合に、開催が可能（設備・環境面で情報の双方向性と即時性を確保し、集合形態の会議と同等の環境を設定することが必要）です。

　解散総会では、次のことに関する決議を行います。

決議内容	備　考
解散の意思決定	特別決議事項（NPO法31の2）*
清算人の選任	総会で決定する必要がある場合（NPO法31の5）
残余財産の帰属	定款上、残余財産の帰属先を総会で決議することとなっている場合（NPO法32①）

＊解散については、特別決議として社員（正会員）の4分の3以上の賛成（定款に別の定めがある場合は、それに従う）が必要です。

　なお、解散日は、解散の意思決定をした総会日とします。総会の決定により解散日を後日とする場合でも、取引の安全を図るという趣旨から2週間を超えて遅らせることはできないとされています。

［3］社員総会の議事録の例

特定非営利活動法人 ABCD 臨時総会議事録

1　開 催 日 時　20○○年○月○日　○時○分〜×時×分
2　開 催 場 所　○○市○○町○丁目○番○号　○○会館　第○会議室
3　出 席 者 数　9人（うち委任状出席者2人）　正会員総数　10人
4　議長の選任
　　理事長○○○○より、本日の総会は9名の出席があり定足数を満たしたので有効に成立した旨を告げ、議長を選任すべく全員で互選したところ、○○○○が選任され、□□□□、△△△△を議事録署名人に指名した後、議事に入った。（△時△分）
5　審 議 事 項
　　第1号議案　解散の件
　　　議長は、特定非営利活動法人 ABCD の解散について全員に諮ったところ、全員異議なくこれを承認し、本案は可決された。
　　第2号議案　残余財産の処分の件
　　　議長は残余財産に関し、NPO 法人 XYZ に譲渡することについて全員に諮ったところ、全員異議なくこれを承認し、本案は可決された。
　　第3号議案　清算人の選任の件
　　　議長は、清算人の選任について NPO 法第31条の5に基づき諮ったところ、満場一致で次の者を選任した。なお、被選任者は席上その就任を承諾した。
　　　　　清算人　○○○○

議長は、以上をもって特定非営利活動法人 ABCD の総会に関する全ての議事を終了したことを宣した。（×時×分）
以上の議事の要領及び結果を明確にするため、議長並びに議事録署名人は、次に記名押印する。

　20○○年○月○日

　　　　　　　　　　　　　　　議　　　長　○○　○○　　㊞
　　　　　　　　　　　　　　　議事録署名人　□□　□□　　㊞
　　　　　　　　　　　　　　　同　　　　　△△　△△　　㊞

［4］残余財産について

残余財産への対処は、定款の定めに基づき決定します。定款に定めがない場合は、**10**「［1］定款の確認と対処」を参照してください。対処に期間を要する場合もあるので注意が必要です（NPO 法 32）。

［5］債務超過

債務超過が見込まれる場合は、破産手続との関連で、清算の見通しをできるだけ精密に予測し、総会開催までに対応策を検討しておくことが望まれます。債務超過の予測に対して、寄付等で補塡し破産手続を避けるなどの方策があれば、総会の承認を得ておきましょう。

なお、債務超過解消の方策がない場合は、破産手続開始の決定による解散の扱いになります（NPO 法 31 の 3）。

3 清算法人への移行

解散の決定により、理事は退任し清算人となり、解散により NPO 法人は清算法人になります（NPO 法 31 の 5）。

［1］清算人の選任方法

破産手続開始の決定による解散の場合を除き、清算人は一般的に解散時の理事長または理事が選ばれます。理事長を含む理事全員が清算人になる場合を法定清算人といい、社員総会での選任は不要です。

法定清算人ではなく、理事長もしくは特定の理事またはその他の個人が就任する場合は、総会の決議による選任または定款による定めが必要です。なお、法人が清算人になることはできません。

また、清算人になる人がいない場合などは、裁判所が利害関係人の申し立てまたは職権で、選任することができます。清算人の登記申請に際し、選任方法

418　第 8 章　NPO 法人の解散

によって添付書類に違いが生じます。

　清算人が複数の場合、清算法人を代表する代表清算人を定めます。通常、法定清算人は理事長が代表清算人になります。なお、代表清算人は登記上、単に清算人です。

［2］清算人の処遇

　清算人に就任した理事に報酬を支払う予定であれば、役員報酬の決定に関する法人の所定手続き（総会決議等）を要します。また、清算業務を行う事務スタッフの処遇も、事前に取り決めましょう。なお、ボランティアの人に「労働」を発生させないなど、解散前同様の留意・配慮が必要です。

4　解散と清算人の登記

［1］解散の登記

　解散が決まれば、解散日から2週間以内に清算人がその主たる事務所の所在地において解散の登記を行わなければなりません。その他の事務所においては不要です（組合等登記令7）。

［2］清算人の登記

　清算人就任の登記は通常、解散の登記と同時に行います。申請者は代表権を有する清算人です。清算人が複数の場合は、うち1名で構いません。登記申請書には印鑑届書の印を押印します。

第2節　総会決議による解散実務　*419*

［3］ 登記すべき事項

解散の登記	解散の年月日と解散の事由（社員総会の決議）
清算人の登記	清算人の住所・氏名・原因年月日（就任日）

［4］ 添付書面

① 解散の登記（組合等登記令7）

　社員総会議事録

② 清算人の登記（組合等登記令3①）

選任理由	添付書類
理事全員が代表権を有する法人で、その理事全員が清算人になる場合（法定清算人）	定款
特定の理事（理事長等）のみが代表権を有する法人で、理事全員が清算人になる場合（法定清算人）	定款、解散時の理事を選任した過去の社員総会議事録、就任承諾書（代表権を有する理事は不要）*
社員総会の選任による場合（理事長等、特定の理事が清算人の場合は、このルールにより選任）	社員総会議事録、就任承諾書（このルールによる選任の場合、理事長等、代表権を有する理事も就任承諾書が必要）*
定款の規定による場合	定款、就任承諾書*
裁判所の選任に係る清算人	清算人選任決定正本（または認証がある謄本）

＊就任承諾書について

　法定清算人（理事全員が清算人に就任する場合）は、代表権を有する理事の就任承諾書は不要ですが、代表権のない理事は添付が必要です。

　理事長だけ、またはその他の特定の理事を清算人として選ぶ場合は、法定清算人ではないので、社員総会での選任手続きを要します。この場合は、代表権がある理事の場合でも、就任承諾書の添付が必要です。

　なお、就任承諾書の添付が必要な清算人について、社員総会の席上で就任を承諾した旨が社員総会の議事録に記載されている場合は、就任承諾書の添付は不要であり、登記申請

書には「就任承諾書○通」の代わりに「就任承諾書は、社員総会議事録の記載を援用する」と記載します。

[5] 印鑑届書

「解散及び清算人就任登記申請書」の提出時に、法務局の書式による「印鑑届書」を提出します（従来の代表者印を使用する場合も届書の提出が必要です）。

書類には、清算人として用いる印と個人（清算人が複数の場合は、代表権を有する清算人）の実印の2種類の印影が必要です。個人の実印については、市町村長作成後3か月以内の印鑑証明書を添付します。なお、理事長等の代表者が清算人になった場合は、従来の代表者印を清算人印に転用できます。

5 公告の手配

[1] 発注と掲載

解散と清算人の登記の申請を終えたら、すぐに公告の発注をします。具体的には、各都道府県にある官報販売所に解散公告の掲載を申し込みます。掲載まで2週間程度は見ておきましょう。

[2] 公告のルール

清算人は、債権者保護のため、解散後遅滞なく公告を行うことにより、債権者に法人の解散を告知し、その債権の申し出をするよう催告をする必要があります（NPO法31の10）。

公告方法は官報を用い、申し出の期間として2か月間を確保するよう定められています。なお、債権者が申し出期間内に申し出をしないときは、清算対象から除外する旨を付記することが必要です。一方、すでに判明している債権者には、各別にその申し出の催告をしなければならず、申し出がなくても除外できないこととされています。

第2節　総会決議による解散実務 *421*

法人によっては、上記の法定公告とは別に、ホームページその他、法定外の公告をあわせて行う旨、定款に定めている場合があります。その場合は定款に沿って対応することも必要です。

［3］官報とは

　国が発行している新聞形態の日刊紙で、法律・政令等の制定・改正の情報や、破産・相続等の裁判内容が掲載され、各種法人の解散公告も官報で告知されます。　官報販売所が全国各都道府県にあり、統一したサービス内容で公告掲載等の依頼に対応しています。

［4］解散公告のひな型

　記事は縦書きで、次の記載例のような内容になります。見本は、官報販売所から提供されます。
　掲載後、債権の申し出期間終了まで2か月以上を要するため、早く結了するためには、早い発注が必要です。

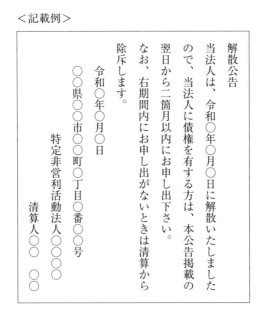

＜記載例＞

解散公告
当法人は、令和○年○月○日に解散いたしましたので、当法人に債権を有する方は、本公告掲載の翌日から二箇月以内にお申し出下さい。
なお、右期間内にお申し出がないときは清算から除斥します。

令和○年○月○日
○○県○○市○○町○丁目○番○○号
特定非営利活動法人○○○
清算人○○○

［5］発注の目安

（［4］の記載例の場合：金額は 2023 年 12 月現在）

法定掲載回数	1 回
原稿量	縦書き 1 行 22 字×10～11 行程度
上記原稿の料金	35,893 円（10 行の税込み料金）
掲載までの所要日数	原稿提出後 2 週間程度

6 解散の届出

　解散登記後速やかに所轄庁への届け出が必要です（NPO 法 31 ④）。解散届出書は、各所轄庁が定めたフォーマットにより、解散及び清算人の決定を届け出る書類であり、解散と清算人の登記を証する登記事項証明書を添付します。

　なお、清算人の辞任等により新たな清算人が就任する場合は、登記を行った後に清算人就任届出書により速やかに所轄庁へ届け出ます（NPO 法 31 の 8）。この場合、当該清算人の登記を証する登記事項証明書の添付が必要です。

7 現務の結了

［1］従来の活動を終える

　現務の結了とは、法人の消滅に向けて、従来の活動を終えるための業務のことであり、新規の事業開始はもちろん、解散まで取り組んできた活動の拡大・拡充はできません。すなわち、従来事業の廃止（廃業届出）、在庫品の処分、取引関係先との契約終了などを行います。また、職員の労働契約解消、すなわち解雇・退職に伴う労働保険、社会保険等の処理が必要です。個人の生活にかかわることであるため、ただちに対応が必要な点に注意を要します。ただ、清

第 2 節　総会決議による解散実務　**423**

算法人になっても法人自体は存続するため、清算に必要な職員の雇用は続けることができます。

　清算期間内の人件費を含む費用は、残存の正味財産から支払われることになります。現務の結了にあたって、解散時の資産、負債の状態を明確にする必要があり、清算事務は解散日現在の貸借対照表、財産目録の作成からスタートします。

［2］解散年度の事業報告書等提出

　NPO法は、解散年度の事業報告書等を、解散年度内に提出すべきと定めていません。また、法人消滅後はそもそも提出自体ができなくなるため、年度末後3か月の提出期限までに清算結了していれば未提出もやむなしとして扱われると考えられます。ただ、所轄庁によって判断が異なることもあるため、具体的には所轄庁に確認することが確実と思われます。

［3］税務の処理

　年度の途中で解散した場合、税務上は年度当初から解散日までが1事業年度として扱われます。収益事業を行っている法人、行っていない法人、消費税課税法人、それぞれに税務上の対応が必要です。詳細は、「**図表8－3**　法人に関する届出等」や「Q8-7　解散に伴う税務上の手続き」を参照してください。

8 関係機関へ解散届出等

　法人が消滅することにより、外部とのかかわりもすべて整理する必要があります。

　以下の表に一般的に考えられるものをあげます。地域・地方自治体によって一部異なる場合もあるのでご注意ください。

424　第8章　NPO法人の解散

図表 8 - 2　職員に関する届出等

区分	届出先	届出内容	届出時期	添付書類
社会保険	年金事務所	健康保険・厚生年金保険被保険者資格喪失届	被保険者の資格喪失（解雇・退職）から5日以内	健康保険被保険者証ほか、高齢受給者証等、交付されている証書類
		健康保険・厚生年金保険適用事業所全喪届	解散日以後、被保険者が0人になり、右欄の添付書類取得が可能になれば遅滞なく	解散の登記簿謄本コピー（または適用事業所に該当しなくなったことが確認できるその他の書類）
労働保険	ハローワーク（雇用保険）	被保険者資格喪失届・雇用保険被保険者離職証明書[*1]	被保険者（個人）の資格喪失（解雇・退職）日の翌日から10日以内	（離職証明書交付の場合）出勤簿・労働者名簿・賃金台帳・退職届など
		雇用保険適用事業所廃止届	事業所廃止（被保険者0人）の翌日から10日以内[*2]	解散の登記簿謄本コピー
	労働基準監督署（労災保険）	労働保険確定保険料申告書	事業の廃止翌日から50日以内[*2]	確定保険料が概算保険料額より少ない場合は労働保険料還付請求書
住民税	市区町村（個人住民税）	給与所得者異動届出書	個別の雇用終了（解雇・退職）日の翌月10日まで	

＊1　雇用保険被保険者離職証明書は、法人消滅後に交付を希望しても作成が不可能なため、希望しない人を含め全員への交付が望ましいとされています。

＊2　清算事務のため職員を雇用している場合には、事業所の廃止届や労働保険の確定保険料申告書の提出はできません。

図表 8 - 3　法人に関する届出等

区分	届出先	届出内容	届出時期	添付書類
法人税法上の収益事業を行っている法人	所轄税務署 （法人税）	収益事業廃止届	廃止後速やかに	
		異動届出書（注1）	異動（解散）後速やかに	
		解散日までの法人税確定申告書	解散日から2か月以内	解散の登記簿謄本コピー（注2）
		給与支払事務所の廃止届出書	給与支払事務所廃止後1か月以内	
	都道府県 （都道府県民税）	法人解散届	異動後速やかに	解散の登記簿謄本コピー
		解散日までの確定申告書	解散日から2か月以内	
	市町村 （市町村民税）	法人異動届	異動後速やかに	解散の登記簿謄本コピー
		解散日までの確定申告書	解散日から2か月以内	
法人税法上の収益事業を行っていない法人	所轄税務署 （所得税）	給与支払事務所の廃止届出書	給与支払い廃止後1か月以内	
	都道府県 （都道府県民税均等割）	法人異動届	解散日から2か月以内	解散の登記簿謄本コピー
	市町村 （市町村民税均等割）	法人異動届	解散日から2か月以内	解散の登記簿謄本コピー
消費税課税事業者	所轄税務署 （消費税）	異動届出書（注1）	異動後速やかに	解散の登記簿謄本コピー（注2）
		解散日までの消費税確定申告書	解散日から2か月以内	
指定事業等	所轄の行政機関 （福祉関係の指定事業、その他各種の許認可事業等）	廃業の届出 （各行政機関の所定書類）	各行政機関の設定ルールによる	各行政機関の設定ルールによる

［国税］
　法人税、消費税の両方が課税の法人は、異動届出書（注1）は共通で1枚、添付書類（注2）も1通のみ提出となります。どちらかの税のみ課税の法人は、該当欄に従い届け出てください。
　添付書類（注2）は、法上は任意ですが、税務署窓口で添付を望まれることが多いようです。
［地方税］
　地域によって扱いが異なる場合（上記の地方税欄は兵庫県、神戸市の例）があります。各地方自治体のルールを確認の上で届け出ましょう。
　均等割のみ納付している法人は、解散年度の納付方法（月数等）を確認しましょう。
　均等割が免除されている場合も、法人解散の届出は必要です（解散時の届出は不要とし、清算結了に関する届出のみの提出を求めている地方自治体もあります）。

9 債権・債務の解消

［1］弁済と回収

　清算人は、清算法人に対する債権者に対して公告により2か月間を下回らない間に債権の申し出をするよう催告し、判明している債権者には個別に催告をした上で、債務を弁済します。

　また、清算人として債権の回収にも努めます。期日までに支払われるべきですが、状況によっては難しい場合もあります。法人内で問題を共有化し、協力しあってできるだけ早期に問題解決することが必要です。

　回収が困難な場合は、専門家に依頼することも考えられます。債権回収を業として行えるのは、弁護士のほか、有資格の専門業者、簡易裁判所での訴訟を扱える認定司法書士の三者のみです。ただし、認定司法書士が扱える債権額は140万円までです。身近で信頼できる弁護士を探すのが安心できる選択かと思われますが、着手金、報酬などを事前に確認した上で依頼しましょう。

［2］債務超過の場合

　清算法人の債務が大きく、弁済不能であることが明らかになったときは、清算人は直ちに管轄の裁判所に対して破産法に定める破産手続開始を申し立て、その旨を公告します（NPO法31の12）。破産手続開始の決定を受けた場合、清算人は破産管財人に事務を引き継ぎ、任務は終了します。

　ただし、運営費用の不足を借入金等で賄っていた法人が、借入相手に債権放棄をしてもらい破産を免れるケースもあります（前述の **2** [5] 債務超過を参照）。

10 残余財産の譲渡

［1］定款の確認と対処

残余財産については、定款にどう記載されているかを解散検討当初から確認しておき、清算結了後にその全額を定款に定める帰属先に引き渡します（NPO法11③）。定款に定めがない場合は、所轄庁の認証または定款変更等を要します。詳細は次表のとおりです（NPO法32）。

なお、複数の法人に譲渡することも可能です。

図表8－4　残余財産の帰属先と手続き

定款	帰属先に関する定款の定め	手続き等	NPO法
定めあり	帰属先として「特定の団体名」を記載	記載された団体に譲渡する（所轄庁の認証は不要）	第32条第1項
定めあり	「帰属先は総会で決定する」と記載	解散総会で帰属先を決定する（所轄庁の認証は不要）	第32条第1項
定めあり	「他のNPO法人に譲渡する」と記載	解散総会で帰属先を決定する（所轄庁の認証は不要）	第32条第1項
定めあり	記載されている帰属先を変更したい	解散総会までに定款変更する*	第25条
定めなし	国または地方公共団体に譲渡したい	所轄庁に申請し認証を受ける	第32条第2項
定めなし	法定範囲内の特定団体に譲渡したい	解散総会までに定款変更する*	第25条
定めなし	上記に該当なしまたは譲渡認証申請不認証	残余財産は国庫に帰属する	第32条第3項

＊定款変更は総会決議後、所轄庁の認証を要し、縦覧・審査の期間がかかるため、計画的な取組みを要する。

428　第8章　NPO法人の解散

［2］残余財産譲渡の認証手続

「**図表 8 − 4　残余財産の帰属先と手続き**」の「国または地方公共団体に譲渡したい」の場合は、所轄庁に財産譲渡認証申請を行います。残余財産譲渡認証申請書の中に具体的な帰属先を記載し、認証を得た後に譲渡を行います。

［3］法に定める残余財産帰属先

「**図表 8 − 4　残余財産の帰属先と手続き**」の「帰属先は総会で決定する」「記載されている帰属先を変更したい」「法定範囲内の特定団体に譲渡したい」場合は、次の範囲内で選定することが必要です（NPO 法 11 ③）。

- ・他の特定非営利活動法人
- ・国または地方公共団体
- ・公益社団法人または公益財団法人
- ・私立学校法（昭和 24 年法律第 270 号）第 3 条に規定する学校法人
- ・社会福祉法（昭和 26 年法律第 45 号）第 22 条に規定する社会福祉法人
- ・更生保護事業法（平成 7 年法律第 86 号）第 2 条第 6 項に規定する更生保護法人

［4］残余財産の引渡し

清算の結果、残った財産は帰属先に引き渡します。譲渡先は受け取る義務がなく、唐突な譲渡に対応できない場合があり得ます。特に固定資産は保管場所や用途が限定されるなどの場合もあり、事前の相談が必要です。いずれの場合も、譲渡候補先を決めた段階で、あらかじめの打ち合わせが必須といえます。

11　清算の結了

公告掲載から 2 か月経過以後に、残余財産の譲渡を終えることにより、清算人が行うべき清算事務の一切が終了し、清算が結了します。具体的には、清算

法人の債権・債務・残余財産が一切ゼロとなった状態であり、清算人が清算結了の登記をすることによって法人は消滅します。

12 清算結了の登記

　清算結了の登記は、清算人がその主たる事務所の所在地において清算結了の日から2週間以内に行います（組合等登記令10）。

　清算結了登記申請書には、清算事務報告書及び別表として貸借対照表と財産目録の添付が必要です。以下は、8月10日に解散し11月20日に清算結了した法人の添付書類例です。

＜清算事務報告書の例＞

清算事務報告書

1　財産目録及び貸借対照表　　　別表のとおり

1　未収金　　　　　　　　　　10,000円　　　取立済

1　差引　　　　　　　　　　　132,500円　　残余財産

上記残余財産を次のとおり処分した。

清算費用　　　　　　　　　　　32,500円

　残余財産（100,000円）は、社員総会の決定に基づき特定非営利活動法人□□□□
　に引渡す。

以上のとおり清算結了した。

　　2000年11月20日

　　　　　　　　　　　　　　特定非営利活動法人○○○○

　　　　　　　　　　　　　　○○県○○市○○町○丁目○番○号

　　　　　　　　　　　　　　清算人　○○　○○　　　　印

　　　　　　　　　　　　　　以上のとおり承認する。

　　　　　　　　　　　　　　監　事　○○　○○　　　　印

（参考）法務局清算結了登記申請書添付書類の清算事務報告書記載見本には、監事の承認が求められています。

＜別表　貸借対照表の例（解散日現在の表）＞

特定非営利活動法人○○○○

貸借対照表

20○○年8月10日現在

（単位：円）

科　目	金　額		
Ⅰ　資産の部			
1．流動資産			
現金預金	122,500		
未収金	10,000		
流動資産合計		132,500	
2．固定資産			
固定資産合計		0	
資産合計			132,500
Ⅱ　負債の部			
流動負債合計		0	
固定負債合計		0	
負債合計			0
Ⅲ　正味財産の部			
前期繰越正味財産		101,450	
当期正味財産増減額		31,050	
正味財産合計			132,500
負債及び正味財産合計			132,500

＜別表　財産目録の例（解散日現在の表）＞

特定非営利活動法人○○○○

財産目録
20○○年8月10日現在

（単位：円）

科　目	金　額		
Ⅰ　資産の部			
1．流動資産			
現金預金	122,500		
未収金	10,000		
流動資産合計		132,500	
2．固定資産			
固定資産合計		0	
資産合計			132,500
Ⅱ　負債の部			
流動負債合計		0	
固定負債合計		0	
負債合計			0
正味財産			132,500

13 清算結了の届出

　所轄庁に、清算結了登記の登記簿謄本を添付して清算結了を遅滞なく届け出ます（NPO法32の3）。

14 関係機関へ清算結了届出

清算結了に伴い、次表のとおり税務・労務関係の届出を行います。

図表8−5　清算結了に関する届出等

区分	届出先	届出内容	届出時期	添付書類
法人税法上の収益事業を行っている法人	都道府県 （都道府県民税）	法人清算結了届	清算結了日から1か月以内	清算結了の登記簿謄本コピー
	市町村 （市町村民税）	法人異動届	清算結了日から2か月以内	清算結了の登記簿謄本コピー
収益事業を行っていない法人	都道府県 （都道府県民税均等割）	法人清算結了届	清算結了日から1か月以内	清算結了の登記簿謄本コピー
	市町村 （市町村民税均等割）	法人異動届	清算結了日から2か月以内	清算結了の登記簿謄本コピー
消費税課税事業者	所轄税務署 （消費税）	異動届出書 （注1）	清算結了日から1か月以内	清算結了の登記簿謄本コピー （注2）
労務関係等	・清算事務により雇用を継続していた場合は、清算結了時に雇用が終了するため、労務関係を主体にケースバイケースの対応が必要。 ・給与支払事務所の廃止届出書（支払廃止後1か月以内に所轄税務署へ提出） ・解雇、退職に伴う社会保険、雇用保険等の届出			

［国税］
　法人税、消費税の両方が課税の法人は、異動届出書（注1）は共通で1枚、添付書類（注2）も1通のみの提出となります。どちらかの税のみ課税の法人は、該当欄に従い届け出てください。
　添付書類（注2）は、法上は任意ですが、税務署窓口で添付を望まれることが多いようです。
［地方税］
　地域によって扱いが異なる場合があります（表の地方税欄は、兵庫県、神戸市の例）。各地方自治体のルールを確認の上で届け出ましょう。

第2節　総会決議による解散実務　**433**

第3節 実務 Q&A ―解散に伴う具体的取扱い

Q 8−1 債務超過法人の総会決議による解散

解散を検討していますが負債が大きく、解散時には債務超過になる可能性もあります。このような場合も総会決議による解散ができますか？

A 解散時の債務超過額が大きくても清算時に解消できれば、破産手続の申し立てを行う必要はなく、総会決議による解散として清算結了できます。少額の債務超過の場合、一般的に役員や会員の寄付等により弁済するケースが少なくないようです。

⊙ 解 説

債務超過の状態で解散した後、寄付により負債を解消して清算を結了したケースについて、具体的に考えてみます。次ページの表は、解散検討中のNPO法人××××が、解散日の決算を予測して作成した貸借対照表（概要）です。

前年度末の正味財産に解散日までの当期正味財産増減額を加えると、解散時の正味財産は△178,003円になる見込みです。資金不足が続き、理事長からの借入金が増えた結果の数値であり、解散後の清算でさらに負債が増えることが明白です。

434　第8章　NPO法人の解散

NPO 法人××××		
貸借対照表 （解散日）現在		
科　目	金　額	
Ⅰ　資産の部		
資産合計		32,410
Ⅱ　負債の部		
負債合計		210,413
Ⅲ　正味財産の部		
前期繰越正味財産	△167,280	
当期正味財産増減額	△10,723	
正味財産合計		△178,003
負債及び正味財産合計		32,410

　債務超過が解消できなければ、裁判所に破産手続開始の申し立てを行うことになります。そうならないための方策を理事会で考える中、理事長から「自分が立替えた資金は返済不要とする」との提案がありました。借入金を理事長からの寄付金に振り替えるという救済案です。総会では解散が決議されるとともに、この債務解消策が全社員からの賛同を得て決定されました。その後、清算期間が経過し、結了までの清算費用が52,840円になりました。

　会計処理として、理事長からの寄付金を、解散日までの債務超過分と清算に要した費用分に分け、次のとおり振替処理を行いました。

・解散日の仕訳：　　短期借入金　　32,410／現　　　　金　　32,410

　　　　　　　　　　短期借入金　178,003／受取寄付金　178,003

・清算中の仕訳：　　清 算 費 用　 52,840／短期借入金　 52,840

・清算結了日の仕訳：短期借入金　　52,840／受取寄付金　 52,840

理事長には2枚合計230,843円の寄付金領収書を発行し、法人の債務が消滅

することによって清算が結了しました。清算結了登記に添付する清算事務報告書は次のとおりです。

清算事務報告書

1　財産目録及び貸借対照表　　　別表のとおり
1　差引　　　　　　　　　　　　0円
上記のとおり残余財産がなく、定款の定めに基づく譲渡は行わなかった。
以上のとおり清算結了した。
　　20○○年○月○日

NPO法人××××
○○県○○市(以下略)
清算人　（　略　）

以上のとおり承認する。
監　事　（　略　）

　なお、別表として添付する決算書2表のうち、貸借対照表（解説のための概要）は次のとおりです（財産目録は省略）。

科 目	金 額	
NPO 法人 × × × × 貸借対照表 （清算結了日*）現在		
Ⅰ　資産の部		
資産合計		0
Ⅱ　負債の部		
負債合計		0
Ⅲ　正味財産の部		
前期繰越正味財産	△167,280	
当期正味財産増減額	167,280	
正味財産合計		0
負債及び正味財産合計		0

＊435 ページの貸借対照表は解散日現在であり、上表は清算結了日現在です。決算書の日付
について法務局の指定はありません。大切なことは清算結了時の残余財産が 0 円であるこ
との証明です。

■関係法令等…NPO 法 31、31 の 2、31 の 3

Q 8－2　役員が不在状態での解散

　解散の検討を始めたら、1 年前に役員の任期が満了していたことに気付き
ました。この状態で解散できますか？　できない場合、何か方法はあります
か？

A　役員不在の状態で解散はできません。■仮理事の選任か、■急迫の事
　情を適用して、役員を選任することができます。状況に応じて、どち
　らの手法が望ましいかを選びましょう。

第 3 節　実務 Q&A―解散に伴う具体的取扱い　*437*

⊙ 解　説

🔳 仮理事の選任

NPO 法第 17 条の 3 には、次のように定められています。

> 理事が欠けた場合において、業務が遅滞することにより損害を生ずるおそれがあるときは、所轄庁は、利害関係人の請求により又は職権で、仮理事を選任しなければならない。

つまり、まず役員不在状態になった NPO 法人側から、所轄庁に仮理事の選任を請求し、委嘱された仮理事は、総会を招集して役員選任の手続きを進めます。その結果、選ばれた役員が解散への手順を進めるという手続きになります。

当制度は時間的に余裕がある場合は問題ないと思われるものの、急ぐ場合でもうまく対応できることが必要であり、所轄庁・仮理事と法人間の連携・意思疎通によるスムーズな進行が必要な制度といえます。

🔳 急迫の事情による再任

内閣府ホームページの NPO 法 Q ＆ A 2 － 3 － 9（特別代理人、仮理事を選任しなければいけない場合はどのような時ですか。）に、次の記載があります。

> 定款で定められている任期が終了し、後任の役員が選任されていない場合、民法第 654 条の規定により、急迫の事情があるときや後任の役員が選任されるまでの間、前任者は必要な職務を行わなければならないため、仮理事の選任は必ずしも必要ではありません。

また、民法第 654 条の定めは、次のとおりです。

> 委任が終了した場合において、急迫の事情があるときは、受任者又はその相続人若しくは法定代理人は、委任者又はその相続人若しくは法定代理人が委任事務を処理することができるに至るまで、必要な処分をしなければならない。

つまり、急迫の事情があれば、役員は職務を引き継ぐまでの間、必要な対処を行わねばならないと定められています。法人自身でスケジュールを組んで進

められるため、使いやすい方法といえます。

　したがって結論は、日程的にゆとりがある場合は**１**の仮理事選任による方法でもいいでしょうけど、任期満了をうっかりしていた上に、目前に解散という差し迫った事情がある中では、スケジュール感が重視されると思われます。まさに内閣府のホームページNPO法Ｑ＆Ａ２‐３‐９のとおり、退任者が「急迫の事情」により再任する形が本件質問のニーズに沿っていると思われます。

　一方、法務局のNPO法人役員変更登記申請書の記載例に「理事退任後に理事選任手続を行った場合」の総会議事録例があります。仮理事の選任を待つことができない急迫の事情がある場合の議事録例です。役員の任期切れの一方で、解散という「急迫の事情」が発生しているのであれば、まさに民法第654条の主旨にマッチしていると考えられます。この記載例の書式に則って解散総会の場で役員を再任することにより、解散、清算人の選任等が滞りなく行えます。

■関係法令等…NPO法17の3、24、民法654

Ｑ 8−3　社員・役員が集まらず解散総会が開けない場合

　解散の検討をしているが、社員や役員の中に連絡がとれない人や、声をかけても集まってくれない人がいるので、解散総会が開催できません。

A　まず大切なことは、現存の社員数を確定し、定款に定める正しい手順に基づいた総会開催を計画することです。社員数が法定の10名未満でも、解散の議決に必要な人数が参加することにより開催可能です。役員の欠員については、「Q8−2　役員が不在状態での解散」を参照してください。

⦿ 解　説

　社員と連絡がつかない、連絡がついても無関心で反応がないなどにより、総会が開催できず困っている場合、まず考えるべきことは総会出席の必要人数です。調べるために必要な手順は、①社員名簿を確定する（総会時の在籍者数を

確定する）、②解散決議に必要な人数を確定する、③必要人数の総会参加を可能にする、ということです。

　社員名簿を確定するために、名簿には載っていても、総会に参加する意思がない社員には、退会届の提出をお願いすべき場合もあると思われます。また、定款の「会員資格の喪失」ルールを確認し、会費滞納者の会員資格を喪失扱いせざるを得ない場合もあり得ます。

　現存社員数の確定に伴い、決議に必要な人数が確定します。NPO法では社員の４分の３以上の賛成が必要であり、社員が８人の場合は６人の賛成で解散できます。なお、この比率は、法人が独自に定款で定めている場合もあります。

　参加者数には書面表決者、代理人委任も含むため、現実に当日の会場集合が難しい会員にも、そうした形で参加していただくことが望ましいでしょう。また、可能であれば、オンライン総会、みなし総会も検討しましょう。

　役員に関して、任期中で呼びかけに対応しない役員には、辞任届、場合によっては退会届の提出依頼も考える必要があるかと思われます。任期が満了している場合は、まず役員の選任が先決ということになります。「Q8-2　役員が不在状態での解散」に記載の**2**急迫の事情を適用すれば、解散総会時に役員不在の問題も同時に解決できます。

■関係法令等…NPO法14の2、14の3、14の9、22、31の2

Q 8-4 会計がずさんな法人の解散

　事情により数年間にわたって活動ができず、決算もいいかげんでした。正確な正味財産がわからず、残余財産の計算ができません。解散できますか？

A 現状では解散決議はできても、清算ができません。正しい決算書がなければ清算が結了せず、いつまでも清算法人として残ることになります。そうならないために、必要に応じ外部に相談する、適切なサポートを得るなども含め、できるだけ正しい決算をする努力が必須です。

⊙ 解　説

　決算がずさんになった間の帳簿、証憑等を再確認し、可能な範囲で最大限綿密に決算をやり直すことによって、解散時点の貸借対照表、財産目録を確定し、清算を経て残余財産を算出することが必要です。過去の財務諸表の訂正が必要になった場合は、監事の監査、理事会の了承のもと、総会の承認を得て数値を改めましょう。

　なお、この件に関し、所轄庁によっては、法令や定款への違反する程度により、NPO 法第 41 条の定めに基づいて事務所等に立ち入り、業務または財産の状況や帳簿・書類等の検査を行う可能性もあるとされています。ずさんさの程度、状況によっては、解散への行動を開始する以前に所轄庁に相談し、助言・指導を得て適切な対応を行うことも考えられます。

■関係法令等…NPO 法 18、41

第 3 節　実務 Q&A―解散に伴う具体的取扱い　*441*

Q 8−5 残余財産譲渡
—事業継承できる団体への譲渡を希望している場合

当法人の事業を継承してもらえる団体に残余財産を譲渡したいと考えています。どうすればいいですか？

A 残余財産を譲渡する法人が、次の条件を満たすことが必要です。
① 譲渡する側の定款に「譲渡先は総会で決定する」主旨の定めがある。
② 譲渡先候補が NPO 法第 11 条第 3 項に定める法人である。
意中の法人が、この条件を満たせば、問題なく譲渡できます。

⊙ 解　説 ──────────────────────────────

　最も簡単なケースは、事業継承してもらえる法人名が譲渡先として定款に記載されている場合です。ただし、この場合も、当然相手側団体が②に該当する法人であることを要します。②の条件とは、本章第 2 節**10**残余財産の譲渡［3］法に定める残余財産帰属先に記載する法人であり、営利法人や一般社団法人、任意団体などは譲渡先として選定できません。

　①、②両方の条件を満たす法人を選定した場合は、所轄庁の認証なく譲渡ができます。定款に残余財産の譲渡に関して何ら記載されていない場合や、意中の法人を選定できないような定めになっている場合は、解散総会までに定款を変更することが必要になるため、早めに取組みを開始することが必要になります。

■関係法令等…NPO 法 11 ③、25 ③

Q 8−6 残余財産譲渡─国または地方公共団体への譲渡手続

残余財産を国または地方公共団体に譲渡する場合の手続きは、どうすればいいですか？

A 定款の定めまたは総会の決定により地方公共団体に譲渡する場合は、該当役所の管財担当部局に相談もしくは手続きします。国に譲渡する場合は、対象の省庁に申し出ます。省庁内の担当部門が分らない場合は、該当省庁の窓口に対し、NPO 法第 32 条に基づく申し出であることを伝えて担当部門を照会するとよいでしょう。

定款に譲渡先の定めがない場合は、譲渡先が国または地方公共団体に限定されます。具体的な譲渡先を絞って所轄庁に申請し、認証を得てから譲渡を行います。その手続きの際に所轄庁に相談すれば、窓口が確認できると思われます。

⦿ 解 説

譲渡の決定経路が異なるため、2 通りの回答になりました。回答の前半が、NPO 法第 32 条第 1 項に基づく「定款の定めによる譲渡」、後半が同条第 2 項に基づく「所轄庁の認証による譲渡」です。ただ、手続きの根拠条項は違っても、受け手である譲渡先の窓口は同じであり、そのことによる混乱はないと思われます。特に地方公共団体にとって、地域の NPO 法人が身近な存在ということもあり、スムーズに受け入れられやすいと考えられます。

一方、国の場合はケースバイケースであり、窓口がわかりにくい場合や、法人側の意図が伝わりにくい場合があるといわれます。所轄庁の認証が不要な NPO 法第 32 条第 1 項による譲渡の場合でも、対象部門や譲渡手順がわからないときは、所轄庁経由で内閣府の NPO 法人担当部署に問い合わせてみましょう。

■関係法令等…NPO 法 32

Q 8－7 解散に伴う税務上の手続き

　3月末決算法人のNPO法人ですが、12月末をもって解散することにしました。収益事業は解散の日まで行うつもりです。今後どのような税務上の手続きが必要でしょうか？
　なお、消費税については前々事業年度の課税売上が1,000万円を超えているため、連年申告しています。

A 解散の日や残余財産の確定の日によって、事業年度が変わります。具体的には、図表8－6に掲げる手順により、届出や申告を行うことになります。

⊙ 解　説

　まずは法人税、消費税とも解散に伴うみなし事業年度の適用により、事業年度開始の日（4/1）から解散日（12/31）までの申告が必要となります。

　そして、解散日翌日（1/1）から、事業年度末日（3/31）までが、次の事業年度になります。法人税の申告は、この期間には収益事業を行っていないため不要となりますが、消費税については、原則どおり前々事業年度の課税売上により申告義務の判定をしますが、申告事業年度において、残余財産等の処分がない場合には、課税売上が0となり、申告義務が生じないことも考えられます(還付申告は可能)。

　最終的には、該当年の4/1から残余財産の確定の日（清算結了）までの各事業年度について、消費税の申告義務を判定し続けることになりますが、解散日以降は収益事業を行っていないので、免税事業者となった場合には、「消費税の納税義務者でなくなった旨の届出書」を提出してください。

図表 8 － 6　解散に伴う税務上の手続き

提出先	提出書類	対象事業年度
税務署	「異動届出書」：解散登記後の登記事項証明書を添付する。 「収益事業廃止届出書」：解散の日以降収益事業を行わないため提出する。	
地方税事務所等	「異動届」：解散と収益事業を廃止した旨を記載した「異動届」を提出する。	
税務署	法人税確定申告書：解散の日の翌日から 2 か月以内	4 ／ 1 ～ 12 ／ 31
	消費税確定申告書（申告義務がある場合）：解散日の翌日から 2 か月以内	4 ／ 1 ～ 12 ／ 31
地方税事務所等	「地方税の確定申告書」：解散の日の翌日から 2 か月以内	4 ／ 1 ～ 12 ／ 31
	法人税均等割の免除方法について照会＊	1 ／ 1 以降
税務署	消費税確定申告書（申告義務がある場合）：事業年度の末日から 2 か月以内	1 ／ 1 ～ 3 ／ 31
税務署	「異動届出書」：清算結了登記後の登記事項証明書を添付する（消費税の申告義務がない場合は不要）。	
	消費税確定申告書（申告義務がある場合）：残余財産の確定の日の翌日から 2 か月以内	4 ／ 1 ～残余財産の確定の日

＊解散後の法人住民税については、収益事業を廃止していることや清算中であることから、課税されないケースが多いと思われますが、法人の「現況届」の提出が必要な場合もあり、地方事務所に個別に照会願います。

■関係法令等…法法 14 ①、74 ①、消法 45 ①

＜参考文献＞
・NPO 会計支援センター『NPO 法人の解散手続きマニュアル』2023 年
・内閣府政策統括官（経済社会システム担当）付参事官（共助社会づくり推進担当）『特定非営利活動促進法に係る諸手続の手引き』2021 年
・兵庫県・神戸市『NPO 法人の手引　1 設立・運営編』2022 年 3 月

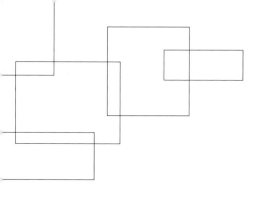

資料

- ■資料1：一定の水準を満たすものとして地方公共団体の証明を受けた認可外保育施設において公益法人等が行う育児サービス事業に係る収益事業の判定
- ■資料2：消費税法施行令第14条の3第8号の規定に基づき内閣総理大臣及び厚生労働大臣が指定する資産の譲渡等を定める件
- ■資料3：介護サービス事業に係る法人税法上の取扱いについて（法令解釈通達）
- ■資料4：支援費サービス事業に係る法人税法上の取扱いについて
- ■資料5：NPO法人が障害者総合支援法に規定する障害福祉サービスを行う場合の法人税の納税義務について
- ■資料6：消費税法施行令第14条の2第3項第11号の規定に基づき厚生労働大臣が指定する資産の譲渡等を定める件
- ■資料7：認可外保育施設の利用料
- ■資料8：障害者相談支援事業を受託した場合の消費税の取扱い
- ■資料9：障害者相談支援事業等に係る社会福祉法上の取扱い等について

資料1

一定の水準を満たすものとして地方公共団体の証明を受けた認可外保育施設において公益法人等が行う育児サービス事業に係る収益事業の判定

【照会要旨】

　児童福祉法の規定による都道府県知事の認可を受けて設置された、いわゆる認可保育所において公益法人等が行う育児サービス事業（以下「認可保育事業」といいます。）は、保育に必要な施設を有し、保育に関する専門性を有する職員が養護及び教育を一体的に行う事業であることから、法人税法施行令第5条に規定する収益事業として同条各号に特掲されている34事業のいずれにも該当しないものとして取り扱われています。

　ところで、この都道府県の認可を受けてはいないものの、認可保育所と同様の目的により設置されるいわゆる認可外保育施設のうち、一定の質を確保し児童の安全を図る目的で定められた監督基準（以下「監督基準」といいます。）を満たしている認可外保育施設については、都道府県知事からその旨の証明書が交付されています（この証明書を受けている施設を「証明施設」、この証明施設において公益法人等が行う育児サービス事業を「証明施設が行う認可外保育事業」といいます。）。

　この証明施設が行う認可外保育事業についても、認可保育事業と同様に、収益事業に該当しないものとして取り扱って差し支えありませんか。

【回答要旨】

　その認可外保育施設が証明施設であり、監督基準に従って運営されている場合には、照会者の見解どおりで差し支えありません。

（理由）

　認可保育所において満たすことを求められる児童福祉施設の設備及び運営に関する基準（旧名称：児童福祉施設最低基準。以下「設備運営基準」といいます。）は、児童の身体的、精神的及び社会的な発達のために必要な生活水準を確保することを目的としているのに対して、証明施設において満たすことが求められる監督基準は、一定の質を確保し、児童の安全を図ることを目的としていますので、その目的は完全に一致しているとはいえません。

　ただし、それぞれの基準における検討項目は、証明施設に対する監督基準が認可保

育所に対する設備運営基準に比べて緩和されている項目があるものの、項目としては大部分が共通しているところであり、特に、「保育内容」として規定されている児童の処遇に係る基準の項目については、設備運営基準により定められた保育内容である保育所保育指針基準に準じています。

また、「職員」による保育及び「設備」の利用が適切に行われているかどうかなどの実態については、「保育所保育指針を踏まえた適切な保育が行われているか。」という監督基準の「保育内容」の項目に基づき確認されており、これらの項目をすべて満たす証明施設においては保育所保育指針を踏まえた保育が行われ、育児サービスが行われているものと言えます。

これらのことからすれば、証明施設が行う認可外保育事業は、認可保育事業と同一の育児サービス事業であるとまではいえないものの、一定の水準が確保された認可保育事業に類する育児サービス事業であると認められます。

したがって、この証明施設が行う認可外保育事業は、認可保育事業と同様に、収益事業に該当しないこととなります。

ただし、証明施設が行う認可外保育事業であっても、その実態において監督基準に従って運営されていなければ、少なくとも認可保育事業に類する育児サービス事業を行っているとは認められませんので、その場合には、どのような育児サービス事業が行われているかなど、その事業実態に応じて、収益事業に該当するかどうかを個別に判断することとなります。

【関係法令通達】
　法人税法第2条第13号
　法人税法施行令第5条
　児童福祉法第35条第4項、第39条、第45条、第59条の2

注記
　令和5年8月1日現在の法令・通達等に基づいて作成しています。
　この質疑事例は、照会に係る事実関係を前提とした一般的な回答であり、必ずしも事案の内容の全部を表現したものではありませんから、納税者の方々が行う具体的な取引等に適用する場合においては、この回答内容と異なる課税関係が生ずることがあることにご注意ください。

資料2

消費税法施行令第14条の3第8号の規定に基づき内閣総理大臣及び厚生労働大臣が指定する資産の譲渡等を定める件

$$\left(\begin{array}{l}平 成 3 年 6 月 7 日 厚 生 省 告 示 第 129 号 \\ 令和6年3月15日内閣府厚生労働省告示第1号\end{array}\right)$$

　消費税法施行令（昭和63年政令第360号）第14条の3第8号の規定に基づき、消費税法施行令第14条の3第8号の規定に基づき内閣総理大臣及び厚生大臣が指定する資産の譲渡等（平成3年厚生省告示第129号）を次のように定め、平成6年4月1日から適用する。

　次に掲げる事業（消費税法（昭和63年法律第108号）別表第一第7号ロに掲げる事業を除く。）のうち、その要する費用の2分の1以上が国又は地方公共団体により負担される事業として行われる資産の譲渡等

一　身体に障害のある18歳に満たない者若しくはその者を現に介護する者、知的障害の18歳に満たない者若しくはその者を現に介護する者、身体障害者福祉法（昭和24年法律第283号）第4条に規定する身体障害者（以下「身体障害者」という。）若しくはその者を現に介護する者、知的障害者若しくはその者を現に介護する者、精神保健及び精神障害者福祉に関する法律（昭和25年法律第123号）第5条に規定する精神障害者（以下「精神障害者」という。）若しくはその者を現に擁護する者、身体上又は精神上の障害があるために日常生活を営むのに支障のある65歳以上の者(65歳未満であって特に必要があると認められる者を含む。以下同じ。）若しくはその者を現に養護する者、母子及び父子並びに寡婦福祉法（昭和39年法律第129号）第6条第1項に規定する配偶者のない女子若しくはその者に現に扶養されている20歳に満たない者、65歳以上の者のみにより構成される世帯に属する者、同条第2項に規定する配偶者のない男子に現に扶養されている20歳に満たない者若しくはその者を扶養している当該配偶者のない男子又は父及び母以外の者に現に扶養されている20歳に満たない者若しくはその者を扶養している者に対して行う次に掲げる事業

　イ　居宅において入浴、排せつ、食事等の介護その他の日常生活を営むのに必要な便宜を供与する事業

資料2　*451*

ロ　施設に通わせ、入浴、食事の提供、機能訓練、介護方法の指導その他の便宜を供与する事業

ハ　居宅において介護を受けることが一時的に困難になった者を、施設に短期間入所させ、養護する事業

二　身体障害者、知的障害者又は精神障害者が共同生活を営むべき住居において相談、入浴、排せつ若しくは食事の介護その他の日常生活上の援助を行い、又はこれに併せて、居宅における自立した日常生活への移行を希望する入居者につき、当該日常生活への移行及び移行後の定着に関する相談、住居の確保に係る援助その他居宅における自立した日常生活への移行及び移行後の定着に必要な援助を行う事業

三　原子爆弾被爆者に対する援護に関する法律（平成6年法律第117号）第1条に規定する被爆者であって、居宅において介護を受けることが困難な者を施設に入所させ、養護する事業

四　身体に障害がある児童、身体障害者、身体上若しくは精神上の障害があるために日常生活を営むのに支障のある65歳以上の者又は65歳以上の者のみにより構成される世帯に属する者（以下「身体に障害がある児童等」という。）に対してその者の居宅において入浴の便宜を供与する事業

五　身体に障害がある児童等に対してその者の居宅において食事を提供する事業

資料3

介護サービス事業に係る法人税法上の取扱いについて（法令解釈通達）

課法2－6
平成12年6月8日

　平成12年6月1日に厚生省から国税庁に対し、公益法人等が行う介護サービス事業の収益事業の判定について照会があり、これに対して当庁は、公益法人等が行う介護サービス事業は、照会に係る事業内容等を前提とすれば、法人税法施行令第5条に規定する収益事業に該当する旨回答しました。

（通達本文）

　標題のことについては、厚生省老人保健福祉局長から別紙2のとおり照会があり、これに対して別紙1のとおり回答したから、これによられたい。

別紙1

課法2－5
平成12年6月8日

厚生省老人保健福祉局長
大塚義治　殿

国税庁課税部長
河上信彦

介護サービス事業に係る法人税法上の取扱いについて
（平成12年6月1日付老発第510号照会に対する回答）

　介護保険法の規定に基づく介護サービス事業については、御照会に係る事業内容等を前提とすれば、法人税法上、以下のとおり、法人税法施行令第5条に規定する収益事業として取り扱われるものと考えられます。

　(1)　介護サービス事業（(2)、(3)及び(4)を除く。）……医療保健業（法令5①二十九）

　(2)　福祉用具貸与……物品貸付業（法令5①四）

　(3)　特定福祉用具販売……物品販売業（法令5①一）

　(4)　住宅改修……請負業（法令5①十）

資料3　**453**

別紙 2

老発第 510 号
平成 12 年 6 月 1 日

国税庁課税部長
河上信彦　殿

厚生省老人保健福祉局長
大塚義治

介護サービス事業に係る法人税法上の取扱いについて（照会）

　平成 12 年 4 月 1 日から介護保険法（平成 9 年法律第 123 号。以下「法」という。）が施行されたところである。

　法の規定に基づく介護サービス事業（法第 7 条第 5 項に規定する居宅サービス事業、同条第 18 項に規定する居宅介護支援事業、同条第 20 項に規定する施設サービスを行う事業、第 44 条に規定する特定福祉用具を販売する事業及び第 45 条に規定する住宅改修を行う事業をいう。）については、実費弁償的な性格を有する行政からの委託費ではなく、サービスの対価としての介護報酬及び利用者負担によってまかなわれることとなる。

　これらのサービスのうち、福祉用具貸与、特定福祉用具販売及び住宅改修を除く介護サービス事業は、要介護者等に対して介護等の提供を行う対人サービスである。こうした要介護者等は、医療保健面でのケアを必要とするのが通例であることから、介護保険における保険給付は、要介護状態の軽減若しくは悪化の防止又は要介護状態となることの予防に資するよう行われるとともに医療との連携に十分配慮して行われなければならないとされ（法第 2 条第 2 項）、実際面において、これらは、居宅サービス計画や施設サービス計画の策定過程等を通じて確保される。

　また、福祉用具貸与、特定福祉用具販売及び住宅改修に係る事業については、要介護者等に対し、物品の貸与や販売、又は建築物の改修を行う事業である。

　ついては、こうした特徴を有する介護サービス事業を法人税法（昭和 40 年法律第 34 号）第 2 条第 6 号に規定する公益法人等が行う場合、法人税法施行令（昭和 40 年政令第 97 号）第 5 条に規定する収益事業の判定上どのように取り扱われるのか貴庁の見解を承りたく照会する。

454　資料

資料 4

支援費サービス事業に係る法人税法上の取扱いについて

取引等に係る税務上の取扱い等に関する事前照会
照会

事前照会者	① （フリガナ） 氏名・名称	（コウセイロウドウショウ　シャカイ・エンゴキョク） 厚生労働省　社会・援護局
	② （フリガナ） 総代又は法人の代表者	（ショウガイホケンフクシブチョウ） 障害保健福祉部長
照会の内容	③　照会の趣旨（法令解釈・適用上の疑義の要約及び事前照会者の求める見解の内容）	別添照会文書のとおり
	④　個別の取引等の事実関係	別添照会文書のとおり
	⑤　④の事実関係に対して事前照会者の求める見解となることの理由	別添照会文書のとおり
⑥　関係する法令条項等		法人税法施行令第5条
⑦　添付書類		照会文書

回答

⑧　回答年月日		平成15年9月17日
⑨　回答者		国税庁課税部長

⑩回答内容	標題のことについては、ご照会に係る事実関係を前提とする限り、貴見のとおりで差し支えありません。 　ただし、ご照会に係る事実関係が異なる場合又は新たな事実が生じた場合は、この回答内容と異なる課税関係が生ずることがあることを申し添えます。

障発 0916001 号
平成 15 年 9 月 16 日

国税庁課税部長　殿

厚生労働省社会・援護局障害保健福祉部長

支援費サービス事業に係る法人税法上の取扱いについて（照会）

　平成 15 年 4 月 1 日より、「社会福祉の増進のための社会福祉事業法等の一部を改正する等の法律（平成 12 年法律第 111 号。以下「法」という。）」のうち、身体障害者福祉法等の障害者福祉サービスに係る支援費制度に関する規定が施行されたところである。

　法の規定に基づく支援費サービス事業（児童福祉法第 6 条の 2 第 5 項に規定する児童居宅生活支援事業、身体障害者福祉法第 4 条の 2 第 5 項に規定する身体障害者居宅生活支援事業、第 5 条第 2 項に規定する身体障害者施設支援、知的障害者福祉法第 4 条第 6 項に規定する知的障害者居宅生活支援事業、第 5 条第 2 項に規定する知的障害者施設支援）については、実費弁償的な性格を有する行政からの委託費ではなく、サービスの対価としての施設訓練等支援費又は居宅生活支援費及び利用者負担によってまかなわれることとなる。

　これらのサービスは、障害者に対して介護等の提供を行う対人サービスである。こうした障害者は、医療保健面でのケアを必要とするのが通例であることから、医療と密接な連携がなされており、実際面において、これらは、居宅介護計画の策定過程等を通じて確保される。

　ついては、こうした特徴を有する支援費サービス事業を法人税法（昭和 40 年法律第 34 号）第 2 条第 6 号に規定する公益法人等が行う場合、法人税法施行令（昭和 40 年政令第 97 号）第 5 条に規定する収益事業の判定においては、当該支援費サービス事業は、同条第 1 項第 29 号の医療保健業に該当すると考えるが、貴庁の見解を承りたく照会する。

資料5

NPO法人が障害者総合支援法に規定する障害福祉サービスを行う場合の法人税の納税義務について

【照会要旨】

　NPO法人A会（以下「A会」といいます。）は、特定非営利活動促進法により設立された特定非営利活動法人であり、法人税法上の公益法人等に該当します（法法2六、特定非営利活動促進法70①）。

　今般、A会は、障害者総合支援法（注）に規定する障害福祉サービスを、利用者に対して提供することとしていますが、当該サービスはA会の本来の目的として行う事業であり、公益性を有するものであることから、法人税の納税義務はないと解してよいでしょうか。

　（注）障害者の日常生活及び社会生活を総合的に支援するための法律をいいます。

【回答要旨】

　原則、法人税法上の収益事業に該当し、法人税の納税義務があります。

（理由）

　法人税法上、公益法人等は、収益事業から生ずる所得以外の所得については、法人税を課さないこととされています（法法4①）。ここにいう収益事業とは、法人税法施行令第5条第1項各号（（収益事業の範囲））に掲げる34の事業をいいます。

　このため、その行う事業が公益法人等の本来の目的たる事業であるかどうかや会員等に対して利益の分配を行わない（非営利）といったことにより、収益事業に該当するかどうかの判断を行うものではありません。

　障害者総合支援法に基づく障害福祉サービスは、障害者に対して介護等の提供を行う対人サービスであり、こうした障害者は医療保健面でのケアを必要とするのが通例であることから、医療と密接な連携がなされており、実際面において、これらは、個別支援計画の策定過程等を通じて確保されますので、このような特徴を有する障害福祉サービスは、原則として収益事業である「医療保健業」に該当します（法令5①二十九）。他方、就労移行支援に代表されるように、看護師の関与も求められていないものについては、必ずしも「医療保健業」とは言えないのではないかと考える向きもあるようです。この点、基本的には上述のとおり、障害者総合支援法に基づく障害福祉サービスは「医療保健業」に該当すると考えられますが、仮に、個別の事業者のサー

資料5　*457*

ビス内容から見て、実態として医療や保健といった要素がないサービスを提供しているようなケースがあったとしても、障害者総合支援法の下で、事業者と利用者との間で利用契約を締結し、利用者からそのサービスの対価を受領することになりますので、そうした契約関係等を踏まえれば、法人税法施行令第5条第1項第10号に規定する収益事業である「請負業（事務処理の委託を受ける業を含む。）」に該当します。

したがって、NPO法人が行う障害者総合支援法に規定する障害福祉サービスは通常、医療保健業か請負業のいずれかに該当し、法人税の納税義務があります。

ただし、NPO法人が提供する障害福祉サービスが、実費弁償方式（①個々の契約ごとにその都度実費精算が行われるもの、②ごく短期間に実費精算が行われるもの、③手数料等の額が法令により実費弁償の範囲内で定められ、仮に剰余金が生じた場合には手数料を減額する等の適正な是正措置を講ずることになっているもの）により行われるもので、あらかじめそのことについて税務署長の確認を受けた場合については、収益事業としないものとされ（法人税基本通達15－1－28）、また、その障害福祉サービスに従事する者の半数以上が身体障害者等であり、かつそのサービスが身体障害者等の生活の保護に寄与している場合については、収益事業に含まれないものとされますので（法令5②二）、いずれかの場合に該当するときには法人税の納税義務はありません。

なお、法人税の額は、各事業年度の所得の金額を課税標準として、その所得の金額に税率を乗じて計算する仕組みとなっていますので、公益法人等が納税義務者として、法人税の申告をする場合であっても、収益事業から生じた所得がない（例えば赤字）場合には、納付する法人税額は生じません。

【関係法令通達】
　　法人税法第2条第6号、第4条第1項
　　法人税法施行令第5条第1項第10号、第29号、第2項第2号
　　法人税基本通達15－1－1、15－1－27から15－1－29
　　特定非営利活動促進法第70条第1項

注記
　　令和5年8月1日現在の法令・通達等に基づいて作成しています。
　　この質疑事例は、照会に係る事実関係を前提とした一般的な回答であり、必ずしも事案の内容の全部を表現したものではありませんから、納税者の方々が行う具体的な取引等に適用する場合においては、この回答内容と異なる課税関係が生ずることがあ

ることにご注意ください。

資料5 *459*

資料6

消費税法施行令第14条の2第3項第11号の規定に基づき
厚生労働大臣が指定する資産の譲渡等を定める件

$$\begin{pmatrix} 平\ 成\ 12\ 年\ 3\ 月\ 30\ 日\ 厚\ 生\ 省\ 告\ 示\ 第\ 126\ 号 \\ 最終改正平成18年3月31日厚生労働省告示第308号 \end{pmatrix}$$

　消費税法施行令（昭和63年政令第360号）第14条の2第3項第7号の規定に基づき、消費税法施行令第14条の2第3項第7号の規定に基づき厚生大臣が指定する資産の譲渡等を次のように定め、平成12年4月1日から適用する。

　介護保険法（平成9年法律第123号）第18条第3号に規定する市町村特別給付として要介護被保険者又は居宅要支援被保険者に対してその者の居宅において食事を提供する事業

資料7

認可外保育施設の利用料

【照会要旨】

消費税が非課税となる認可外保育施設の利用料の範囲を教えてください。

【回答要旨】

1 非課税の対象となる認可外保育施設

都道府県知事の認可を受けていない保育施設（以下「認可外保育施設」といいます。）のうち、一定の基準（認可外保育施設指導監督基準）を満たすもので都道府県知事等からその基準を満たす旨の証明書の交付を受けた施設及び幼稚園併設型認可外保育施設の利用料については、児童福祉法の規定に基づく認可を受けて設置された保育所（以下「保育所」といいます。）の保育料と同様に非課税とされます。

2 非課税となる利用料等の範囲

1の証明書の交付を受けた認可外保育施設及び幼稚園併設型認可外保育施設が行う資産の譲渡等のうち、消費税が非課税となるのは、乳児又は幼児を保育する業務として行う資産の譲渡等に限られます。

この場合の乳児又は幼児を保育する業務として行う資産の譲渡等には、保育所において行われる保育サービスと同様のサービスが該当します。具体的には次の料金等を対価とする資産の譲渡等が、これらのサービスに該当することとされています。

(1) 保育料（延長保育、一時保育、病後児保育に係るものを含みます。）

(2) 保育を受けるために必要な予約料、年会費、入園料（入会金・登録料）、送迎料

また、給食費、おやつ代、施設に備え付ける教材を購入するために徴収する教材費、傷害・賠償保険料の負担金、施設費（暖房費、光熱水費）等のように通常保育料として領収される料金等については、これらが保育料とは別の名目で領収される場合であっても、保育に必要不可欠なものである限りにおいては、(1) (2)と同様に非課税となります。

3 認可外保育施設が行う資産の譲渡等のうち課税されるもの

一方、例えば、認可外保育施設及び幼稚園併設型認可外保育施設において施設利用者に対して販売する教材等の販売代金のほか次のような料金等を対価とする資産の譲渡等は、乳児又は幼児を保育する業務として行われるものに該当しないので、課税と

資料7　461

なります。
　⑴　施設利用者の選択により付加的にサービスを受けるためのクリーニング代、オムツサービス代、スイミングスクール等の習い事の講習料等
　⑵　バザー収入

【関係法令通達】
　消費税法別表第一第7号ハ、消費税法施行令第14条の3第1号、平成17年厚生労働省告示第128号「消費税法施行令第14条の3第1号の規定に基づき内閣総理大臣が指定する保育所を経営する事業に類する事業として行われる資産の譲渡等」

注記
　令和5年10月1日現在の法令・通達等に基づいて作成しています。
　この質疑事例は、照会に係る事実関係を前提とした一般的な回答であり、必ずしも事案の内容の全部を表現したものではありませんから、納税者の方々が行う具体的な取引等に適用する場合においては、この回答内容と異なる課税関係が生ずることがあることにご注意ください。

資料8

障害者相談支援事業を受託した場合の消費税の取扱い

【照会要旨】

　社会福祉法人である当社は、市との委託契約に基づき、「障害者相談支援事業」を行っており、当該事業に係る委託料を受領していますが、当社が受領する委託料の消費税の取扱いはどうなるのでしょうか。

　（注）「障害者相談支援事業」は、障害者の日常生活及び社会生活を総合的に支援するための法律（以下「障害者総合支援法」といいます。）第77条第1項第3号の規定に基づき、市町村が行うものとされている事業であり、障害者等が障害福祉サービスを利用しつつ、自立した日常生活又は社会生活を営むことができるよう、地域の障害者等の福祉に関する各般の問題につき、障害者等からの相談に応じ、必要な情報の提供及び助言その他の便宜を供与するとともに、障害者等に対する虐待の防止及びその早期発見のための関係機関との連絡調整その他の障害者等の権利の擁護のために必要な援助を行う事業とされています。

【回答要旨】

　社会福祉法に規定する社会福祉事業として行われる資産の譲渡等については、消費税が非課税となります。

　社会福祉法上、障害者総合支援法に規定する「一般相談支援事業」及び「特定相談支援事業」は第二種社会福祉事業とされていますが、「障害者相談支援事業」は、障害者に対する日常生活上の相談支援を行うものであり、入所施設や病院からの地域移行等の相談を行う「一般相談支援事業」や、障害福祉サービスの利用に係る計画作成等の支援を行う「特定相談支援事業」には該当せず、また、社会福祉法に規定する他の社会福祉事業のいずれにも該当しません。

　上記に加え、当該事業については消費税法上、非課税の対象として規定されているものでもないことから、当該事業の委託は、非課税となる資産の譲渡等には該当せず、受託者が受け取る委託料は、課税の対象となります。

【関係法令通達】

　消費税法別表第二第7号ロ、消費税法基本通達6−7−9（注）

資料8　*463*

注記

　令和5年10月1日現在の法令・通達等に基づいて作成しています。

　この質疑事例は、照会に係る事実関係を前提とした一般的な回答であり、必ずしも
事案の内容の全部を表現したものではありませんから、納税者の方々が行う具体的な
取引等に適用する場合においては、この回答内容と異なる課税関係が生ずることがあ
ることにご注意ください。

資料9

事　務　連　絡
令和5年10月4日

各 ｛都道府県／市町村｝ 障害保健福祉・児童福祉主管部（局）御中

こ ど も 家 庭 庁 支 援 局 障 害 児 支 援 課
厚生労働省社会・援護局障害保健福祉部障害福祉課
厚生労働省社会・援護局障害保健福祉部精神・障害保健課

障害者相談支援事業等に係る社会福祉法上の取扱い等について

日頃より厚生労働行政の推進に御協力を賜り、厚く御礼申し上げます。

障害者の日常生活及び社会生活を総合的に支援するための法律（平成17年法律第123号。以下「障害者総合支援法」という。）第77条第1項第3号を根拠として、市町村は地域生活支援事業である障害者相談支援事業を行うこととされていますが、当該事業における税務上の取扱いについて誤認している市町村がある旨の報道があったところです。

これは、社会福祉法（昭和26年法律第45号）に基づく社会福祉事業は消費税が非課税とされており、一部の市町村において、障害者相談支援事業の社会福祉法上の取扱いが明確に周知されていなかったことから、当該事業が社会福祉事業に該当するものと誤認し、誤って非課税扱いとして取り扱っていたことによるものと考えられます。

上記を踏まえ、障害者相談支援事業その他の事業における社会福祉法上の取扱いについて、下記のとおりお示しいたしますので、各都道府県・市町村におかれては御了知の上、委託先の事業者に対する周知徹底をお願いします。

なお、本内容については国税庁課税部消費税室とも協議済みですので申し添えます。

記

1 障害者相談支援事業等に係る社会福祉法上の取扱いについて

　障害者総合支援法第77条第1項第3号を根拠として市町村が行う障害者相談支援事業については、社会福祉法第2条第2項及び第3項の各号いずれにも該当せず、社会福祉事業には該当しないこと。

　また、障害児・者の相談支援に関する事業である以下の事業についても同様に社会福祉事業には該当しないこと。

（障害者総合支援法第77条第1項第3号関係）
　・住宅入居等支援事業（居住サポート事業）

（障害者総合支援法第77条の2関係）
　・基幹相談支援センターを運営する事業（基幹相談支援センター等機能強化事業を含む。）

（障害者総合支援法第78条第1項関係）
　・障害児等療育支援事業
　・発達障害者支援センターを運営する事業
　・高次脳機能障害及びその関連障害に対する支援普及事業

（その他）
　・医療的ケア児支援センターを運営する事業

2 障害者相談支援事業等に係る税務上の取扱い及び委託料の算定について

　消費税法（昭和63年法律第108号）第6条及び同法別表第一第7号ロに基づき、社会福祉法上の社会福祉事業については消費税が非課税とされているが、障害者相談支援事業等については、上記1のとおり社会福祉事業には該当せず、かつ、消費税関係法令上、他に非課税とする旨の規定もないことから、消費税の課税対象であること。

　また、自治体が当該事業を民間事業者に委託する場合の委託料については、委託料に消費税相当額を加えた金額を受託者に支払う必要があること。

なお、税務上の取扱いの詳細については、所轄の税務署に照会いただくようお願いする。

【担 当】
○厚生労働省社会・援護局障害保健福祉部障害福祉課地域生活・発達障害者支援室
　電 話：03-5253-1111
　　相談支援係（内線）3040　mail：soudan-shien@mhlw.go.jp
　　発達障害者支援係（内線）3038　mail：hattatsu@mhlw.go.jp
○厚生労働省社会・援護局障害保健福祉部精神・障害保健課心の健康支援室
　電 話：03-5253-1111
　　障害保健係（内線）3064　mail：shougai-hoken@mhlw.go.jp
○こども家庭庁支援局障害児支援課
　電 話：03-6861-0068（直通）
　　基準・指導係　mail：shougaishien.kijunshidou@cfa.go.jp

索　引

【あ行】

アフタースクール事業　*201*
医学モデル　*294*
遺贈寄付　*389*
一般目的の財務諸表　*326*
医療　*288*
医療保健業　*309*
印紙税　*241*
請負契約書　*275*
請負業の範囲　*174*
受取会費　*88, 141*
受取寄付金　*89*
受取助成金等　*89*
受取補助金等　*145, 146*
運用益　*218*
営利法人　*123*
NGO　*60*
NPO　*21*
NPO会計税務専門家ネットワーク　*11*
NPO法人会計基準　*77*
　　──の改正　*81*
NPO法人会計基準協議会　*75*
応益負担　*296*
応能負担　*296*

【か行】

介護給付　*290*
介護サービス費用　*335*
介護保険法　*290*
介護保険料　*295*
解散　*32*
外出系　*290*
外出支援サービス　*340*
会費　*123, 170*
学童保育事業　*127, 347*

課税売上割合　*134*
活動計算書　*86*
　　──の科目　*88*
活動分野　*27*
合併　*32*
監事　*238*
勘定科目内訳明細書　*228*
管理費　*96*
技芸教授業における技芸　*194*
寄付　*14*
寄附　*14*
寄付承諾書　*401*
教育　*288*
共通経費　*98, 234, 251*
居宅介護サービス　*333*
均等割減免申請書　*278*
均等割申告書　*278*
クラウドファンディングによる寄付　*394*
グループホーム事業　*358*
クレジットカードによる寄付　*119, 392*
訓練等給付　*290*
継続して行われるもの　*162*
継続的取引の基本となる契約書　*241*
限定列挙　*310*
公益　*3, 26*
公益増進要件　*405*
公益法人等　*155*
厚生省告示第129号　*303*
工賃　*316*
工賃変動積立金　*332*
交付要綱等　*145*
高齢者福祉サービス事業　*287*
国際障害者年　*294*
国民健康保険団体連合会（国保連）　*292*
固定資産税　*244*
子ども・子育て支援法　*290*

索引　*469*

子ども食堂　186
固有概念　287

【さ行】

財務諸表　83
34業種　156
支援費制度　295
事業供用要件　406
事業収益　89
事業場を設けて行われるもの　163
事業費　96
施設等評価費用　114
事前確定届出給与　238
市町村特別給付　339
実費経費　270
実費弁償　167, 209
指定管理者制度　179, 207
児童福祉サービス事業　287
児童福祉法　290
使途等が制約された寄付等　107
使途の特定　133
社員総会　36
社会福祉構造改革　294
社会福祉事業に類するもの　302
社会福祉法人　294
社会福祉法人会計基準　321
社会モデル　294
借用概念　287
収益事業以外の事業への寄付金　260
収益事業開始届出書　219
収益事業課税　156, 182, 307
収益事業に係る損益計算書　229
収益事業に係る貸借対照表　229
就職カウンセリング　200
従事割合　99
就労移行支援　319
就労系　290
就労継続支援Ａ型　319
就労継続支援Ｂ型　319

就労継続支援Ｂ型事業　350
就労支援会計基準　323
就労支援事業　319
障害者基本法　297
障害者権利条約　297
障害者就労支援センター　357
障害者総合支援法　290
障害者相談支援事業　360
障害者福祉サービス事業　287
障害福祉サービス　297
小規模保育事業　311
常勤換算法　290
使用済み切手の買取り　190
消費税額の特例計算　129
情報公開　39
条例指定　54
助成金　170, 208
自立支援法　296
人員基準　290
人格のない社団等　155
生活介護　319
生活介護事業　352
生活の保護に寄与している　167
生活の保護に寄与する　354
生活の保護への寄与　316
生産活動　305
税制優遇措置　53, 235
制度外事業　286
制度内事業　286
設備等整備積立金　332
設立の要件　31
全所得課税　308
租税法律主義　307
措置から契約へ　295
措置制度　293
その他収益　89
その他の支援　297
その他の事業　30, 102
損益計算書等提出制度　158

損益計算書等の提出制度　*222*

【た行】

対価性　*123*
第二種社会福祉事業　*126, 299*
代理受領　*292*
助け合い事業　*342*
他の特掲事業　*176*
地域活動支援センター　*355*
地域生活支援事業　*297*
チャリティバザー　*187*
調整割合　*134*
賃金　*316*
通算調整割合　*148*
通所給付　*290*
定期同額給与　*238*
提出期限　*227*
電子帳簿等保存制度　*229*
登録免許税　*242*
特定支出　*131*
特定従事者　*166*
特定収入　*131, 147*
　──の調整割合が著しく変動した場合
　148
特定収入以外の収入　*131, 147*
特定収入割合　*128, 129, 133*
特定非営利活動　*26*
　──に係る事業　*30*
特別目的の財務諸表　*326*
特例計算前の課税仕入れ等の税額　*130,*
133
特例認定　*56*
特例認定NPO法人　*52*
都市計画税　*244*
取下書　*220*

【な行】

ナイト系　*290*
流山裁判　*343*

日常生活に要する費用　*336*
日中活動系　*290*
入所系　*290*
認可外保育所　*125, 127, 311, 345*
認可保育所　*178*
認定NPO法人　*51, 235*
ノーマライゼーション　*294*

【は行】

非営利　*3, 58*
非課税となる固定資産　*279*
福祉　*288*
福祉サービス事業　*285*
福祉用具貸与　*337*
複数事業の開示　*93*
付随行為　*164, 204, 273, 317*
物品の寄付　*400*
不動産取得税　*243*
別表5（1）の記載例　*254*
別表4の記載例　*253*
放課後等デイサービス事業　*349*
法人後見　*202*
法人事業概況説明書　*229*
法人事業税　*243*
法人住民税　*242*
法人税法上の損益計算のための配賦計算表
　246
法人税率　*157*
訪問系　*290*
補助金　*171, 206*
補助金等　*133*
ボランティア評価費用　*118*

【ま行】

前受助成金　*109*
未収助成金　*111*
ミッション　*58*
みなし寄附金　*56, 157, 235*
無給　*271*

無償の事業　165

予定納税　184

【や行】

夜間のお泊りサービス　336
役員　37
役員報酬　105, 237
有給　271
預貯金の利子等　158

【ら行】

利益相反取引　271
利用契約制度　298
例示列挙　310
老人福祉法　290

＜編著者紹介＞

■認定特定非営利活動法人 NPO 会計税務専門家ネットワーク

NPO を支援する税理士、公認会計士を中心とした専門家のネットワーク。会員は約 500 名。会計税務の支援を通して、NPO の健全な発展に寄与することをミッションとする。会員間のメーリングリストで NPO の会計税務に関する情報共有や議論を行うことにより、会員の知識やスキルの向上を目指す。

〒135-0016　東京都江東区東陽 3-8-5　　日向野ビル 3 階

TEL：03-6458-4729／FAX：088-676-0780／URL：https://www.npoatpro.org/

◇執筆

岩 永 清 滋【序章、第 6 章】税理士、NPO 会計税務専門家ネットワーク理事

荻 野 俊 子【第 1 章、第 8 章】全国 NPO 会計担当者ネットワーク運営委員代表、NPO 会計税務専門家ネットワーク理事

上 原 優 子【第 2 章】米国公認会計士、立命館アジア太平洋大学、NPO 会計税務専門家ネットワーク理事

奥 田 よ し 子【第 3 章】税理士、NPO 会計税務専門家ネットワーク理事

馬 場 利 明【第 4 章、第 6 章】税理士、NPO 会計税務専門家ネットワーク理事

矢 崎 芽 生【第 5 章】公認会計士、税理士、NPO 会計税務専門家ネットワーク理事

白 石 京 子【第 5 章】税理士、NPO 会計税務支援福岡（NAS）副代表、NPO 会計税務専門家ネットワーク理事

橋 本 俊 也【第 5 章】税理士、非営利法人研究学会監事、NPO 会計税務専門家ネットワーク理事

脇 坂 誠 也【第 1 章、第 7 章】税理士、行政書士、中小企業診断士、NPO 会計税務専門家ネットワーク理事長

◇監修

脇 坂 誠 也

秋 岡 　 安　税理士、NPO 会計税務専門家ネットワーク理事

板 倉 幸 子　税理士、NPO 会計税務専門家ネットワーク専務理事

岩 永 清 滋

深 谷 　 豊　公認会計士、税理士、日本公認会計士協会埼玉会幹事、NPO 会計税務専門家ネットワーク理事

◇編集協力

馬 場 利 明

瀧 谷 和 隆　税理士、NPO 会計税務専門家ネットワーク事務局長

［第3版］税理士／公認会計士必携　NPO法人　実務ハンドブック
すぐに役立つ会計・税務の事例詳解

2014年 3 月 3 日　初版発行
2018年 3 月 9 日　新版発行
2024年 9 月30日　第 3 版発行

編著者　　認定特定非営利活動法人 NPO 会計税務専門家ネットワーク　ⓒ

発行者　　小泉　定裕

| 発行所 | 株式会社 清文社 | 東京都文京区小石川 1 丁目 3 − 25　（小石川大国ビル）
〒112-0002　電話 03（4332）1375　FAX 03（4332）1376
大阪市北区天神橋 2 丁目北 2 − 6　（大和南森町ビル）
〒530-0041　電話 06（6135）4050　FAX 06（6135）4059
URL https://www.skattsei.co.jp/ |

印刷：亜細亜印刷㈱

■著作権法により無断複写複製は禁止されています。落丁本・乱丁本はお取り替えします。
■本書の内容に関するお問い合わせは編集部まで FAX （03-4332-1378）又はメール （edit-e@skattsei.co.jp）
　でお願いします。
■本書の追録情報等は、当社ホームページ（https://www.skattsei.co.jp/）をご覧ください。

ISBN978-4-433-73534-0